THE CHINESE PATH TO
MODERNIZATION:
THEORY AND PRACTICE

中国式现代化

理论与实践

张生玲　王瑶　等◎著

经济管理出版社
ECONOMY & MANAGEMENT PUBLISHING HOUSE

图书在版编目（CIP）数据

中国式现代化：理论与实践 ／ 张生玲等著.

北京：经济管理出版社，2025. -- ISBN 978-7-5243
-0073-1

Ⅰ．D61

中国国家版本馆 CIP 数据核字第 2025501NM4 号

组稿编辑：郭丽娟
责任编辑：郭丽娟
责任印制：许　艳
责任校对：王淑卿

出版发行：经济管理出版社
　　　　　（北京市海淀区北蜂窝 8 号中雅大厦 A 座 11 层　100038）
网　　址：www. E-mp. com. cn
电　　话：（010）51915602
印　　刷：唐山昊达印刷有限公司
经　　销：新华书店
开　　本：720mm×1000mm/16
印　　张：14.75
字　　数：290 千字
版　　次：2025 年 7 月第 1 版　　2025 年 7 月第 1 次印刷
书　　号：ISBN 978-7-5243-0073-1
定　　价：88.00 元

目　录

第一章　绪论[*]

现代化是中华民族伟大复兴的重要主题，关系到中国的存续与发展。党的二十大报告提出，从现在起，中国共产党的中心任务就是团结带领全国各族人民全面建成社会主义现代化强国、实现第二个百年奋斗目标，以中国式现代化全面推进中华民族伟大复兴。面对世界百年未有之大变局和中华民族伟大复兴战略全局，在现代化的赛道上走出中国特色，克服新的变数、困难和挑战，探索和构建一套兼具中国特色和全球视野，能够切实指导中国式现代化建设的成熟理论和知识体系，找到适合中国国情的现代化道路，具有理论意义、实践意义和全球意义。

一、中国式现代化的内涵与本质

自1978年改革开放以来，中国取得了举世瞩目的发展成果。随着新时代对高质量发展的需求加强，传统发展格局和增长模式的局限性日益凸显。如何在经济快速增长中保持生态平衡、如何确保全体人民共享发展成果、如何在全球化背景下保持文化特色和社会稳定等问题，都是中国式现代化道路上必须面对和解决的重大课题。传统的西方现代化理论往往强调工业化、都市化、民主化等要素，但这些要素在中国的发展实践中却呈现出与西方不同的模式和逻辑。习近平总书记指出："治理一个国家，推动一个国家实现现代化，并不只有西方制度模式这一条道，各国完全可以走出自己的道路来。"①

现代化是一种从不发达到发达的世界历史现象，也是人类文明形态的演变过程，还是一种发展战略的目标和路径（中国式现代化研究课题组，2022）。对于所有国家，现代化都包含转型和发展两个维度的内容。在转型方面，现代化意味着摒弃传统社会僵化的、压迫性的社会、政治和经济制度，代之以现代社会开放

———————————
* 作者信息：张生玲，北京师范大学经济与工商管理学院教授、博士研究生导师；嵇锐冰，北京师范大学经济与工商管理学院博士研究生。

① 习近平．习近平关于社会主义政治建设论述摘编［M］．北京：中央文献出版社，2017：7.

的、文明的社会、政治和经济制度；在发展方面，现代化意味着民众收入水平和国家综合国力的不断提高（姚洋，2022）。选择什么样的现代化道路，首要是由一个国家的国情决定的。党的二十大报告总结了中国式现代化理论与实践的探索成果，明确界定中国式现代化是中国共产党领导的社会主义现代化，既有各国现代化的共同特征，更有基于自己国情的中国特色①。习近平总书记对中国式现代化理论体系的发展阶段作出了准确研判，提出了"进一步深化对中国式现代化的内涵和本质的认识，概括形成中国式现代化的中国特色、本质要求和重大原则，初步构建中国式现代化的理论体系"②。加快中国式现代化建设，需发挥比较优势，充分利用国内国际两个市场、两种资源，构建以国内大循环为主体、国内国际双循环相互促进的新发展格局（林毅夫，2023）。综上所述，新时代下的中国式现代化道路是在规模基础上追求质量效益的成功之路，是兼顾自身与世界共同发展的担当之路，打破了"现代化等同于西方化的迷思"，展现了现代化的另一幅图景，拓展了发展中国家走向现代化的路径选择，为人类对更好社会制度的探索提供了中国实践和中国经验。

第一，中国式现代化与世界其他国家的现代化相比，除了许多共同点和相通之处，也具有鲜明特色。习近平总书记指出中国式现代化是人口规模巨大的现代化，是全体人民共同富裕的现代化，是物质文明和精神文明相协调的现代化，是人与自然和谐共生的现代化，是走和平发展道路的现代化。③ 西方资本主义现代化在以资本为中心的逻辑主导下，格外强调财富的显著地位，大力追逐经济发展，忽视精神文明建设，导致物质文明与精神文明的失衡乃至撕裂（罗红杰，2021）。而中国式现代化将生态文明建设纳入现代化的总体布局，坚持人与自然和谐共生，并且将物质文明与精神文明相协调，不仅提升居民物质生活水平，而且重视精神文化富足，提高幸福感。人口规模巨大是中国式现代化的逻辑前提，中国是唯一在人口规模巨大、历史漫长复杂、地区差别巨大条件下依然能够持续增长的国家（姚树洁，2015）。巨大的人口规模是中国式现代化的支撑和优势，因为超大规模的市场和消费潜力为现代化建设创造了巨大空间，与此同时，如何处理人口规模和资源环境之间的矛盾也成为中国式现代化的挑战。

---

① 习近平. 高举中国特色社会主义伟大旗帜 为全面建设社会主义现代化国家而团结奋斗——在中国共产党第二十次全国代表大会上的报告 [M]. 北京：人民出版社，2022：22.

② 习近平. 习近平在学习贯彻党的二十大精神研讨班开班式上发表重要讲话 强调正确理解和大力推进中国式现代化 [N]. 人民日报，2023-02-08.

③ 习近平. 高举中国特色社会主义伟大旗帜 为全面建设社会主义现代化国家而团结奋斗——在中国共产党第二十次全国代表大会上的报告 [M]. 北京：人民出版社，2022：22-23.

第二，人与自然和谐共生的中国式现代化是新时代中国高质量发展的接力探索。改革开放以来，我国成功实现了经济高速增长的"中国奇迹"，GDP 从 1978 年的 0.37 万亿元增长到 2023 年的 126 万亿元，年均增速达到 14%，已跃居成为世界第二大经济体和第一大工业国。但是，随着经济的高速增长，环境透支、生态赤字等问题日益突出，严重影响了经济的可持续发展。2022 年我国碳排放达到 121 亿吨，约占全球碳排放量的 1/3；能源消耗总量 54 亿吨标准煤，约占全球能源消耗的 1/4，碳排放和能源消耗均位居全球第一。以化石能源为主的能源消费模式和能源效率偏低的现实状况使中国面临着节能减排和经济高质量发展的双重压力。因此，追求人与自然和谐共生是我国生态文明建设的核心诉求和现代化进程中必须坚持的根本原则。

第三，以共同富裕为目标的中国式现代化是中国特色社会主义的重要特征和本质要求。中国式现代化的价值归宿不仅是促进生产力发展，而且要提高全体人民生活水平、实现共同富裕（张占斌，2021）。党的十八大以来，党中央把握发展阶段的新变化，把逐步实现全体人民共同富裕摆在更加重要的位置，明确提出分阶段促进共同富裕的奋斗目标。当前我国已全面建成小康社会，历史性地消除了绝对贫困人口，开启全面建设社会主义现代化国家的新征程。但如果用现代化的标准衡量，我国最大的发展软肋就是仍然存在巨大的城乡差距，存在庞大的农业人口，农村居民的绝大多数仍然属于低收入人口（李培林，2021）。2022 年我国农村居民人口为 4.91 亿，占总人口的 34.78%；全年农村居民人均可支配收入为 2.01 万元，相当于城镇居民人均可支配收入的 40.85%；农村居民财产和财产性收入增长缓慢。此外，中等收入群体主要集中在一、二线城市，城市居民中收入偏低群体仍然有较大的生活压力。因此，缩小城乡差距，关注全体人民对美好生活的向往，实现共同富裕，成为中国式现代化建设和中国特色社会主义的本质要求。

第四，走和平发展道路是中国式现代化的必然选择。一方面，我国的发展需要和平的外部环境。40 多年前的对外开放是我国主动融入世界经济体系的重大举措，主动参与全球化进程，融入全球产业链和供应链，在合作共赢的前提下取得了全球瞩目的发展成果。另一方面，在维护世界和平中贡献中国力量。我国一贯奉行互利共赢的开放战略，坚持高水平对外开放，走和平发展道路，推动建设开放型世界经济，与各国共同培育全球发展新动能，让世界发展的成果更好地惠及各国人民。

二、中国式现代化的目标演进与发展历程

从洋务运动到辛亥革命，我国经历了一系列的尝试，试图摸索一条适合自己的现代化道路。然而，这些努力因受到外部势力干扰和内部复杂矛盾的影响，未能取得预期效果。新中国成立以来，中国式现代化进程逐步推进，1954 年第一届全国人民代表大会明确提出要实现工业、农业、交通运输业和国防的四个现代化任务。党的十一届三中全会以后，我国开启了改革开放和社会主义现代化建设新局面，中国式现代化的目标也经历了一系列的调整与完善。

1979 年，邓小平结合中国实际，首次提出"中国式的四个现代化"，并概括为"小康之家"，指出了我国现代化建设的阶段性任务（韩保江和李志斌，2022），中国式现代化目标进一步明确。1981 年，中共中央在《关于建国以来党的若干历史问题的决议》中指出，我们党在新的历史时期的奋斗目标，就是要把我们的国家，逐步建设成为具有现代农业、现代工业、现代国防和现代科学技术的，具有高度民主和高度文明的社会主义强国。1982 年，党的十二大提出"计划经济为主、市场调节为辅"的新发展理念。1987 年，党的十三大明确提出"以经济建设为中心，坚持四项基本原则、坚持改革开放"的基本路线，为改革开放和社会主义现代化建设提供了明确的指导思想和行动方针。进入 20 世纪 90 年代，社会主义市场经济体制初步形成，特别是 1992 年的邓小平南方谈话为中国的改革注入了新的活力，坚定了改革开放的步伐。党的十四大明确提出了建立社会主义市场经济体制的目标，不仅意味着对市场机制的认可，更是对中国特色社会主义经济发展模式的探索与确立。

进入 21 世纪，我国对外开放进一步扩大，改革的步伐也进一步加快，推动了中国经济快速发展，城市化和工业化程度加快，人民生活水平得到进一步提升。但是，随着区域发展失衡、增长模式粗放等问题的持续加剧（郝宪印和张念明，2023），推进经济发展的"全面、协调、可持续"成为这一阶段的重要任务。2002 年，党的十六大明确提出了全面建设小康社会的目标，实现了人民生活从温饱不足到总体小康、奔向全面小康的历史性跨越，中国式现代化道路初步成型。党的十七大将"科学发展观"确立为指导思想，为"实现什么样的发展、怎样发展"提供了方向。党的十八大重申中华民族伟大复兴的"两个一百年"奋斗目标，即到 2021 年全面建成小康社会；到 2049 年，建成富强民主文明和谐的社会主义现代化国家。至此，代表中国现代化进程的战略定位和总体布局进一

步明确，描绘了一幅更为宏大、全面的现代化建设蓝图。

自党的十八大以来，我国现代化建设取得了一系列重大成就。一是实现经济平稳较快发展。通过深化改革和加大对外开放，在经济结构、收入水平、城乡区域协调等方面进步显著（钱学峰和方明朋，2023）。同时，创立了习近平新时代中国特色社会主义思想，进一步丰富拓展了中国式现代化的理论内涵。二是提出新的发展目标。党的十九大报告明确指出，我国经济已由高速增长阶段转向高质量发展阶段，提出从 2020 年到 2035 年，在全面建成小康社会的基础上，再奋斗十五年，基本实现社会主义现代化；从 2035 年到本世纪中叶，在基本实现现代化的基础上，再奋斗十五年，把我国建成富强民主文明和谐美丽的社会主义现代化强国。2022 年 10 月，党的二十大阐明了"中国式现代化"的丰富内涵和本质要求。中国共产党的中心任务就是团结带领全国各族人民全面建成社会主义现代化强国、实现第二个百年奋斗目标，以中国式现代化全面推进中华民族伟大复兴。

中国式现代化的目标演进与推进实践体现了中国特色社会主义的不断发展和完善，是对社会主义现代化建设的内涵和规律认识的逐步深化，是基于中国自身的发展经验和实践形成的系统理论认识，为构建基于中国式现代化推进实践的新发展理论打下了坚实的基础。

三、中国式现代化研究进展与评述

从中国式现代化的内涵和本质来看，人口规模巨大、物质文明和精神文明相协调，以及走和平发展道路的中国式现代化更多反映的是理念、方向和保障，而人与自然和谐共生，以及全体人民共同富裕则更多地体现在实践层面。如何将几方面有机结合，成为中国式现代化研究的关键问题。

（一）人与自然和谐共生的中国式现代化研究

中国式现代化具有许多重要特征，其中之一就是人与自然和谐共生，同步推进物质文明建设和生态文明建设。目前关于"人与自然和谐共生"的研究文献主要分为两类：一类是从哲学、公共管理、经济学、环境科学等多个学科领域，探讨人与自然和谐共生现代化的理论内涵和历史逻辑（郎晓军，2022；王雄青和胡长生，2021；王茹，2023）。如方世南（2021）界定了人与自然和谐共生的现代化的内涵，认为其是将现代化中的经济价值、生态环境价值和人的价值结合起来，将经济增长与自然资源承载力结合起来，在物质文明、政治文明、精神文明、社会文明、生态文明整体性文明进步中推进的现代化。黄承梁（2023）从生态哲学视角分析人与自然和谐共生的哲学体系，论述了中国式现代化与自然和谐共生现代化的历史必然。张云飞和曲一歌（2021）基于马克思主义生态观阐释了人与自然和谐共生现代化的时代意蕴，并提出建设人与自然和谐共生现代化的基本要求。另一类是从环境治理、政策评估、"双碳"目标等具体问题切入，探索实现人与自然和谐共生现代化的具体实施路径（杨刚强等，2023；童健和武康平，2016；Cheng et al.，2023；Lu et al.，2023）。如吕越等（2023）以中国增值税转型改革为制度背景，研究了税收激励如何影响企业污染排放，发现增值税转型改革会显著降低企业的污染排放，并且通过激发企业投资活力，促进企业的研发创新和清洁生产间接影响污染排放。Zha 等（2023）评价可再生能源政策对我国电力行业碳减排的单效效应和协同效应，发现上网电价、碳排放权交易、研发补贴等组合可以产生最大的正向协同效应。杜龙政等（2019）基于治理转型的视角，系统考察了环境规制、治理转型对中国工业绿色竞争力提升的复合效应，发现中国环境规制与工业绿色竞争力之间呈现"U"形曲线关系。Ma 等（2023）探究了碳排放交易政策的减排效果，发现其显著抑制了试点城市通过双向 FDI 的碳排放，且层级越高、区位优势越好、国家化程度和能源需求程度越高的城市，减排效果越明显。

（二）共同富裕目标的中国式现代化研究

共同富裕是中国特色社会主义市场经济的基本要求，也是推进中国现代化进程的重要目标。目前，关于共同富裕的研究主要涵盖三个层面：一是从理论层面辨析共同富裕的演进历程、内涵和理论逻辑（李军鹏，2021；Bourguignon，2004；逄锦聚，2021）。李实和杨一心（2022）将共同富裕分解为"富裕"与"共享"两个维度，认为共同富裕是物质生活和精神生活的全面富裕，并进一步讨论共同富裕的目标以及实现这些目标的长期性、艰巨性和复杂性。张占斌和吴正海（2022）从历史逻辑、理论逻辑和制度逻辑三方面对共同富裕的发展进行探讨，继而提出实现共同富裕的路径和政策建议。二是尝试构建指标对共同富裕进行测度分析（陈宗胜和黄云，2021；孙豪和曹肖烨，2022）。刘培林等（2021）分别从总体富裕程度和发展成果共享程度 2 个维度、19 个二级指标，构建共同富裕的指标体系。傅才武和高为（2022）构建包含居民主动性和资源丰富程度及区域、城乡、人群三大差异 2 个维度、4 个一级指标和 17 个二级指标对精神共同富裕指标进行初步设计。樊增增和邹薇（2021）使用贫困指数变化的"识别—增长—分配"三成分分解框架研究中国贫困动态变化过程，发现绝对贫困发生率下降主要来自增长成分，使用全国统一的相对贫困线容易出现过度识别问题。三是从实践出发探讨促进共同富裕的具体路径（杨飞和范从来，2020；Finlay and Lee，2018）。邹克和倪青山（2021）研究了普惠金融影响共同富裕的作用机制与数量关系，结果表明，普惠金融与共同富裕显著正相关，普惠金融通过包容增长、创新效应、创业效应等，有利于降低收入不平等，促进共同富裕。Gaubert 等（2021）发现，自1990年以来，美国各州和县在人均税前收入方面都存在分歧，转移支付有助于抑制这种差异。李实和杨一心（2022）分析了推动基本公共服务均等化对巩固脱贫攻坚成果、推动高质量发展、形成合理收入分配格局的作用，强调在推动共同富裕进程中健全基本公共服务体系的重要意义。Sotomayor（2021）等认为，包容性金融发展、劳工谈判地位提升和提高最低工资标准有利于减轻不平等程度和减少贫困。

（三）文献评述

通过梳理中国式现代化的相关研究，发现已有文献对进一步探索人与自然和谐共生及共同富裕目标的中国式现代化研究提供了有益参考，但仍存在拓展的空间：一是系统性和综合性的理论探讨有待加强。如对"人与自然和谐共生""共同富裕"和"中国式现代化"融通互筑、辩证统一基础理论的研究尚需加强。已有研究主要集中在中国式现代化不同维度、不同学科领域的讨论，缺乏系统性和综合性的理论框架，且对于中国式现代化理论体系中的研究范式、方法论、理论基础、历史逻辑等缺乏系统梳理和凝练。二是基于经验数据的实证研究有待加强。目前，对于人与自然和谐共生和共同富裕目标的中国式现代化研究主要集中在环境治理、政策评估等层面，未将数字经济、创新发展、绿色发展、绿色金融和高水平对外开放纳入中国式现代化的研究框架，对新的历史起点上如何适应数字化发展、创新发展等技术进步推动人与自然和谐共生，如何实现共同富裕目标，缺乏系统而深入的、多视角的实证研究。

本书将从中国改革开放以来的经济社会发展实践出发，探索现代化的理论内涵、发展规律，结合中国式现代化的实践进程，在数字化发展、创新发展、绿色发展、高水平对外开放和共同富裕等方面，将理论探讨和实证检验相结合，深入研究中国式现代化的目标演进、政策导向与推进路径。

四、本书的主要研究内容

根据本书的研究设计，共包括七章内容。

第一章为绪论。基于中国式现代化研究主题，剖析其内涵与本质，回顾中国式现代化目标演进与发展历程，梳理相关文献和研究动态，阐明本书的研究思路和研究内容。

第二章为数字化发展推进中国式现代化：基于企业数字化转型视角。本章基于2007~2019年中国A股上市公司的数据，将技术创新分为实质性创新和策略性创新，从质量和数量两方面探究企业数字化转型对技术创新的影响。一是实证检验了研发资源在企业数字化转型促进企业创新中发挥的机制作用，并验证了企业数字化转型能否进一步有助于企业的生产经营。结果表明，企业数字化转型能显著促进实质性创新，但不能促进策略性创新。二是验证了企业数字化转型是通过加大研发投入和研发人员比率增加了企业创新。企业数字化转型不仅促进了企业创新，也促进了创造企业价值和提高生产效率。三是验证了企业数字化转型显著促进市场化程度高、东部和成长期与成熟期的企业的实质性创新，对市场化程度低、中西部和衰退期的企业的实质性创新影响不显著。

第三章为创新发展推进中国式现代化：基于区域科技创新视角。本章从价值角度出发，以创新指标体系构建新模型，将中观层面的城市创新因素指标数据与微观层面的发明专利数据进行匹配，并且以市域为基准，测度1985~2020年我国282个城市的创新价值，形成样本周期长且城市个体多的创新价值数据集。从价值视角分析我国区域创新价值的分布特征和演进规律，形成空间维度与时间维度相结合的分析创新价值分布及其差异的研究体系。研究发现：我国区域创新价值总体呈现出先增后降的趋势，早期依赖外源技术及其转化的创新发展模式，并未形成长期持续的创新价值提升效应；我国区域创新价值空间分布非均衡的特征显著。在样本区间内，仅在极个别东部热点区域集聚着高水平的创新价值，其余大部分区域分布着低水平的创新价值，且与高水平区域的创新价值差异显著。

第四章为绿色发展推进中国式现代化：基于碳排放权交易视角。本章基于包含省级数据和工业企业数据的丰富数据集，使用双重差分模型探究了碳排放权交易试点政策是否具有减污降碳协同增效效果，为中国的碳排放权交易试点政策如何通过绿色技术创新、碳密集型产业投资和碳密集型企业迁移三种潜在机制提高减污降碳协同增效水平提供了理论解释。结果表明，碳排放权交易试点政策显著减少了碳排放和污染物排放，提高了绿色发展效率，促进了区域排放公平，有助于实现减污降碳协同增效。机制分析表明，该政策通过绿色技术创新和减少试点地区碳密集型产业投资来促进减污降碳协同增效，证实了波特假说和投资转移效应。然而，碳密集型企业迁移的中介效应并不显著，这意味着污染避风港假说可能不是减污降碳协同增效水平提升的原因。此外，异质性分析结果表明，在环境规制严格的省份和南方地区，碳排放权交易试点政策的减污降碳协同增效效果更加显著。

第五章为绿色金融推进中国式现代化：基于构建现代能源体系视角。本章以能源体系现代化为中国式现代化的切入点，基于能源消耗总量、能源效率和能源结构构建了一个综合能源指标体系，以"基准分析—异质性检验—机制分析"作为研究框架，探究绿色金融对中国式现代化的影响机理及后果，打开了绿色金融与能源体系现代化转型之间的机制"黑箱"。研究发现，绿色金融能够显著降低能源消耗总量，而与能源利用效率为"U"形关系，与能源消费结构为倒"U"形关系。机制分析发现，绿色金融引起了产业升级、技术进步和经济集聚，这些因素共同推动了能源体系现代化转型。异质性分析发现，在经济发展水平高、市场化程度高以及政府环境偏好强的地区，绿色金融更有利于推动能源体系现代化转型。本章的研究为能源转型阶段实现资金需求与金融资源供给有效衔接的手段提供了理论参考，为实现中国式现代化和碳中和目标提供了新的启示。

第六章为高水平对外开放推进中国式现代化：基于新能源产业贸易网络视角。本章以新能源产业贸易为切入点，系统分析高水平对外开放推进中国式现代化的传导机理与发展特征。以中国风电产业为例，基于 2013~2022 年风力发电机组贸易数据，采用社会网络模型、CONCOR 模型、核心—边缘模型研究了我国风电产业贸易网络的进出口规模与结构、空间关联动态演化特征、空间聚类格局等内容。研究发现，从风电产业的贸易规模和多元化来看，我国风电贸易的进出口失衡明显，风电产业贸易有越来越集中于发达国家和地区的发展趋势。从风电产业的贸易联系程度来看，我国风电产业贸易在空间聚类中属于净溢出板块，板块内部国家的资源较丰富，自足能力较强，贸易往来更为紧密。从风电产业的贸易控制力来看，我国在风力发电产业贸易网络中始终位于核心国家之列，总体地位比较稳定。从风电产业海外供应链中的中心度来看，风电产业海外供应链中心度越高，出口的恢复概率和恢复速度也越快，且金融危机后风电产业获取投入品的稳定性也就越高。

第七章为中国式现代化的共同富裕目标：基于政策推动视角。本章基于覆盖精准帮扶政策完整实施时间和 1574 个县域的全面样本数据，从政策帮扶激发落后地区经济潜力的视角出发，以"精准帮扶促进帮扶地区经济增长—缩小帮扶地区和非帮扶地区经济差距—实现中国式现代化的共同富裕目标"为逻辑主线，分析了精准帮扶政策对经济增长的影响，并进一步讨论了该影响的时间动态性、传导机制和异质性。结果显示，精准帮扶政策能显著促进帮扶县经济增长，以及这种促进影响随着时间的推移逐步增强。机制分析表明精准帮扶政策通过产业结构升级、推动金融发展、刺激消费、积累人力资本、完善基础设施和提高财政支出影响帮扶县经济增长。异质性分析发现，存在与帮扶县考核年份、经济水平、县域类型和地区分布相关的差异。最后强调了重视帮扶政策的经济意义和持续性，提出提升产业帮扶措施效率和灵活调整政策实施等方面的政策建议。

参考文献

［1］Bourguignon F. The Poverty-Growth-Inequality Triangle ［R］. Indian Council for Research on International Economic Relations, New Delhi, Working Papers, 2004.

［2］Cheng Y, Du K, Yao X. Stringent Environmental Regulation and Inconsistent Green Innovation Behavior: Evidence from Air Pollution Prevention and Control Action Plan in China ［J］. Energy Economics, 2023, 120: 106571.

［3］Finlay J E, Lee M A. Identifying Causal Effects of Reproductive Health Improvements on Women's Economic Empowerment through the Population Poverty Research Initiative ［J］. Milbank Quarterly, 2018, 96 (2): 300-322.

［4］Gaubert C, Kline P, Vergara D, et al. Trends in US Spatial Inequality: Concentrating Affluence and a Democratization of Poverty ［C］//AEA Papers and Proceedings. 2014 Broadway, Suite 305, Nashville, TN 37203: American Economic Association, 2021, 111: 520-525.

［5］Lu A, Zhang J, Li J. The Impact of Export VAT Rebate Reduction on Firms' Pollution Emissions: Evidence from Chinese Enterprises ［J］. Energy Economics, 2023, 120: 106630.

［6］Ma G, Qin J, Zhang Y. Does the Carbon Emissions Trading System Reduce Carbon Emissions by Promoting Two-way FDI in Developing Countries? Evidence from Chinese Listed Companies and Cities ［J］. Energy Economics, 2023, 120: 106581.

［7］Sotomayor O J. Can the Minimum Wage Reduce Poverty and Inequality in the Developing World? Evidence from Brazil ［J］. World Development, 2021 (138): 1-14.

［8］Zha D, Jiang P, Zhang C, et al. Positive Synergy or Negative Synergy: An Assessment of the Carbon Emission Reduction Effect of Renewable Energy Policy Mixes on China's Power Sector ［J］. Energy Policy, 2023, 183: 113782.

［9］陈宗胜，黄云. 中国相对贫困治理及其对策研究 ［J］. 当代经济科学，2021，43 (5)：1-19.

［10］杜龙政，赵云辉，陶克涛，等. 环境规制、治理转型对绿色竞争力提升的复合效应——基于中国工业的经验证据 ［J］. 经济研究，2019，54 (10)：

106-120.

[11] 樊增增，邹薇．从脱贫攻坚走向共同富裕：中国相对贫困的动态识别与贫困变化的量化分解［J］．中国工业经济，2021（10）：59-77．

[12] 方世南．努力建设人与自然和谐共生的现代化［N］．辽宁日报，2021-05-11（005）．

[13] 傅才武，高为．精神生活共同富裕的基本内涵与指标体系［J］．山东大学学报（哲学社会科学版），2022（3）：11-24．

[14] 韩保江，李志斌．中国式现代化：特征、挑战与路径［J］．管理世界，2022，38（11）：29-43．

[15] 郝宪印，张念明．新时代我国区域发展战略的演化脉络与推进路径［J］．管理世界，2023，39（1）：56-68．

[16] 黄承梁．中国式现代化与建设人与自然和谐共生现代化的历史必然［J］．中国人口·资源与环境，2023，33（4）：196-204．

[17] 郎晓军．关于建设人与自然和谐共生的现代化生态理念的思考［J］．中共南昌市委党校学报，2022，20（1）：36-42．

[18] 李军鹏．共同富裕：概念辨析、百年探索与现代化目标［J］．改革，2021（10）：12-21．

[19] 李培林．中国式现代化和新发展社会学［J］．中国社会科学，2021（12）：4-21+199．

[20] 李实，杨一心．面向共同富裕的基本公共服务均等化：行动逻辑与路径选择［J］．中国工业经济，2022（2）：27-41．

[21] 林毅夫．以理论创新贡献中国式现代化——新结构经济学的视角［J］．国家现代化建设研究，2023，2（5）：33-45．

[22] 刘培林，钱滔，黄先海，等．共同富裕的内涵、实现路径与测度方法［J］．管理世界，2021，37（8）：117-129．

[23] 罗红杰．中国式现代化的百年实践、超越逻辑及其世界意义［J］．经济学家，2021（12）：5-13．

[24] 吕越，张昊天，薛进军，等．税收激励会促进企业污染减排吗——来自增值税转型改革的经验证据［J］．中国工业经济，2023（2）：112-130．

[25] 逢锦聚．中国共产党带领人民为共同富裕百年奋斗的理论与实践［J］．经济学动态，2021（5）：8-16．

[26] 钱学锋，方明朋．中国式现代化的开放逻辑与高质量实现路径［J］．宏观质量研究，2023，11（5）：43-58．

［27］孙豪，曹肖烨．中国省域共同富裕的测度与评价［J］．浙江社会科学，2022（6）：4-18+155.

［28］童健，武康平．经济发展进程中的基础设施投资结构变迁［J］．数量经济技术经济研究，2016，33（12）：61-77.

［29］王茹．人与自然和谐共生的现代化：历史成就、矛盾挑战与实现路径［J］．管理世界，2023，39（3）：19-30.

［30］王雄青，胡长生．"人与自然和谐共生现代化"的思想底蕴、价值涵蕴和现实意蕴［J］．湘潭大学学报（哲学社会科学版），2021，45（4）：159-164.

［31］杨飞，范从来．产业智能化是否有利于中国益贫式发展？［J］．经济研究，2020，55（5）：150-165.

［32］杨刚强，王海森，范恒山，等．数字经济的碳减排效应：理论分析与经验证据［J］．中国工业经济，2023（5）：80-98.

［33］姚树洁．"新常态"下中国经济发展和理论创新［J］．经济研究，2015，50（12）：22-24.

［34］姚洋．中国现代化道路及其世界意义［J］．国家现代化建设研究，2022，1（3）：17-31.

［35］张云飞，曲一歌．建设人与自然和谐共生现代化的系统抉择［J］．西南大学学报（社会科学版），2021，47（6）：23-32+257.

［36］张占斌，吴正海．共同富裕的发展逻辑、科学内涵与实践进路［J］．新疆师范大学学报（哲学社会科学版），2022，43（1）：39-48+2.

［37］张占斌．中国式现代化的共同富裕：内涵、理论与路径［J］．当代世界与社会主义，2021（6）：52-60.

［38］中国式现代化研究课题组，高培勇，黄群慧．中国式现代化的理论认识、经济前景与战略任务［J］．经济研究，2022，57（8）：26-39.

［39］邹克，倪青山．普惠金融促进共同富裕：理论、测度与实证［J］．金融经济学研究，2021，36（5）：48-62.

第二章 数字化发展推进中国式现代化：
基于企业数字化转型视角[*]

一、问题的提出

在全球化和信息化时代的浪潮中，数字化发展已经成为推动社会和经济现代化的重要力量（孙伟增等，2023；张矿伟等，2023）。尤其是在中国，这一过程不仅标志着技术革新的突飞猛进，更是中国特色社会主义现代化道路的重要组成部分。伴随着互联网、大数据、人工智能和物联网等数字技术的日新月异，我们见证了一个信息流通更加迅捷、生产效率日益提高、经济结构不断优化的时代（张咏梅等，2024；周冬华和万贻健，2023）。这些变化在企业层面表现得尤为显著，企业数字化转型成为一个全球性的趋势，它不仅关乎企业自身的竞争力和市场地位，也直接影响着整个国家的现代化进程。

全球经济的数字化转型是由多种因素驱动的，包括企业创新、市场需求的变化、消费者行为的演变以及政策环境的支持（赵涛等，2020；戚聿东和肖旭，2020）。在过去的几十年里，数字技术已经从边缘化的新兴技术转变为推动全球经济增长的核心力量。从智能手机的普及到云计算的广泛应用，从大数据分析到人工智能的突破，每一次技术革新都在重塑着世界经济的面貌。中国在这一全球性转变中扮演着至关重要的角色。《中华人民共和国国民经济和社会发展第十四个五年规划和2035年远景目标纲要》中明确提出了数字经济的发展方向，强调数字化是推动高质量发展的重要手段（余典范等，2023；聂爱云和潘孝虎，2023）。数字化发展不仅仅是技术层面的进步，更是中国社会结构、经济模式乃至文化理念的一次深刻转变。这种转变体现在中国对于数字技术的广泛应用、数字经济的快速增长，以及对于数字化治理能力的不断提升（何帆和刘红霞，2019；荆文君

---

[*] 作者信息：吴自豪，经济学博士，上海师范大学商学院讲师。

和孙宝文，2019）上。

在中国这样一个庞大而复杂的经济体中，企业是市场竞争的主体，是建设现代化经济体系的坚实物质力量，因此企业的数字化转型尤为关键。数字化不仅改变了企业的运作方式，也为企业提供了新的增长点和创新途径。企业通过数字化可以更有效地连接市场和消费者，更灵活地应对市场变化，更精准地进行决策（赵宸宇等，2021；吴非等，2021）。特别是对于中国的中小企业而言，数字化转型提供了一个平等竞争、拓展市场的重要契机。数字化转型对于提升企业的创新绩效至关重要。创新绩效不仅体现在产品和服务的创新上，也涵盖了商业模式、市场营销乃至组织管理的创新。数字化技术如大数据分析和人工智能为企业提供了更深入的市场洞察、更高效的运营管理和更快速的创新能力。在这个过程中，企业如何利用数字化工具，如何整合内外部资源，如何应对数字化带来的挑战，都直接影响到其创新绩效的提升。

鉴于以上背景，本章的核心研究问题主要围绕"企业数字化转型如何促进企业创新绩效"，即企业如何通过数字化转型实现创新？数字化转型在不同行业、不同规模企业中的表现和效果如何？企业在数字化转型过程中所面临的挑战和机遇是什么？探索这些问题旨在为企业高质量发展与全社会稳步推进中国式现代化建设提供决策参考。

二、文献回顾、理论分析与研究假设

（一）文献回顾

第一，企业数字化转型研究。现有文献可以分为两类：一类是分析影响企业数字化转型的因素。王华和郭思媛（2023）发现，供应商距离和企业数字化转型之间呈负相关关系。刘翔宇等（2021）发现，企业可以通过增加研发投入来促进企业数字化转型。佟岩等（2023）发现地方政府越重视碳减排越能倒逼当地企业数字化转型。王钧挚和刘慧（2023）发现，市场情绪与企业数字化转型之间存在"N"形非线性关系。张文文和景维民（2024）发现，数字经济监管有利于企业数字化转型。另一类是分析企业数字化转型对企业其他行为的影响因素。吴非等（2021）认为，企业数字化转型能够改善信息不对称、提升企业创新产出绩效、提升企业价值。Zeng 和 Lei（2021）的研究结果表明，企业数字化转型可以通过提高企业管理效率和技术水平来显著促进全要素生产率。袁淳等（2021）认为，企业数字化转型通过降低外部交易成本来提升企业专业化分工水平。赵宸宇等（2021）、李琦等（2021）、王守海等（2022）分别发现，企业数字化转型可以促进全要素生产率、提高企业绩效和减少债务违约风险等。

第二，企业创新相关研究。企业创新的外部因素受到创新环境显著影响，而制度环境是其关键组成部分。制度环境是一个综合概念，代表了用于建立生产、交换和分配基础的基本政治、社会和法律基础规则。据余泳泽（2011）观点，优越的制度环境对于企业创新效率能产生显著的促进效应。徐峰（2016）总结了欧盟在这方面的相关经验，指出其在推动企业创新方面主要采取了资助创新活动、制定政策性资助和推进鼓励创新立法三类做法。Liu 等（2011）认为科技政策体系的不断发展推动着企业创新水平的提升。除了制度、政策、政府质量等因素，金融也被认为是影响企业创新的重要因素（陆远权等，2016）。金融市场的发展有助于降低交易成本、分散金融风险、鼓励机会共享、扩大融资规模，从而确保企业创新行为的稳定性和持续性（Tadesse，2002）。此外，以外商直接投资（FDI）为代表的境外资本也对企业创新产生重要影响。Wang 和 Wu（2016）从知识技术溢出的角度研究发现，FDI 对中国的产品创新有显著的正向影响。余泳泽（2015）认为中国的科技研发呈现明显的空间外溢和价值链外溢，说明中国整体的区域网络具有良好的协同性。一些研究则从三产比重、产业结构转型升级、科技孵化产业等角度探讨了产业结构变动与企业创新的互动关系（王鹏和赵捷，2011；Li et al.，2022；田增瑞等，2019）。

第三，企业数字化对创新影响的相关研究。目前，有部分文献分析了企业数字化转型对创新绩效的影响，最初开始研究的是数字化转型对传统创新的影响。宋加山等（2024）从金融资产配置的视角阐释了数字化转型如何提高企业创新效率。黄宏斌等（2023）认为企业数字化转型有利于企业的协同创新。肖翔等（2023）认为数字化转型促进了制造业实质性创新，但也导致了区域间创新的发展不平衡问题。宋佳宁和宋在科（2023）发现，技术溢出在企业数字化转型促进制造业企业创新中发挥着中介作用。随着研究的不断深入，部分学者开始探索数字化转型对企业绿色创新的影响。李鑫等（2023）发现，企业数字化转型可以显著促进企业绿色创新，人力资本结构、信息不对称和公司治理水平是数字化转型提升企业绿色创新的核心机制。刘艳霞等（2023）认为，企业数字化转型通过提高信息透明度、优化资源配置，促进绿色创新。孟猛猛等（2023）发现，制度环境和战略风险在企业数字化转型促进绿色创新中分别起到显著的正向和负向调节作用。

综观国内外的相关研究，学者做了大量工作，取得了丰硕的研究成果。但是，仍有拓展空间。第一，企业数字化转型对不同类型企业的创新的影响有待进一步挖掘。第二，企业数字化转型对企业创新影响的异质性有待进一步分析。第三，企业数字化转型是否能进一步促进企业生产经营有待进一步检验。本章不仅丰富了企业数字化转型研究，也拓展了研究的深度和广度。其具体边际贡献有：①分析了企业数字化转型对实质性创新和策略性创新的不同影响。②实证研究发现，企业数字化转型通过加大研发投入力度和增加研发人员数量激发了创新活力。③更进一步发现企业数字化转型不仅促进了企业创新，也提高了企业价值和生产效率。

（二）理论分析与研究假设

企业数字化转型是当今商业领域中的一项重要趋势，不仅改变了企业内部的运营方式，也对创新产生了深远的影响。企业数字化转型可以从信息共享和透明度提升、管理层监督强化、知识和技术整合以及供应链协同效率等方面促进企业创新。

第一，企业数字化转型有利于信息共享和透明度提升。企业数字化转型的第一个关键影响因素是信息共享和透明度的提升。通过数字化技术，企业内部的信息传送和反馈过程变得更加迅速和高效（吴非等，2023；张宝建等，2023）。内部信息共享在数字化转型中占据重要地位，特别是对于需要多部门协作的创新项目而言。内部信息共享意味着企业各部门间信息的整合和传播，这种整合使得创新活动更加协同和有序。研发团队的交流变得更为便捷，这为创新提供了更加有力的支持（刘冰冰和刘爱梅，2023；韩国高等，2023）。信息"爆炸式"增长使企业对非结构化和非标准化信息的处理能力大幅提升。这种信息处理能力的提升有助于解决委托代理问题和高管风险规避行为，从而增强高管创新的积极性和意愿（吕可夫等，2023；陈宇等，2023）。数字化工具的应用还打破了企业内部的"数据割据"主义，实现了不同机构、部门和业务信息的流通和兼容，提高了信息透明度（陈翼等，2023；周红星和黄送钦，2023）。

第二，企业数字化转型加强了管理层监督和减少了代理问题。数字化转型对加强管理层监督和代理问题的减弱起到了关键作用。通过数字化技术，企业的管理和经营变得更加透明化。管理者不再能够依赖信息不对称和信息隐蔽来规避监督，而是面临更为全面的监督（赵玲和黄昊，2023；陶锋等，2023）。信息的"爆炸式"增长改善了企业的信息环境，缓解了管理层与投资者之间的信息不对称和管理者的道德风险。这种透明度的提升有助于树立企业的积极形象，迎合政府数字经济发展战略，从而获得资本市场和政府的资金支持（郭彤梅等，2023；

毛荐其等，2023）。透明度的提高不仅降低了投资者的外部交易成本，使投资者可以及时有效地获得企业的信息，也有利于投资者对企业的经营进行实时监督。在创新的高风险背景下，管理者的自身利益往往与推动更有利于企业发展的创新战略存在冲突。数字化转型透明化了企业的管理和经营，约束了管理层以损害公司利益为代价谋求个人利益的行为，从而减少了代理问题（王靖茹和姚颐，2023；贺正楚等，2023）。

第三，企业数字化转型有利于知识和技术整合。企业数字化转型有利于知识和技术的整合，这直接促进了创新。创新是一个多领域的知识融合和再创造的复杂活动，涉及企业生产和环境保护等方面的技术（黄隽和宋文欣，2023；范红忠等，2022）。传统上，企业很难依靠单一领域的知识和技术实现创新。数字化转型拓展了研发资源配置的范围，使得企业能够更容易地进行跨领域、跨区域的创新合作。创新主体包括企业、科研机构和大学，通过数字化转型，它们能够更加频繁地进行知识和技术交流合作。数字化技术降低了企业与其他创新主体的信息交流和协同合作的成本，使得不同创新主体之间的合作更加灵活和高效。这种合作模式有助于企业更好地了解和掌握不同领域最先进的知识和技术，根据市场需求创造更能迎合消费者需求和受环境保护的新产品和技术（潘红波和高金辉，2022；杜勇和娄靖，2022）。

第四，企业数字化转型提高了供应链协同效率。数字化转型使企业能够实时了解供应链上下游的情况，从而迅速根据市场变化调整资源配置策略（安同良和闻锐，2022；余薇和胡大立，2022）。这提高了供应链协同效率，避免了企业资源的浪费。供应链的高效协同对于创新至关重要，因为创新往往涉及整个供应链的协同合作，包括原材料采购、生产、物流等方面。数字化技术的应用使企业可以更灵活地调整生产和销售行为。因此，本章提出以下假设：

H1：企业数字化转型促进了企业创新。

数字化转型作为企业在数字时代的核心策略，旨在通过引入先进的数字技术和工具，优化业务流程，提高效率，以促进创新并在市场中保持竞争力。然而，从具体的创新类型来看，即数字化转型在推动实质性创新方面可能取得显著成果，但在策略性创新方面可能面临一定局限性。

数字化转型作为企业面对不断变化的数字时代的战略选择，能够显著促进企业的实质性创新。这种创新不仅包括产品和服务的改进，也涉及业务流程的优化以及组织结构的调整。第一，数字化转型提供更强大的数据分析和挖掘能力，使企业能够更深入地了解市场需求和客户行为（俞立平等，2024）。通过对大量数据的分析，企业能够发现隐藏在数字背后的趋势和模式，为创新提供有力的支持。这种数据驱动的方法使企业能够更准确地把握市场动态，更精准地满足客户需求，从而在实质性创新方面取得显著进展（曲永义和廖健聪，2024）。第二，数字化转型推动了业务流程的自动化和数字化。通过引入先进的技术，如物联网、人工智能和机器学习，企业能够优化生产流程、供应链管理和服务交付（黄先海等，2023）。这种高度自动化的生产方式不仅提高了效率，也降低了错误率，为企业实质性创新提供了更为可靠的基础（温科等，2023）。第三，数字化转型推动了企业的灵活性和敏捷性。通过采用云计算和其他先进的信息技术，企业能够更快速地调整业务流程，迅速适应市场变化（刘冰冰和刘爱梅，2023）。这种灵活性使企业更具有创新能力，能够及时推出新产品、服务或调整商业模式，应对竞争激烈的市场环境（李云鹤和吴文锋，2023）。第四，数字化转型为企业创新提供了更为广阔的平台。通过互联网和数字化工具，企业能够更广泛地与供应商、合作伙伴和客户进行合作和沟通（罗瑾琏等，2023）。这种开放性的合作模式有助于汇聚各方的智慧和资源，促使创新的发生。企业能够更容易地获取外部的创新资源，加速新技术、新理念的引入和应用（宋佳宁和宋在科，2023）。第五，数字化转型提升了客户体验，激发了企业对创新的需求。通过数字化渠道，企业能够更直接地了解客户的反馈和需求，这种及时的反馈机制使企业能够更快速地调整产品和服务，提升客户满意度。客户的需求变化驱动着企业不断进行实质性创新，以满足市场的多样化需求（陈宇等，2023）。

尽管数字化转型在实质性创新方面取得了显著成果，但在推动策略性创新方面可能面临一系列挑战。策略性创新涉及更深层次的组织变革、市场定位调整和商业模式的重新构思，与实质性创新相比，更为复杂。首先，数字化转型可能导致企业过度专注于解决当前业务流程中的问题，而对长期战略目标的全面调整关注较少（陈翼等，2023）。企业在数字化转型中更注重技术的实施，而对于组织结构、文化和长期战略定位的深入思考相对较少，这使得数字化转型更容易在短期内推动实质性创新，而对策略性创新的影响相对有限（刘东阁和庞瑞芝，2023）。其次，数字化转型的技术导向可能使企业在面对外部环境变化时显得较为缺乏灵活性。策略性创新需要企业对外部环境的变化敏感，包括竞争对手的动向、市场趋势等（周红星和黄送钦，2023）。数字化转型如果过于专注于内部流程的改善，可能导致企业对外部机会和威胁的忽视，难以在策略性层面上及时调整（陈宇等，2023）。再次，数字化转型过程中可能引发组织内部的抵触情绪。员工对新技术的不适应、领导层在战略调整上遇到的困难等内部阻力可能会阻碍数字化转型对策略性创新的有效推动（陈翼等，2023）。策略性创新需要组织内部的共识和支持，而数字化转型可能因为引入新技术而引发内部抵触。最后，数字化转型面临的外部环境变化的不确定性也是推动策略性创新的障碍（张国胜和杜鹏飞，2022）。市场和行业的变化往往是复杂且不确定的，数字化转型在应对这些变化方面可能显得相对无力（潘红波和高金辉，2022）。策略性创新需要企业在不确定性中做出决策，这对企业的战略管理和决策能力提出了更高的要求（李雪松等，2022）。综上所述，虽然数字化转型在推动实质性创新方面表现出色，但其对策略性创新的影响可能受到一系列局限性的制约。因此，本章提出以下假设：

H2：数字化转型仅能促进实质性创新，而不能有效推动策略性创新。

三、主要事实与特征

（一）数字经济为全球经济增长提供了重要支撑，高收入国家数字经济领先优势明显

"数字经济"的概念和术语最早出现在美国。1994 年，《圣地亚哥联合论坛报》首次使用了"数字经济"一词。到了 1996 年，Don Tapscott 在他的书名中使用了这一术语，从而使其获得了正式定义。20 世纪八九十年代，信息技术的迅猛发展与美国和欧元区经济繁荣的紧密联系，被许多经济学家所关注。信息技术被认为是推动经济增长的关键因素。随后，"数字经济"一词逐渐得到了各国政府的认可，并在官方文件中频繁出现。然而，不同国家对于数字经济的定义和统计标准存在显著差异。本章采纳的定义来自中国信息通信研究院：数字经济是一种以数据资源作为核心生产要素、以现代信息网络为主要平台、以信息通信技术的高效运用为经济增长和结构优化的关键驱动力的经济体系。数字经济代表着科技进步达到一定阶段后经济的新形态，就像数字革命和工业革命一样，它改变了生产力和生产方式。全球各国都在通过数字经济寻求加速发展的机会。不同国家的数字经济发展水平存在巨大差异。如图 2-1 所示，2021 年，高收入国家的数字经济规模远超中高收入国家和中低收入国家，发达国家的数字经济规模是发展中国家的 2.6 倍。从结构上看，一个国家的收入水平和经济发展程度越高，其数字经济占 GDP 的比重越大。这反映了发达国家和高收入国家在数字经济发展方面相较于发展中国家和低收入国家拥有绝对的优势。

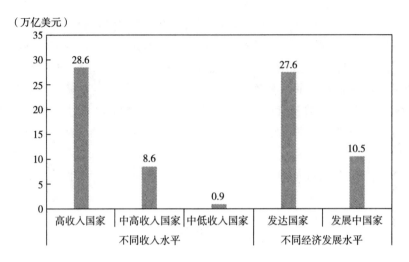

图 2-1 2021 年不同国家数字经济规模状况

深入了解中国数字经济的发展现状，可以看到这一领域正经历着显著的高速增长。根据中国信息通信研究院的数据，自 2008 年以来，中国数字经济的规模呈现稳健的增长，截至 2022 年，数字经济从 4.8 万亿元蓬勃发展至 50.2 万亿元，这一增长速度显著，凸显了数字经济在国家经济结构中的重要性（见图 2-2）。这种增长不仅体现在总体规模上，也反映在数字经济对整体经济活动的影响上。在经济下行期间，数字经济成为企业和政府推动增长的一个关键领域。

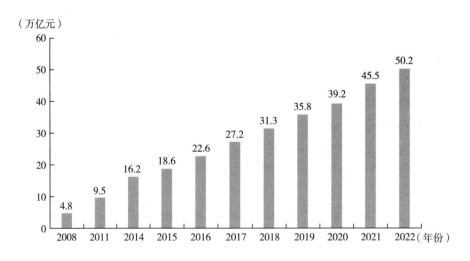

图 2-2 2008~2022 年中国数字经济规模

（二）中国企业数字化转型程度稳步提高，行业和区域间数字化转型存在差异

目前，衡量企业数字化水平的方法大致可分为以下四种：第一种方法是基于企业是否启动数字化转型的虚拟变量法，但这种方法无法准确反映企业数字化的实际强度。第二种方法是根据企业在数字经济相关部门的无形资产占总无形资产的比例来评估，如祁怀锦等（2020）。然而，这种方法可能会受到企业为了展示而进行的非实质性投资影响（Triplett，1999），同时也不一定能真实反映企业的数字化水平。第三种方法是通过问卷调查来衡量，如 Tian 等（2022）。不过，这种方法的主观性较强，且样本量有限。第四种方法是分析企业年报中数字化相关词汇的出现频率或比重，如赵宸宇（2021）、袁淳等（2021）以及吴非等（2021）。鉴于数字经济是中国的一项重大发展战略，企业年报往往会反映政策导向，总结企业的发展重点并指导未来方向。因此，年报中数字化词汇的出现频率能反映企业对数字化转型的追求。基于上述分析，本章选取企业年报中数字化相关词汇的出现频次作为核心解释变量，认为这是一种有效且可靠的衡量方式。具体方法是对企业年报中数字化转型相关词汇出现的频次加 1 后取对数，以此来量化企业的数字化程度。2007~2019 年我国企业数字化转型时间趋势如图 2-3 所示。

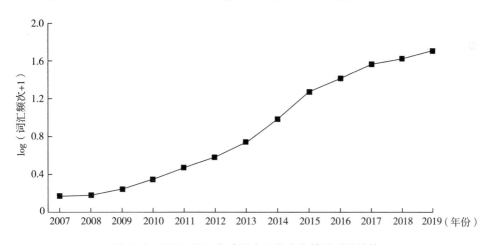

图 2-3　2007~2019 年我国企业数字化转型时间趋势

本章对 2019 年各行业的数字化转型情况进行了深入分析，如图 2-4 所示。研究表明，不同行业在数字化转型方面呈现出显著的差异性。其中，服务业的数字化程度最高，主要归因于该行业对技术的高度依赖。技术的不断进步不仅促进了服务业的数字化转型，也提升了客户满意度。此外，激烈的市场竞争也迫使企业加速数字化转型。文化、体育和娱乐业以及批发和零售业在数字化转型上同样处于较高水平，分别达到 2.23 和 2.08。文化、体育和娱乐业需借助先进技术来提升消费者体验；而批发和零售业则需要通过技术优化其供应链，提高物流效率。相较之下，资源密集型行业的数字化转型程度则相对较低，例如采矿业的数字化程度仅为 0.66。这些行业往往处于市场的垄断地位，因此对数字化转型的紧迫性感知较低。同时，由于这些行业涉及大量复杂的物理操作和特定的环境条件，它们对数字技术的需求相对较小。这反映了不同行业在数字化转型上的不均衡，同时也指出了行业特性对数字化转型的重要影响。

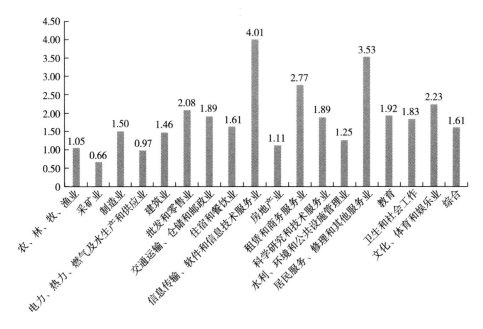

图 2-4　2019 年我国不同行业数字化转型情况

　　为了更清晰地揭示企业数字化转型在不同地区的差异，本章计算了 2007 年、2013 年和 2019 年我国各城市企业数字化转型的平均水平，发现企业数字化转型在地域上存在不平衡发展问题。特别是东部沿海地区的企业在数字化转型方面普遍超过了内陆非沿海城市。通过分析 2007 年、2013 年和 2019 年不同地区企业数字化转型的动态演变过程，发现东、中、西三大区域的企业数字化程度都在逐渐加深，与前文结论相符。此外，"胡焕庸线"作为中国经济发展和技术水平差异的重要标志，不仅是地理上的划分，也深刻反映了中国东西部在企业数字化进程中的显著差异。分析表明，在 2007 年、2013 年和 2019 年，胡焕庸线以西地区的企业数字化程度普遍较低，而胡焕庸线以东地区的企业数字化程度则较高。尽管随着时间的推移，胡焕庸线以西地区的企业数字化水平有所提升，但与胡焕庸线以东地区相比，仍存在明显差距。因此，可以看出胡焕庸线在企业数字化转型方面具有持续的"分割效应"。

（三）中国企业创新能力逐年提高，东部地区优势明显

从企业创新水平来看，由于企业申请的专利数量具有即时性和可靠性的特点，所以本章将其加1取自然对数来衡量企业创新能力。更进一步地，企业的专利由发明专利、实用型专利和外观设计专利构成。发明专利直接有利于企业的生产，也被称为实质性创新。实用型专利和外观设计专利体现的只是企业的创新数量的增加，也被称为策略性创新。图2-5显示，2007~2019年我国企业创新水平逐年提高。从企业创新类型来看，企业实质性创新和企业策略性创新水平均显著提升。2013年，企业的创新、实质性创新和策略性创新的增长速度均显著下降，其原因可能是由多种因素引起的，包括全球经济衰退导致的投资减少、政府政策和监管环境的变化、技术发展的瓶颈、市场饱和、资金限制、人才短缺、内部管理问题以及消费者需求的变化等。这些因素可能以不同的方式和程度影响不同企业，导致整体上创新活动的放缓。

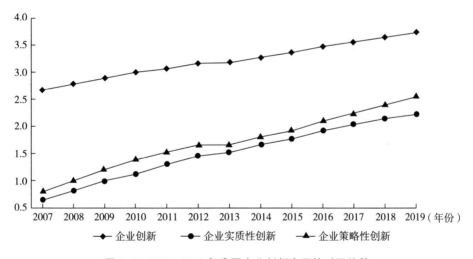

图2-5　2007~2019年我国企业创新水平的时间趋势

进一步地对2007年、2013年和2019年企业创新的区域分布进行分析，数据显示越来越多的企业开始进行企业创新。东部地区企业的创新能力显著高于中西部地区，胡焕庸线对企业创新有显著的"分割效应"。胡焕庸线以东地区的企业创新能力显著高于胡焕庸线以西地区的企业。

从不同的创新类型来看，进行实质性创新的企业主要分布在东部地区。2013 年和 2019 年，越来越多中西部地区的企业开始进行实质性创新。但是，东部地区的企业实质性创新水平显著高于中西部地区。另外，胡焕庸线东西两侧的企业实质性创新能力依然存在显著差异。对于策略性创新而言，2007 年企业的策略性创新水平较低，而到了 2013 年和 2019 年，各区域的企业策略性创新水平均有了显著提升，但区域间企业策略性创新依然存在显著差异。在胡焕庸线以西地区的企业策略性创新能力较弱。虽然东部沿海地区的企业创新水平显著高于其他地区，但东中部大部分的企业都积极地进行策略性创新。

四、实证分析

（一）模型设定

为了验证本章的研究假设，设定如下模型：

$$\ln Patent_{i,t}(\ln Patenti_{i,t}, \ln Patentud_{i,t}) = \alpha_0 + \alpha_1 DIG_{i,t} + \gamma X_{i,t} + \mu_i + \delta_t + \varepsilon_{i,t} \quad (2-1)$$

其中，$\ln Patent_{i,t}$（$\ln Patenti_{i,t}$，$\ln Patentud_{i,t}$）分别表示企业的创新（实质性创新、策略性创新）能力，$DIG_{i,t}$ 表示企业的数字化程度，$X_{i,t}$ 表示控制变量，μ_i 表示个体固定效应，δ_t 表示时间固定效应。参考吴非等（2021）的研究方法，资产负债率（LEV）、年龄对数（AGE）、资产对数百万（$SIZE$）、有形资产比率（TAR）、前十大股东比率（$TOP10$）、现金比率（$CASH$）、两职合一（DUA）和营业收入增长率（$GROWTH$）被选为控制变量。

（二）数据来源

本书选择 2007~2021 年中国 A 股上市公司为研究样本。ST、*ST、金融类和数据严重缺失的公司被依次剔除，最终得到 26829 个上市公司样本。专利数据来自 CNDRS 数据库，其他数据均来自 Wind 和国泰安数据。为了避免极端数据的影响，连续变量在 1%~99% 水平上进行缩尾处理。表 2-1 为描述性统计结果。

表 2-1　描述性统计

Variable	Obs	Mean	Std. dev.	Min	Max
ln*Patent*	26829	3. 3084	1. 0755	2. 3026	10. 0936
ln*Patenti*	26829	1. 6517	1. 5860	0. 0000	9. 3319

Variable	Obs	Mean	Std. dev.	Min	Max
ln$Patentud$	26829	1.8598	1.7241	0.0000	9.4640
DIG	26829	1.0386	1.3181	0.0000	6.2519
LEV	26829	0.4432	0.2074	0.0551	0.9051
AGE	26829	2.7233	0.3929	0.0000	4.7791
$SIZE$	26829	8.2760	1.2657	5.9004	12.2377
TAR	26829	0.9252	0.0909	0.5136	1.0000
$TOP10$	26829	57.4404	15.2780	22.1820	90.0800
$CASH$	26829	0.7878	1.3113	0.0185	8.6474
DUA	26829	0.2451	0.4302	0.0000	1.0000
$GROWTH$	26829	0.1911	0.4595	−0.5862	3.0207

（三）基准回归结果分析

表2-2显示了企业数字化转型对企业创新、企业实质性创新和企业策略性创新的影响。列（1）显示 DIG 能显著促进企业创新。换言之，企业进行数字化转型有助于提升自身的创新能力，H1得证。列（2）中 DIG 的系数显著为正，列（3）中 DIG 的系数却不显著，即企业进行数字化转型对于企业创新的影响仅仅体现在实质性创新上，因此H2得证。企业的数字化转型可能促进了实质性创新而未能显著推动策略性创新，主要原因可能在于转型过程中的重点和资源配置。通常，企业在数字化转型的初期阶段会集中精力于技术升级和工艺改进，这直接促进了实质性的技术和产品创新。例如，引入先进的数据分析、人工智能或云计算技术，可以显著提高产品性能或生产效率，从而产生创新的产品或服务（张远记和韩存，2023；郑志强和何佳俐，2023）。然而，这种重点放在技术层面的创新可能导致企业忽视了策略性创新，即那些涉及商业模式、市场定位和客户互动方式的创新。策略性创新需要企业不仅关注技术本身，也要深入理解市场动态、消费者行为和竞争环境，以便开发新的商业策略和市场方法（郭丰等，2023；贾西猛等，2022；Li et al.，2022）。如果企业在数字化转型过程中仅聚焦于技术层面的改进，而未能充分利用数字技术在商业策略和模式创新方面的潜力，那么策略性创新可能会受到限制。因此，为了全面发挥数字化转型的潜力，企业需要平衡技术升级和商业模式创新，确保技术的进步能够转化为市场和策略层面的创新成果（Zhuo and Chen，2023；李德辉等，2023）。

表 2-2　企业数字化转型对创新绩效的影响分析

变量	(1) ln*Patent*	(2) ln*Patenti*	(3) ln*Patentud*
DIG	0.0212***	0.0375***	-0.0060
	(2.66)	(3.16)	(-0.48)
LEV	-0.1419**	-0.2906***	-0.1677
	(-2.24)	(-3.24)	(-1.62)
AGE	0.2827***	0.3937***	0.3123***
	(3.79)	(3.86)	(2.87)
SIZE	0.2954***	0.4248***	0.4020***
	(15.14)	(15.42)	(14.10)
TAR	0.2132**	0.1184	0.1610
	(2.08)	(0.76)	(0.96)
TOP10	-0.0020**	-0.0031**	-0.0028**
	(-2.27)	(-2.48)	(-2.13)
CASH	-0.0035	-0.0044	-0.0140
	(-0.70)	(-0.56)	(-1.61)
DUA	0.0241	0.0326	0.0363
	(1.42)	(1.28)	(1.30)
GROWTH	0.0018	0.0041	0.0156
	(0.22)	(0.33)	(1.12)
Constant	-0.1440	-3.1299***	-2.6760***
	(-0.58)	(-8.76)	(-7.12)
Individual fixed effects	Yes	Yes	Yes
Time fixed effect	Yes	Yes	Yes
N	26829	26829	26829
R^2	0.3071	0.2831	0.2328

注：***、**和*分别表示在1%、5%和10%水平上显著，括号内为t值。

（四）稳健性检验

1. 内生性检验

（1）工具变量法。参照宋科等（2022）的研究方法，选用企业的数字化水平与其所在省份同年的平均值作为数字化水平（DIG）的工具变量。这种做法代表了一种有效构建内部工具变量的方法，而不依赖于外部因素。内生性检验结果如表 2-3 所示，研究发现，当使用 ln$Patent$ 和 ln$Patenti$ 作为被解释变量时，DIG 的系数显著为正；当被解释变量为 ln$Patentud$ 时，DIG 的系数则不显著。这一结果与基础回归分析所得结论保持一致。

表 2-3　内生性检验——工具变量法

变量	（1）ln$Patent$	（2）ln$Patenti$	（3）ln$Patentud$
DIG	0.2803***	0.2497**	0.0634
	(3.90)	(2.33)	(0.53)
LEV	−0.0882**	−0.2466***	−0.1533**
	(−2.29)	(−4.29)	(−2.39)
AGE	0.2664***	0.3803***	0.3079***
	(6.55)	(6.26)	(4.55)
$SIZE$	0.2280***	0.3696***	0.3840***
	(11.12)	(12.06)	(11.24)
TAR	0.4522***	0.3142**	0.2250
	(5.11)	(2.37)	(1.53)
$TOP10$	−0.0010**	−0.0024***	−0.0026***
	(−1.97)	(−3.04)	(−2.99)
$CASH$	0.0004	−0.0012	−0.0129*
	(0.09)	(−0.20)	(−1.84)
DUA	0.0259**	0.0341*	0.0368*
	(2.20)	(1.94)	(1.88)
$GROWTH$	−0.0022	0.0008	0.0145
	(−0.29)	(0.07)	(1.15)
Individual fixed effects	Yes	Yes	Yes
Time fixed effect	Yes	Yes	Yes
N	26754	26754	26754
R^2	−0.0548	0.0243	0.0368

注：***、**和*分别表示在1%、5%和10%水平上显著，括号内为 t 值。

（2）Heckman 两阶段法。本书考虑到上市公司进行数字化转型的行为是自主选择的，并且由于无法获取非上市公司的相关数据，因此存在潜在的样本自选择偏差问题。为了解决这一问题，本章采用 Heckman 两阶段模型进行分析。这一方法的使用参考了李青原等（2023）和杨志强等（2020）的研究。具体操作如下：在模型的第一阶段，将企业是否实施数字化转型作为因变量，并引入多个可能会影响企业数字化转型决策的变量，使用 Probit 模型进行回归分析。这一步骤的目的是估计每个样本点的逆米尔斯比率（IMR）。随后，在模型的第二阶段，将这一逆米尔斯比率纳入回归模型中，以此调整潜在的自选择偏差。经过 Heckman 两阶段模型的修正发现，即使在考虑了自选择偏差之后，研究的核心结论依然保持稳定，如表 2-4 所示。这表明本书的发现具有较强的稳健性，可以有效地反映数字化转型对企业创新影响的真实情况。这种方法的应用不仅解决了潜在的样本选择问题，而且提高了本章研究结果的可信度和普适性。

表 2-4　内生性检验——Heckman 两阶段法

变量	(1)	(2)	(3)
	ln$Patent$	ln$Patenti$	ln$Patentud$
DIG	0.0212***	0.0375***	-0.0060
	(4.15)	(4.73)	(-0.69)
LEV	-0.1419***	-0.2906***	-0.1677**
	(-3.78)	(-5.08)	(-2.52)
AGE	0.2827***	0.3937***	0.3123***
	(6.50)	(6.23)	(4.36)
SIZE	0.2954***	0.4248***	0.4020***
	(27.75)	(26.96)	(23.55)
TAR	0.2132***	0.1184	0.1610
	(3.41)	(1.21)	(1.46)
TOP10	-0.0020***	-0.0031***	-0.0028***
	(-3.88)	(-4.09)	(-3.33)
CASH	-0.0035	-0.0044	-0.0140**
	(-1.01)	(-0.77)	(-2.13)
DUA	0.0241**	0.0326*	0.0363*
	(2.09)	(1.78)	(1.75)
GROWTH	0.0018	0.0041	0.0156
	(0.23)	(0.34)	(1.16)
Constant	0.0468	-2.7810***	-2.2239***
	(0.29)	(-11.43)	(-8.23)

续表

变量	（1）	（2）	（3）
	lnPatent	lnPatenti	lnPatentud
Individual fixed effects	Yes	Yes	Yes
Time fixed effect	Yes	Yes	Yes
N	26829	26829	26829
R^2	0.8266	0.8057	0.7892

注：＊＊＊、＊＊和＊分别表示在1％、5％和10％水平上显著，括号内为 t 值。

2. 其他稳健性检验

（1）替换被解释变量。企业获得的专利、发明专利和非发明专利也被广泛应用于衡量企业创新、实质性创新和策略性创新。因此，模型 1 中 lnPatent、lnPatenti 和 lnPatentud 被 GlnPatent、GlnPatenti 和 GlnPatentud 替换，结果如表 2-5 所示。重新回归的结果与基准回归中的结果一致，即企业数字化转型可以促进实质性创新。

表 2-5　稳健性检验——替换被解释变量

变量	（1）	（2）	（3）
	GlnPatent	GlnPatenti	GlnPatentud
DIG	0.0161＊＊	0.0415＊＊＊	0.0027
	（2.10）	（3.87）	（0.22）
LEV	−0.1231＊＊	−0.1529＊＊	−0.0864
	（−2.24）	（−2.12）	（−0.85）
AGE	0.3866＊＊＊	0.3886＊＊＊	0.3511＊＊＊
	（6.19）	（3.92）	（3.10）
SIZE	0.4013＊＊＊	0.2763＊＊＊	0.3880＊＊＊
	（30.14）	（12.14）	（13.64）
TAR	0.1769＊	0.1571	0.1883
	（1.94）	（1.30）	（1.15）
TOP10	−0.0034＊＊＊	−0.0034＊＊＊	−0.0029＊＊
	（−4.81）	（−3.22）	（−2.26）
CASH	−0.0212＊＊＊	−0.0164＊＊	−0.0148＊
	（−3.36）	（−2.29）	（−1.66）

续表

变量	(1)	(2)	(3)
	GlnPatent	GlnPatenti	GlnPatentud
DUA	0.0153	−0.0289	0.0253
	(0.84)	(−1.42)	(0.91)
GROWTH	−0.0295**	−0.0252**	−0.0273**
	(−2.55)	(−2.38)	(−2.05)
Constant	−2.7255***	−2.4807***	−2.7517***
	(−13.64)	(−8.22)	(−7.26)
Individual fixed effects	Yes	Yes	Yes
Time fixed effect	Yes	Yes	Yes
N	26829	26829	26829
R^2	0.2744	0.2311	0.2262

注：***、**和*分别表示在1%、5%和10%水平上显著，括号内为t值。

（2）替换解释变量。参考袁淳等（2021）的研究方法，企业年报中数字化相关词汇的比重被用作衡量企业数字化转型程度的一个创新性指标。这种方法的核心思想是基于企业年报中对数字化话题的关注程度来反映其对数字化转型的重视和投入水平。检验结果如表2-6所示。研究发现，企业数字化转型促进实质性创新这一结论依然成立。因此，本章基准回归是稳健的、可靠的。

表2-6 稳健性检验——替换解释变量

变量	(1)	(2)	(3)
	lnPatent	lnPatenti	lnPatentud
DIG	6.6754***	12.8926***	3.8081
	(4.33)	(5.66)	(1.56)
LEV	−0.1239**	−0.2562***	−0.1421
	(−1.97)	(−2.88)	(−1.38)
AGE	0.2555***	0.3648***	0.3125***
	(3.37)	(3.47)	(2.78)
SIZE	0.2909***	0.4155***	0.3903***
	(15.19)	(15.37)	(13.85)
TAR	0.2251**	0.1616	0.1758
	(2.21)	(1.04)	(1.05)

续表

变量	(1)	(2)	(3)
	ln$Patent$	ln$Patenti$	ln$Patentud$
TOP10	−0.0022**	−0.0033***	−0.0031**
	(−2.53)	(−2.59)	(−2.30)
CASH	−0.0037	−0.0044	−0.0146*
	(−0.74)	(−0.56)	(−1.68)
DUA	0.0259	0.0307	0.0392
	(1.55)	(1.22)	(1.41)
GROWTH	0.0014	0.0029	0.0146
	(0.17)	(0.23)	(1.05)
Constant	−0.0808	−3.0874***	−2.6227***
	(−0.33)	(−8.61)	(−6.94)
Individual fixed effects	Yes	Yes	Yes
Time fixed effect	Yes	Yes	Yes
N	26312	26312	26312
R^2	0.3072	0.2823	0.2320

注：***、**和*分别表示在1%、5%和10%水平上显著，括号内为 t 值。

（3）剔除直辖市数据。直辖市由于其特殊的行政地位和经济结构，可能在企业创新行为方面展现出与其他省份不同的特点，因此，剔除这些数据有助于检验我们的结果是否在更一般的地区背景下依然成立。检验结果如表 2-7 所示，研究发现，即使剔除直辖市的数据，结论依然是成立的。

表 2-7 稳健性检验——剔除直辖市数据

变量	(1)	(2)	(3)
	ln$Patent$	ln$Patenti$	ln$Patentud$
DIG	0.0263***	0.0353**	0.0108
	(2.79)	(2.46)	(0.72)
LEV	−0.1531**	−0.2957***	−0.1841
	(−2.22)	(−2.96)	(−1.56)
AGE	0.1630*	0.2542**	0.1722
	(1.93)	(2.02)	(1.31)

变量	（1）	（2）	（3）
	ln*Patent*	ln*Patenti*	ln*Patentud*
SIZE	0.2966***	0.4301***	0.3987***
	（13.40）	（13.24）	（12.37）
TAR	0.3790***	0.3657**	0.3933**
	（3.31）	（2.07）	（2.04）
*TOP*10	−0.0026***	−0.0036**	−0.0034**
	（−2.72）	（−2.54）	（−2.23）
CASH	−0.0121**	−0.0168*	−0.0227**
	（−2.10）	（−1.76）	（−2.20）
DUA	0.0293	0.0407	0.0336
	（1.55）	（1.42）	（1.05）
GROWTH	0.0048	0.0067	0.0199
	（0.49）	（0.47）	（1.20）
Constant	−0.0370	−3.1267***	−2.5597***
	（−0.13）	（−7.55）	（−5.97）
Individual fixed effects	Yes	Yes	Yes
Time fixed effect	Yes	Yes	Yes
N	20010	20010	20010
R^2	0.3230	0.2971	0.2429

注：***、**和*分别表示在1%、5%和10%水平上显著，括号内为t值。

（4）调整聚类层级。采用更稳健的标准误计算方法，对标准误在城市和年份上进行双重聚类调整，是一种有效的方法，可以缓解自相关和异方差等问题对统计推断的影响，同时保证回归结果的稳健性。检验结果如表2-8所示，研究发现，在采用更为稳健的标准误后，企业数字化转型促进了实质性创新这一结论依然成立。

表2-8　稳健性检验——调整聚类层级

变量	（1）	（2）	（3）
	ln*Patent*	ln*Patenti*	ln*Patentud*
DIG	0.0212***	0.0375***	−0.0060
	（3.52）	（3.93）	（−0.67）
LEV	−0.1419***	−0.2906***	−0.1677**
	（−3.30）	（−4.60）	（−2.26）

续表

变量	（1）	（2）	（3）
	ln*Patent*	ln*Patenti*	ln*Patentud*
AGE	0.2827***	0.3937***	0.3123***
	（5.24）	（4.99）	（3.92）
SIZE	0.2954***	0.4248***	0.4020***
	（17.63）	（18.82）	（18.97）
TAR	0.2132***	0.1184	0.1610
	（3.19）	（1.17）	（1.34）
TOP10	−0.0020***	−0.0031***	−0.0028***
	（−3.34）	（−3.59）	（−2.88）
CASH	−0.0035	−0.0044	−0.0140**
	（−0.99）	（−0.80）	（−2.23）
DUA	0.0241**	0.0326*	0.0363*
	（2.26）	（1.94）	（1.80）
GROWTH	0.0018	0.0041	0.0156
	（0.20）	（0.31）	（1.05）
Constant	0.0458	−2.7828***	−2.2255***
	（0.24）	（−10.40）	（−8.07）
Individual fixed effects	Yes	Yes	Yes
Time fixed effect	Yes	Yes	Yes
N	26754	26754	26754
R^2	0.8261	0.8051	0.7886

注：***、**和*分别表示在1%、5%和10%水平上显著，括号内为t值。

（五）异质性分析

1. 市场化程度

采用樊纲等（2003）构建的市场化指数来表示各个地区的市场化程度。依据各地区的市场化指数的中位数将全样本划分为市场化程度高和市场化程度低两组子样本。异质性分析结果如表2-9所示，研究发现，在市场化程度高的地区，企业数字化转型可以显著促进实质性创新；在市场化程度低的地区，企业数字化转型对创新的促进作用并不明显。这可能是因为市场化程度高的地区通常具有更成熟的市场机制、更完善的基础设施和更高效的资源配置能力（胡德龙和石满珍，2023；吴非等，2023）。在这样的环境中，企业能够更有效地利用数字化带来的优势，如数据驱动的决策、改进的客户洞察和更高效的运营流程来推动产品、服务或过程的实质性创新。这些地区的企业也可能更容易获得必要的技术支持和人才资源，从而加速创新过程。相反，在市场化程度较低的地区，由于缺乏支持创新的市场机制和基础设施，企业数字化转型对创新的促进作用并不明显（杨洁等，2022；杨水利等，2022）。这些地区可能面临诸如资金不足、技术支持有限、人才短缺等问题，这些因素限制了数字化转型在促进创新方面的潜力。此外，较低的市场化程度可能意味着企业面临的市场压力和竞争强度较小，因而缺乏足够的外部动力去投资与数字化相关的创新活动（陈金丹和王晶晶，2022）。

表 2-9　异质性分析——市场化程度

变量	（1）	（2）	（3）	（4）	（5）	（6）
	市场化程度高	市场化程度低	市场化程度高	市场化程度低	市场化程度高	市场化程度低
	ln$Patent$	ln$Patent$	ln$Patenti$	ln$Patenti$	ln$Patentud$	ln$Patentud$
DIG	0.0227**	0.0192	0.0448***	0.0289	−0.0150	0.0088
	（2.29）	（1.57）	（3.14）	（1.54）	（−0.93）	（0.45）
Constant	−0.0114	−0.0035	−2.9755***	−2.9322***	−2.4609***	−2.5765***
	（−0.03）	（−0.01）	（−5.91）	（−5.83）	（−4.50）	（−4.85）
Control Variables	Yes	Yes	Yes	Yes	Yes	Yes
Individual fixed effects	Yes	Yes	Yes	Yes	Yes	Yes
Time fixed effect	Yes	Yes	Yes	Yes	Yes	Yes
N	13537	13292	13537	13292	13537	13292
R^2	0.2965	0.3046	0.2698	0.2872	0.2195	0.2317

注：***、**和*分别表示在1%、5%和10%水平上显著，括号内为t值。

2. 东部、中部和西部

根据企业所属的地区将全样本分为东部、中部和西部三组子样本。异质性分析结果如表2-10所示，研究发现，企业数字化转型可以促进东部地区的实质性创新，但对中西部的创新影响并不显著。这种差异主要是由地区间在经济发展水平、基础设施建设、技术资源可用性和市场成熟度方面的不均衡导致的（尹西明等，2023；张万里，2023）。在经济更发达、基础设施更完善、技术资源更丰富、市场机制更成熟的东部地区，企业更容易利用数字化转型带来的优势，如高效的数据处理、先进的技术应用和广泛的市场接入，从而推动实质性创新。相比之下，中西部地区由于相对滞后的经济发展、较弱的基础设施和有限的技术资源，加之市场机制不够成熟，企业在数字化转型过程中面临更多挑战，这限制了它们在实质性创新方面的进步（曾祥炎等，2023；丁依霞和董幼鸿，2023）。因此，这种区域差异反映了中国不同地区在支持企业创新和数字化转型方面的不均衡发展状态，提示需要更有针对性的区域策略和政策支持来促进全国范围内的平衡发展（李宁娟等，2023）。

表 2-10　异质性分析——东部、中部、西部地区

变量	（1）	（2）	（3）	（4）	（5）
	东部地区	东部地区	东部地区	中部地区	中部地区
	$\ln Patent$	$\ln Patenti$	$\ln Patentud$	$\ln Patent$	$\ln Patenti$
DIG	0.0232**	0.0524***	−0.0075	0.0024	0.0054
	(2.52)	(3.87)	(−0.53)	(0.12)	(0.17)
Constant	−0.1756	−3.1273***	−2.5054***	0.0708	−3.0500***
	(−0.56)	(−6.99)	(−5.42)	(0.13)	(−3.78)
Control Variables	Yes	Yes	Yes	Yes	Yes
Individual fixed effects	Yes	Yes	Yes	Yes	Yes
Time fixed effect	Yes	Yes	Yes	Yes	Yes
N	18021	18021	18021	4736	4736
R^2	0.2986	0.2701	0.2237	0.3455	0.3321
变量	（6）	（7）	（8）	（9）	
	中部地区	西部地区	西部地区	西部地区	
	$\ln Patentud$	$\ln Patent$	$\ln Patenti$	$\ln Patentud$	
DIG	−0.0103	0.0301	0.0028	0.0210	
	(−0.30)	(1.34)	(0.09)	(0.59)	
Constant	−2.8753***	−0.7478	−3.8068***	−4.0867***	
	(−3.22)	(−1.19)	(−4.07)	(−3.79)	
Control Variables	Yes	Yes	Yes	Yes	
Individual fixed effects	Yes	Yes	Yes	Yes	
Time fixed effect	Yes	Yes	Yes	Yes	
N	4736	4072	4072	4072	
R^2	0.2637	0.3064	0.2899	0.2333	

注：***、**和*分别表示在1%、5%和10%水平上显著，括号内为t值。

3. 基于企业生命周期的检验

对于处于不同生命周期的企业来说，数字化转型所起的效果可能是不同的。企业生命周期理论提供了一个有力的框架，用于理解企业在不同发展阶段面临的独特挑战和机遇。按照这一理论，企业的生命周期可分为成长期、成熟期和衰退期几个阶段，每个阶段的特点和需求都有所不同，如表 2-11 所示。这些差异对企业如何响应和实施数字化转型产生重要影响，并最终决定了数字化转型对其全要素生产率的影响程度。目前，企业生命周期的划分方法有很多种（李云鹤等，2011；Dickinson，2011；Anthony and Ramesh，1992）。本章主要参考李云鹤等（2011）的做法将企业分为成长期、成熟期和衰退期。实证结果表明，成长期和成熟期的企业积极地进行数字化转型，可以显著地促进企业实质性创新；而对于处于衰退期的企业来说，企业数字化转型对企业创新没有显著的影响。实证分析表明，处于不同发展阶段的企业，数字化转型对实质性创新的影响存在显著差异。对于成长期和成熟期的企业而言，它们通常具有较强的市场定位、更丰富的资源和更高的管理效率，这些因素使它们能够更有效地利用数字化转型带来的机遇，如通过新技术推动产品和服务的创新、优化业务流程和提升市场竞争力（田海峰和刘华军，2023；王田力和王竞达，2023）。相反，处于衰退期的企业可能面临资源紧张、市场份额下降和组织结构问题，这些挑战限制了它们在数字化转型中的投资和实施能力，进而减弱了数字化转型对创新的潜在影响（许云霄等，2023；刘少波等，2023）。因此，企业的生命周期阶段是决定数字化转型成功与否及其对创新影响程度的关键因素，需要企业管理者和政策制定者给予充分考虑（黄隽和宋文欣，2023）。

表 2-11 异质性分析——成长期、成熟期、衰退期

变量	(1) 成长期 $\ln Patent$	(2) 成长期 $\ln Patenti$	(3) 成长期 $\ln Patentud$	(4) 成熟期 $\ln Patenti$	(5) 成熟期 $\ln Patenti$
DIG	0.0390 ** (2.39)	0.0355 *** (3.00)	0.0337 * (1.87)	0.0473 * (1.90)	0.0554 *** (3.12)
Constant	0.2904 (0.58)	-0.7001 * (-1.95)	-0.5417 (-1.10)	-2.6537 *** (-3.53)	-3.7727 *** (-7.45)
Control Variables	Yes	Yes	Yes	Yes	Yes
Individual fixed effects	Yes	Yes	Yes	Yes	Yes
Time fixed effect	Yes	Yes	Yes	Yes	Yes
N	4868	10001	5040	4868	10001
R^2	0.3581	0.3638	0.3832	0.3401	0.3377

续表

变量	（6）	（7）	（8）	（9）	
	成熟期	衰退期	衰退期	衰退期	
	ln$Patentud$	ln$Patentud$	ln$Patenti$	ln$Patentud$	
DIG	0.0526*	0.0086	0.0224	−0.0201	
	（1.95）	（0.32）	（1.19）	（−0.69）	
Constant	−3.7335***	−2.1203**	−3.5311***	−3.2484***	
	（−5.46）	（−2.56）	（−6.42）	（−3.99）	
Control Variables	Yes	Yes	Yes	Yes	
Individual fixed effects	Yes	Yes	Yes	Yes	
Time fixed effect	Yes	Yes	Yes	Yes	
N	5040	4868	10001	5040	
R^2	0.3454	0.2641	0.2788	0.3008	

注：***、**和*分别表示在1%、5%和10%水平上显著，括号内为t值。

（六）进一步分析

1. 数字化转型促进企业创新的机制分析

企业创新绩效和研发资源密切相关。本章将检验研发投入（RD）和研发人员（RP）在企业数字化转型促进企业创新中发挥的机制作用。其中，研发投入机制变量用研发支出占营业收入比例表示，研发人员机制变量用研发人员占员工总数的比重表示。实证结果显示（见表2-12），企业数字化转型促使企业加大了研发投入力度，招聘了更多的研发人员（俞立平等，2023；肖翔等，2023）。数字化转型本质上要求企业采纳和整合新技术，如人工智能、大数据分析和云计算等。这些技术的应用不仅需要显著的前期投资，还需要专业的技术人才来设计、实施和维护。随着企业数字化进程的深入，对创新产品和服务的需求增长，促使企业加大对研发的投入，以支持新技术的开发和应用（冀云阳等，2023；唐鹏鸣，2022）。同时，为了有效利用这些新技术，企业需要招聘具有相关专业知识和技能的研发人员，包括软件开发者、数据科学家和系统分析师等。这些人才对于理解复杂的技术环境、开发创新解决方案和保持企业在快速变化的市场中的竞争力至关重要。另外，研发投入和研发人员的增加能促进企业创新已经被广泛证明（Lee and Min，2015；Zhang and Jin，2021）。综上所述，企业数字化转型增加了企业的研发资源从而促进创新（Liu et al.，2011）。

表 2-12　企业数字化转型影响创新绩效的机制分析

变量	(1)	(2)
	RD	RP
DIG	0.1444***	0.8923***
	(4.06)	(7.50)
LEV	-0.9884***	-2.5119***
	(-3.74)	(-3.10)
AGE	-0.5836**	3.2140***
	(-2.05)	(3.09)
SIZE	0.0619	1.0934***
	(0.86)	(4.40)
TAR	-0.6837	-9.7783***
	(-1.35)	(-5.53)
TOP10	-0.0061*	-0.1113***
	(-1.94)	(-10.07)
CASH	0.1055**	-0.8309***
	(2.48)	(-6.22)
DUA	-0.0929	-0.3635
	(-1.21)	(-1.42)
GROWTH	-0.3590***	-0.1057
	(-9.64)	(-0.95)
Constant	3.6128***	4.5094
	(3.51)	(1.31)
Individual fixed effects	Yes	Yes
Time fixed effect	Yes	Yes
N	26829	26829
R^2	0.1587	0.4706

注：***、**和*分别表示在1%、5%和10%水平上显著，括号内为t值。

2. 数字化转型的经济后果分析

前面的分析已经证明，企业数字化转型能够促进企业创新。那么，企业数字化转型能否进一步有助于企业的生产经营？本章选择托宾 Q 比率（TQ）和全要素生产率（TFP）衡量企业价值和生产效率，结果如表 2-13 所示。研究发现，企业数字化转型显著提高了企业价值和生产效率（孙雪娇和范润，2023；王田力和王竞达，2023），即企业数字化转型有利于企业的生产经营。首先，数字化转型极大提升了企业的决策效率与准确性。在这个数据驱动的时代，企业通过数字化手段能够实现对海量数据的高效处理和分析，这不仅加快了决策过程，也提高了决策的质量。借助于这些数据，企业能够更准确地预测市场趋势、优化产品策略，从而实现更高效的资源分配和市场定位（尚洪涛和吴桐，2022；黄大禹等，2021）。其次，数字化转型显著优化了客户体验和市场适应性。通过数字化手段，企业能够提供更加个性化的服务和产品，以及更加便捷的客户互动方式，从而提高客户满意度和忠诚度。这种以客户为中心的战略不仅增强了企业与消费者之间的连接，还提升了企业的品牌价值和市场竞争力。在当前的消费市场中，客户体验已成为区分企业和产品的关键因素，数字化转型通过提高客户体验，使企业能够更好地满足市场需求，从而在竞争激烈的市场环境中脱颖而出（李晓庆和周昕桐，2023；黄徐亮等，2023）。再次，企业通过数字化转型实现了运营效率的显著提升和成本的有效控制。通过采用自动化技术和智能化系统，企业不仅提高了生产的速度和质量，也降低了由人为错误引起的成本和风险。此外，数字化还改善了供应链管理，优化了库存控制，从而减少了不必要的存货和浪费（李志红，2023；李小忠，2021）。最后，数字化转型推动了企业产品和服务的创新。在数字化环境中，企业能够更快速地响应市场变化，快速实施新的业务模式和服务创新。这种创新不仅体现在新产品的推出上，也表现在对现有产品和服务的改进上，使企业能够不断满足市场的新需求和预期。综上所述，这四个方面共同构成了企业数字化转型成功的关键。通过提升决策效率和准确性、优化客户体验和市场适应性、提高运营效率以及推动产品和服务创新，企业不仅提升了其内部的运营效率和市场反应速度，也在激烈的市场竞争中获得了明显的优势。这些变革不仅是对传统经营模式的一种优化，也是企业在数字时代保持持续增长和竞争力的必然选择。

表 2-13　进一步分析

变量	(1)	(2)
	TQ	TFP
DIG	0.0575 ***	0.0371 ***
	(4.83)	(6.31)
LEV	0.1939 **	-0.0493
	(1.97)	(-0.94)

变量	（1）	（2）
	TQ	TFP
AGE	0.4479***	0.1512***
	（4.48）	（3.14）
SIZE	-0.7504***	0.5160***
	（-24.13）	（34.25）
TAR	-0.0663	0.2733***
	（-0.43）	（2.96）
TOP10	-0.0014	0.0012*
	（-1.21）	（1.84）
CASH	-0.0382***	-0.0217***
	（-3.09）	（-4.85）
DUA	-0.0496*	-0.0141
	（-1.87）	（-1.05）
GROWTH	0.0693***	0.2364***
	（5.08）	（30.12）
Constant	6.9981***	3.2559***
	（19.15）	（16.72）
Individual fixed effects	Yes	Yes
Time fixed effect	Yes	Yes
N	26206	26829
R^2	0.3399	0.5667

注：***、**和*分别表示在1%、5%和10%水平上显著，括号内为t值。

五、结论与政策启示

　　基于2007~2019年中国A股上市公司的数据，本章首先分析了企业数字化转型对实质性创新和策略性创新的影响，其次分析了企业数字化转型对企业创新的影响机制，最后分析了数字化转型对不同类型企业的创新的不同影响。结果表明：①企业数字化转型能显著促进实质性创新，但不能促进策略性创新。②企业数字化转型通过增加研发投入和研发人员比率促进了企业创新。③企业数字化转型能显著促进市场化程度高、东部以及成长期和成熟期的企业的实质性创新，对市场化程度低、中西部和衰退期的企业的实质性创新影响不显著。④企业数字化转型不仅促进了企业创新，也促进了企业价值和生产效率。基于此，我们提出：①强化和多样化实质性创新途径。由于企业数字化转型能显著促进实质性创新，企业应加大对技术创新、产品研发和工艺改进的投资。同时，探索多样化的创新途径，如合作创新、开放式创新平台，以及跨行业技术融合，以保持在创新领域的领先地位。②增加研发投入，优化人才结构。鉴于数字化转型通过增加研发投入和研发人员比率来促进企业创新，企业应重点加大在研发方面的财务投入，并优化研发团队的结构和能力，招聘具有高端技能的研发人才，以及提高现有人员的技术水平和创新能力。③差异化的地区和发展阶段策略。企业应根据其所在地区的市场化程度和自身的发展阶段制定合适的数字化转型策略。对于市场化程度高、位于东部地区以及处于成长期和成熟期的企业，应加速数字化转型步伐。对于市场化程度低、位于中西部地区和处于衰退期的企业，则应更注重基础设施建设和政府支持，同时寻求定制化的数字化解决方案。④全面推动数字化转型。考虑到数字化转型不仅促进了企业创新，也提升了企业价值和生产效率，企业应采取全面的策略来推动数字化转型。这包括不仅聚焦于技术升级，也要重视企业文化和组织结构的变革，以及员工技能和心态的提升，以确保数字化转型的成功和可持续性。

参考文献

［1］Anthony J H, Ramesh K. Association between Accounting Performance Measures and Stock Prices：A Test of the Life Cycle Hypothesis ［J］. Journal of Accounting and Economics，1992，15（2-3）：203-227.

［2］Dickinson V. Cash Flow Patterns as a Proxy for Firm Life Cycle ［J］. The Accounting Review，2011，86（6）：1969-1994.

［3］Lee K H, Min B. Green R&D for Eco-innovation and Its Impact on Carbon Emissions and Firm Performance ［J］. Journal of Cleaner Production，2015，108：534-542.

［4］Li R, Rao J, Wan L. The Digital Economy, Enterprise Digital Transformation, and Enterprise Innovation ［J］. Managerial and Decision Economics，2022，43（7）：2875-2886.

［5］Liu F, Simon D F, Sun Y, et al. China's Innovation Policies：Evolution, Institutional Structure, and Trajectory [J]. Research Policy, 2011, 40 (7): 917-931.

[6] Tadesse S. Financial Architecture and Economic Performance: International Evidence [J]. Journal of Financial Intermediation, 2002, 11 (4): 429-454.

[7] Tian J, Coreynen W, Matthyssens P, et al. Platform-based Servitization and Business Model Adaptation by Established Manufacturers [J]. Technovation, 2022, 118: 102222.

[8] Triplett J E. The Solow Productivity Paradox: What Do Computers Do to Productivity? [J]. The Canadian Journal of Economics/Revue Canadienne d' Economique, 1999, 32 (2): 309-334.

[9] Wang C C, Wu A. Geographical FDI Knowledge Spillover and Innovation of Indigenous Firms in China [J]. International Business Review, 2016, 25 (4): 895-906.

[10] Zhang D, Jin Y. R&D and Environmentally Induced Innovation: Does Financial Constraint Play a Facilitating Role? [J]. International Review of Financial Analysis, 2021, 78: 101918.

[11] Zhuo C, Chen J. Can Digital Transformation Overcome the Enterprise Innovation Dilemma: Effect, Mechanism and Effective Boundary [J]. Technological Forecasting and Social Change, 2023, 190: 122378.

[12] Zeng G, Lei L. Digital Transformation and Corporate Total Factor Productivity: Empirical Evidence Based on Listed Enterprises [J]. Discrete Dynamics in Nature and Society, 2021 (1): 9155861.

[13] 安同良, 闻锐. 中国企业数字化转型对创新的影响机制及实证 [J]. 现代经济探讨, 2022 (5): 1-14.

[14] 陈金丹, 王晶晶. 数字化投入与制造业创新效率 [J]. 经济经纬, 2022, 39 (3): 78-88.

[15] 陈翼, 司登奎, 倪明明. 数字化转型、ESG 表现与企业创新型发展 [J]. 现代财经（天津财经大学学报）, 2023, 43 (8): 32-48.

[16] 陈宇, 贺超, 曾晓. 企业数字化转型与创新行为——来自上市企业年报文本识别的经验研究 [J]. 苏州大学学报（哲学社会科学版）, 2023, 44 (4): 125-137.

[17] 丁依霞, 董幼鸿. 数字化转型如何提升区域韧性? ——基于 31 个省份的组态分析 [J]. 上海行政学院学报, 2023, 24 (6): 37-49.

[18] 杜勇, 娄靖. 数字化转型对企业升级的影响及溢出效应 [J]. 中南财经政法大学学报, 2022 (5): 119-133.

[19] 樊纲，王小鲁，张立文，等．中国各地区市场化相对进程报告［J］．经济研究，2003（3）：9-18+89.

[20] 范红忠，王子悦，陶爽．数字化转型与企业创新——基于文本分析方法的经验证据［J］．技术经济，2022，41（10）：34-44.

[21] 郭丰，杨上广，柴泽阳．企业数字化转型促进了绿色技术创新的"增量提质"吗？——基于中国上市公司年报的文本分析［J］．南方经济，2023（2）：146-162.

[22] 郭彤梅，李倩云，张玥，等．专精特新企业数字化转型与创新绩效的关系研究［J］．技术经济，2023，42（5）：68-78.

[23] 韩国高，刘田广，郭晓杰，等．创新型城市试点政策能有效驱动企业数字化转型吗？［J］．产业经济研究，2023（5）：15-29+71.

[24] 何帆，刘红霞．数字经济视角下实体企业数字化变革的业绩提升效应评估［J］．改革，2019（4）：137-148.

[25] 贺正楚，潘为华，潘红玉，等．制造企业数字化转型与创新效率：制造过程与商业模式的异质性分析［J］．中国软科学，2023（3）：162-177.

[26] 胡德龙，石满珍．数字经济对企业全要素生产率的影响研究［J］．当代财经，2023（12）：17-29.

[27] 黄大禹，谢获宝，孟祥瑜，等．数字化转型与企业价值——基于文本分析方法的经验证据［J］．经济学家，2021（12）：41-51.

[28] 黄宏斌，梁慧丽，许晨辉．数字化转型驱动了企业协同创新吗？［J］．现代财经（天津财经大学学报），2023，43（11）：96-113.

[29] 黄隽，宋文欣．数字化转型、企业生命周期与突破性创新——来自中国上市公司的经验证据［J］．上海经济研究，2023（1）：48-69.

[30] 黄先海，王芳，杨高举．企业数字化转型与创新：基于网络溢出的视角［J］．经济理论与经济管理，2023，43（11）：56-69.

[31] 黄徐亮，李诗雯，倪鹏飞．数字中国战略对企业全要素生产率的影响研究［J］．调研世界，2023（11）：3-13.

[32] 冀云阳，周鑫，张谦．数字化转型与企业创新——基于研发投入和研发效率视角的分析［J］．金融研究，2023（4）：111-129.

[33] 贾西猛，李丽萍，王涛，等．企业数字化转型对开放式创新的影响［J］．科学学与科学技术管理，2022，43（11）：19-36.

[34] 荆文君，孙宝文．数字经济促进经济高质量发展：一个理论分析框架［J］．经济学家，2019（2）：66-73.

[35] 李德辉，潘丽君，尚铎．企业数字化转型、冗余资源与创新产出——基于中国非金融上市公司的考察［J］．软科学，2023，37（9）：1-7.

[36] 李宁娟，彭其，舒成利．企业数字化转型与绿色创新差异化［J］．山西财经大学学报，2023，45（10）：97-112.

[37] 李青原，李昱，章尹赛楠，等．企业数字化转型的信息溢出效应——基于供应链视角的经验证据［J］．中国工业经济，2023（7）：142-159.

[38] 李琦，刘力钢，邵剑兵．数字化转型、供应链集成与企业绩效——企业家精神的调节效应［J］．经济管理，2021，43（10）：5-23.

[39] 李晓庆，周昕桐．数字化转型何以提升重污染企业全要素生产率？［J］．南宁师范大学学报（哲学社会科学版），2023，44（6）：70-80.

[40] 李小忠．数字经济发展与企业价值提升——基于生命周期理论的视角［J］．经济问题，2021（3）：116-121.

[41] 李鑫，徐琼，王核成．企业数字化转型与绿色技术创新［J］．统计研究，2023，40（9）：107-119.

[42] 李雪松，党琳，赵宸宇．数字化转型、融入全球创新网络与创新绩效［J］．中国工业经济，2022（10）：43-61.

[43] 李云鹤，吴文锋．数字化转型能否助力我国制造业企业创新提质增效？［J］．社会科学，2023（9）：107-122.

[44] 李云鹤，李湛，唐松莲．企业生命周期、公司治理与公司资本配置效率［J］．南开管理评论，2011，14（3）：110-121.

[45] 李志红．数字化转型对提升企业价值的影响与传导路径研究［J］．经济问题，2023（11）：25-32.

[46] 刘冰冰，刘爱梅．数字化转型、要素配置和企业创新效率［J］．经济体制改革，2023（5）：121-128.

[47] 刘东阁，庞瑞芝．数字化转型能改善企业创新"低端锁定"困境吗——基于知识溢出的视角［J］．山西财经大学学报，2023，45（5）：84-98.

[48] 刘少波，卢曼倩，张友泽．数字化转型提升了企业风险承担的价值吗？［J］．首都经济贸易大学学报，2023，25（2）：61-80.

[49] 刘翔宇，刘光强，段华友．研发强度对企业数字化转型的影响——来自上市公司的经验证据［J］．财会通讯，2023（24）：39-44.

[50] 陆远权，郑威，李晓龙．中国金融业空间集聚与区域创新绩效［J］．经济地理，2016，36（11）：93-99+108.

[51] 罗瑾琏，王象路，耿新．数字化转型对企业创新产出的非线性影响研

究［J］. 科研管理，2023，44（8）：1-10.

［52］吕可夫，于明洋，阮永平. 企业数字化转型与资源配置效率［J］. 科研管理，2023，44（8）：11-20.

［53］马双，曾刚，张翼鸥，等. 中国地方政府质量与区域创新绩效的关系［J］. 经济地理，2017，37（5）：35-41.

［54］毛荐其，牛文祥，刘娜，等. 企业数字化转型对双元创新持续性的影响研究［J］. 科学决策，2023（4）：1-14.

［55］孟猛猛，谈婧，王袁清清，等. 企业数字化转型对绿色创新的影响研究［J］. 技术经济，2023，42（2）：42-52.

［56］刘艳霞，陈乐，周昕格. 数字化转型与绿色创新：基于信息的双重效应识别［J］. 改革，2023（10）：30-45.

［57］聂爱云，潘孝虎. 数字经济能否提升地方政府治理能力？——基于中国 275 个城市 2011～2019 年面板数据的实证检验［J］. 经济社会体制比较，2023（6）：109-120.

［58］潘红波，高金辉. 数字化转型与企业创新——基于中国上市公司年报的经验证据［J］. 中南大学学报（社会科学版），2022，28（5）：107-121.

［59］戚聿东，肖旭. 数字经济时代的企业管理变革［J］. 管理世界，2020，36（6）：135-152+250.

［60］曲永义，廖健聪. 数字化转型、分析师关注与企业创新绩效［J］. 烟台大学学报（哲学社会科学版），2024，37（1）：1-18.

［61］尚洪涛，吴桐. 企业数字化转型、社会责任与企业价值［J］. 技术经济，2022，41（7）：159-168.

［62］宋加山，涂瀚匀，赵锐锃. 数字化转型如何促进企业创新效率提升——来自金融资产配置视角的再审视［J］. 科技进步与对策，2024（8）：62-71.

［63］宋佳宁，宋在科. 数字化转型、技术溢出与制造业企业创新绩效［J］. 经济体制改革，2023（4）：114-122.

［64］宋科，徐蕾，李振，等. ESG 投资能够促进银行创造流动性吗？——兼论经济政策不确定性的调节效应［J］. 金融研究，2022（2）：61-79.

［65］孙伟增，毛宁，兰峰，等. 政策赋能、数字生态与企业数字化转型——基于国家大数据综合试验区的准自然实验［J］. 中国工业经济，2023（9）：117-135.

［66］孙雪娇，范润. 数字经济对大中小企业全要素生产率影响的鸿沟效应

[J]．经济管理，2023，45（8）：45-64.

[67] 祁怀锦，曹修琴，刘艳霞．数字经济对公司治理的影响——基于信息不对称和管理者非理性行为视角［J］．改革，2020（4）：50-64.

[68] 唐鹏鸣．数字化转型与企业技术创新：倒 U 型关系形成机理及其检验［J］．现代经济探讨，2022（12）：91-102.

[69] 陶锋，王欣然，徐扬，等．数字化转型、产业链供应链韧性与企业生产率［J］．中国工业经济，2023（5）：118-136.

[70] 田海峰，刘华军．企业数字化转型与绿色创新的"双化协同"机制研究［J］．产业经济研究，2023（6）：29-41+72.

[71] 田增瑞，田颖，吴晓隽．科技孵化产业协同发展对区域创新的溢出效应［J］．科学学研究，2019，37（1）：57-69.

[72] 佟岩，赵泽与，李鑫．地方政府减碳重视度与企业数字化转型——来自高耗能上市公司的经验证据［J］．财经论丛，2023（12）：82-91.

[73] 王华，郭思媛．供应商地理距离与企业数字化转型［J］．甘肃社会科学，2023（6）：202-213.

[74] 王靖茹，姚颐．企业数字化转型、容错机制与研发创新［J］．外国经济与管理，2023，45（9）：38-53.

[75] 王钧挚，刘慧．市场情绪如何影响企业数字化转型［J］．金融与经济，2023（12）：65-77.

[76] 王鹏，赵捷．产业结构调整与区域创新互动关系研究——基于我国 2002—2008 年的省际数据［J］．产业经济研究，2011（4）：53-60.

[77] 王田力，王竞达．数字化转型、生命周期与企业价值［J］．经济与管理研究，2023，44（7）：106-125.

[78] 王守海，徐晓彤，刘烨炜．企业数字化转型会降低债务违约风险吗？［J］．证券市场导报，2022（4）：45-56.

[79] 温科，李常洪，曾建丽．数字化转型、研发国际化与企业创新绩效［J］．技术经济，2023，42（10）：49-67.

[80] 吴非，丁子家，车德欣．金融科技、市场化程度与企业数字化转型［J］．证券市场导报，2023（11）：15-31.

[81] 吴非，杜金岷，李华民．财政科技投入、地方政府行为与区域创新异质性［J］．财政研究，2017（11）：60-74.

[82] 吴非，胡慧芷，林慧妍，等．企业数字化转型与资本市场表现——来自股票流动性的经验证据［J］．管理世界，2021，37（7）：130-144+10.

［83］肖翔，王晋梅，董香书．数字化转型如何影响制造业实质性创新？——基于"数字赋能"与"数字鸿沟"的视角［J］．浙江大学学报（人文社会科学版），2023，53（10）：28-50.

［84］徐峰．推动区域创新发展：欧盟的经验与启示［J］．中国软科学，2016（12）：82-90.

［85］许云霄，柯俊强，刘江宁，等．数字化转型与企业避税［J］．经济与管理研究，2023，44（6）：97-112.

［86］杨洁，马从文，刘运材．数字化转型对企业创新的影响［J］．统计与决策，2022，38（23）：180-184.

［87］杨水利，陈娜，李雷．数字化转型与企业创新效率——来自中国制造业上市公司的经验证据［J］．运筹与管理，2022，31（5）：169-176.

［88］杨志强，唐松，李增泉．资本市场信息披露、关系型合约与供需长鞭效应——基于供应链信息外溢的经验证据［J］．管理世界，2020，36（7）：89-105+217-218.

［89］尹西明，陈泰伦，金珺，等．数字基础设施如何促进区域高质量发展：基于中国279个地级市的实证研究［J］．中国软科学，2023（12）：90-101.

［90］余典范，龙睿，王超．数字经济与边界地区污染治理［J］．经济研究，2023，58（11）：172-189.

［91］余薇，胡大立．数字经济时代企业家能力对企业创新绩效的影响［J］．江西社会科学，2022，42（2）：183-195+208.

［92］余泳泽．政府支持、制度环境、FDI与我国区域创新体系建设［J］．产业经济研究，2011（1）：47-55.

［93］余泳泽．中国区域创新活动的"协同效应"与"挤占效应"——基于创新价值链视角的研究［J］．中国工业经济，2015（10）：37-52.

［94］俞立平，张矿伟，吴功兴．数字化转型对企业创新的作用机制研究：基于技术创新与管理创新的视角［J］．中国软科学，2024（1）：24-35.

［95］俞立平，朱莹，金鹏，等．数字化转型、高技术产业技术创新与成果转化［J］．中国科技论坛，2023（12）：72-83.

［96］袁淳，肖土盛，耿春晓，等．数字化转型与企业分工：专业化还是纵向一体化［J］．中国工业经济，2021（9）：137-155.

［97］张宝建，李坚强，裴梦丹，等．基于元分析的数字化转型与企业创新关系研究［J］．研究与发展管理，2023，35（5）：44-58.

［98］张国胜，杜鹏飞．数字化转型对我国企业技术创新的影响：增量还是

提质？［J］．经济管理，2022，44（6）：82-96.

［99］张矿伟，俞立平，张宏如，等．数字化转型对高技术产业创新的影响机制与效应研究［J］．统计研究，2023，40（10）：96-108.

［100］张万里．数字化转型对区域技术创新的影响机制研究［J］．经济体制改革，2023（6）：82-90.

［101］张文文，景维民．数字经济监管与企业数字化转型——基于收益和成本的权衡分析［J］．数量经济技术经济研究，2024，41（1）：5-24.

［102］张咏梅，王晓艳，赵金凯．以"数"谋"盈"：企业数字化转型对盈余持续性的影响研究［J］．审计与经济研究，2024，39（1）：75-84.

［103］张远记，韩存．企业数字化转型、技术创新与市场价值——来自"专精特新"上市企业的经验证据［J］．统计与决策，2023，39（14）：163-167.

［104］赵宸宇，王文春，李雪松．数字化转型如何影响企业全要素生产率［J］．财贸经济，2021，42（7）：114-129.

［105］赵玲，黄昊．企业数字化转型、高管信息技术特长与创新效率［J］．云南财经大学学报，2023，39（7）：86-110.

［106］赵涛，张智，梁上坤．数字经济、创业活跃度与高质量发展——来自中国城市的经验证据［J］．管理世界，2020，36（10）：65-76.

［107］郑志强，何佳俐．企业数字化转型对技术创新模式的影响研究［J］．外国经济与管理，2023，45（9）：54-68.

［108］曾祥炎，魏蒙蒙，周健．数字经济发展如何影响企业转型升级？——基于国家级大数据综合试验区的准自然实验［J］．福建论坛（人文社会科学版），2023（9）：74-91.

［109］曾祥炎，魏蒙蒙，梁银笛．数字经济促进区域协调发展：机理、难点与对策［J］．东岳论丛，2023，44（11）：114-120+192.

［110］周冬华，万贻健．企业数字化能提升企业全要素生产率吗？［J］．统计研究，2023，40（12）：106-118.

［111］周红星，黄送钦．数字化能为创新"赋能"吗——数字化转型对民营企业创新的影响［J］．经济学动态，2023（7）：69-90.

第三章　创新发展推进中国式现代化：基于区域科技创新视角[*]

一、问题的提出

科学技术是第一生产力。科技创新是引领发展的第一动力，是我国全面建成社会主义现代化强国的重要支撑。进入新时代以后，党中央明确提出创新驱动发展战略，凸显了科技创新引领发展与建设知识产权强国的重要意义。党的十九大报告和党的二十大报告都强调了科技创新在我国现代化建设全局中的核心地位。从创新发展实践来看，我国创新型国家建设取得举世瞩目的成就，科技创新体制机制改革成效显著，科技创新能力逐步提高。2019 年，国内发明专利申请量达124 万件，远超 1985 年的 4065 件[①]。2010 年，我国专利合作条约（PCT）的国际专利申请量首次超越美国，跃居世界第一。2020 年，国际专利申请量已达世界的 24.91%[②]。世界知识产权组织（WIPO）发布的 2021 全球创新指数（GII）报告显示，我国的全球创新指数已跃居世界第 12 位。

值得关注的是，我国科技创新能力与科技创新体系整体能效仍有待提升，经济社会在追求高质量发展与实现现代化转型的路径中仍面临创新能力不足的制约（王一鸣，2018）。这是因为，第一，创新成果数量的快速增长并不能充分表明创新能力的提升。只有创新价值的提升，即创新成果经济价值的提升，才是促进高质量发展、推进中国式现代化的根本所在。创新成果对于社会生产力的贡献体现在其所蕴含的技术水平上，而单纯的数量指标忽略了成果之间的技术差异，难以

　　* 作者信息：张以鹏，经济学博士，现为武汉理工大学经济学院应用经济学博士后科研流动站在职博士后。

　　① 资料来源于国家知识产权局 1985 年与 2019 年专利统计年报。

　　② 根据报告"PCT 年度回顾 2021：国际专利体系"（PCT Yearly Review 2021–Executive Summary）中数据整理所得。

反映真实的技术水平。在新时代建设知识产权强国的进程中，我国更加注重创新成果国际影响力和竞争力的提升，以创新成果价值提升、质量提高形成社会主义现代化建设的核心推动力。《中华人民共和国国民经济和社会发展第十四个五年规划和2035年远景目标纲要》提出了预期性指标："2025年我国每万人口高价值发明专利①拥有量达到12件。"该指标的设置有利于真实反映专利资源的技术含量和市场价值，意味着我国引导发明专利向追求高质量、高价值转变，而这种转变要求社会各界对发明专利的价值有更准确、更深刻的认知。

第二，科技创新能力不足表现在创新能力的空间分布不均衡。我国区域之间存在较大的要素禀赋结构差异，区域发展不平衡不充分问题长期存在。受制于此，欠发达地区形成的经济积累有限，技术创新能力有所欠缺，与发达地区科技创新能力差异显著。以专利数衡量，各省之间创新能力仍然存在很大差距，区域非均衡分布特征明显（张杰和郑文平，2018；余泳泽等，2019）。国家知识产权局发布的数据显示，2015年我国东部、中部和西部省（区、市）②国内发明专利申请量占全国31个省份总申请量的比例分别为41.60%、15.05%和6.36%，2020年的占比分别为53.10%、26.41%和7.95%，东部各省份平均发明专利申请量占比也远高于中部、西部各省份。进一步的研究也证实了区域创新存在显著的空间分布差异（李习保，2007；张宗和和彭昌奇，2009；李婧等，2010；王锐淇和张宗益，2010；魏守华等，2010）。此外，一般的科技创新数量指标忽略了创新成果技术差异，低估了我国区域创新的空间差异。2015年多部门联合发布的《深入实施国家知识产权战略行动计划（2014—2020年）》指出，在我国建设知识产权强国的道路上，需要更加注重知识产权质量和效益。2021年9月，中共中央、国务院发布的《知识产权强国建设纲要（2021—2035年）》明确指出，我国建设具有中国特色、世界水平的知识产权强国对于提升国家核心竞争力，实现更高质量、更有效率、更加公平、更可持续、更为安全的发展，具有重要意义。

为了探究从创新成果数量增长转向创新价值提升、从区域不充分不平衡转向

---

① 2021年3月29日，国家知识产权局战略规划司司长葛树在接受新华社记者采访时表示，高价值发明专利是指符合国家重点产业发展方向且价值较高的有效发明专利，主要包括以下5种情况：战略性新兴产业的发明专利、在海外有同族专利权的发明专利、维持年限超过10年的发明专利、实现较高质押融资金额的发明专利、获得国家科学技术奖或中国专利奖的发明专利。参考2021年3月29日，新华网报道"未来五年，如何更好保护和激励高价值专利"，http://www.xinhuanet.com/fortune/2021-03/29/c_1127269615.htm。

② 东部地区包括北京、天津、辽宁、吉林、黑龙江、河北、上海、江苏、浙江、福建、山东、广东和海南13个省（直辖市）；中部地区包括山西、安徽、江西、河南、湖北和湖南6个省；西部地区包括内蒙古、广西、重庆、四川、贵州、云南、西藏、陕西、甘肃、青海、宁夏和新疆12个省（自治区、直辖市）。

区域平衡的创新驱动发展道路，从价值角度进行研究，可以更精准地识别知识产权质量和创新成果效益的空间分布差异，准确研判我国区域科技创新时空分布特征，从而有针对性地优化区域创新要素配置、引导重大原始创新和关键核心技术突破。那么，如何有效测度区域创新的价值？我国区域创新价值在时间与空间两个维度的分布特征又是什么？本章以我国发明专利为数据基础，以改进的区域创新价值模型测度区域创新价值，进而采用多种空间计量方法探索我国区域创新价值的时空分布特征，最后结合研究发现与结论就推进中国式现代化进程中提升区域创新价值提出政策建议。

二、文献回顾与理论分析

在工业化进程中，新技术的普及与其对经济社会现代化的促进作用引发了经济学家对科学技术与经济发展相关的一系列研究。自20世纪初熊彼特建立系统的创新理论以来，经济学家从多个角度拓展了创新相关的理论，包括从技术外生增长理论到内生增长理论、从宏观经济增长到微观企业创新发展，以及从国家创新系统到区域创新体系的理论演化进程。这些理论普遍认为宏观或微观经济主体发展的根本动力在于科技创新，即新技术的形成与其在经济生产活动中的转化应用；而知识、人力资本等关键要素在其积累的过程中，通过溢出效应、规模效应、集聚效应等保证了科技创新持续不断，从而确保长期经济增长，进而加速现代化进程。

在创新相关理论发展的同时，部分学者也将注意力转向对科技创新本身的衡量。这些学者或采用创新指标体系的方法，以人力资本或资金投入作为衡量技术创新的核心代理变量，亦或者采用 TFP 或增加值作为创新指标。然而，这两类方法除受制于估算方法的局限以外，还忽略了科技创新活动中创新成果的重要性。现代专利制度的发展与专利信息管理的完善为经济学家衡量创新提供了新的手段。以专利数量作为创新的衡量是一种常见的方法，但由于数量指标忽略了发明创造的异质性（徐蔼婷等，2022a），因而对创新的估计存在偏误。对此，部分学者将专利数量与其他区域经济社会因素相结合，构建指标体系以衡量创新（朱海就，2004；方创琳等，2014；李二玲和崔之珍，2018）；另一些学者则根据专利权利人行为特征与专利权有效期限估计专利的价值，并以此作为创新的衡量。尽管采用后者研究我国创新价值有限，但该方法估计的专利价值能够反映创新成果的技术差异，是一种更为客观、精准的创新衡量（张古鹏和陈向东，2012；

Schankerman and Pakes，1986；Gambardella，2013），同时也更符合我国在现代化进程中对高价值创新的重要性强调。

（一）高价值创新的重要性

科技是国家强盛的根基，创新是民族进步的根本。科技创新在人类社会发展的进程中一直扮演着关键性的角色，从蒸汽机、内燃机、电气技术引发的两次工业革命到数字技术、云计算，以及智能制造技术引起当代社会变迁，创新主体通过创造性毁灭这一过程不断重塑着经济社会的形态（熊彼特，2019），为提高社会生产力、提升产品服务质量、改善人民生活水平、促进人与自然和谐共生乃至全球各国和平发展做出决定性的贡献。改革开放以来，我国科技创新加速发展，在国内与国际取得了一系列重大成果，在科技投入、创新能力和综合国力方面得到了全面提升。从引进模仿到科技追赶，再到自主创新，我国不断将外部技术内部化，并通过人力资本提升与市场经济完善等措施进一步促进内源创新动力的形成，在建设现代化科技强国的进程中走出了一条具有中国特色的科技现代化道路，逐渐形成经济社会现代化发展的核心动力。

进入新时代，高价值科技创新在中国式现代化进程中扮演着举足轻重的角色。我国科技影响力在全球范围内逐渐凸显，西方国家的技术封锁迫使我国转变思路，探索中国式科技现代化路径。改革开放早期通过开放国内市场以及部分资本市场而引入国际资本与技术，进而通过学习与模仿促进技术在国内扩散的模式，对我国经济增长与加速现代化进程起到重要作用。但是，引进的、可模仿的技术往往处于各科技领域的边缘，对于改善生产效率、提高产品与服务质量的边际效用有限，难以长期提高我国整体科技创新水平。此外，对于外源技术的依赖可能形成对低价值技术的锁定，不利于长期自主创新能力的形成。我国必须转变思路，从依赖外源成果转化、注重创新成果数量的粗放式科技创新发展模式转变为强调内源创新能力提升、注重创新成果价值的集约化发展模式，各区域着力在关键、核心、卡脖子领域的科技创新能力提升，形成具有行业影响力、国际竞争力、现代化推动力的高价值创新成果，稳步推进中国式现代化。

高价值创新是推动现代化的核心动力，而创新价值的精确测度则是科学、深入研究科技创新的基础和前提。综观已有文献，主流的创新价值测度方法包括指标体系测度法（李习保，2007；侯鹏等，2014；Kogan et al.，2017；Tang et al.，2021）和专利权价值测度法（徐蔼婷等，2022a，2022b；Schankerman and Pakes，1986；Bessen，2008；Zhang et al.，2018）。其中指标体系测度法一般是将研发过程中消耗的资金、人力资本、知识等投入指标或者创新成果形成的收益相关的产

出指标进行指数化并构建指标体系。专利权价值测度法源于 Schankerman 和 Pa-
kes（1986）基于发明专利权在其有效期内形成的排他性收益与权利维护成本
（专利权更新费用）相互关系而构建的专利权续期模型，是一种基于专利权人更
新专利法律效力这一客观行为的测度方法。其中，指标体系衡量创新可以综合反
映区域内影响创新的因素，但该方法对创新成果个体间的技术差异有所忽略，不
利于体现出创新成果实际蕴含的技术水平，因而难以体现现代化进程中高价值创
新成果的重要性；专利价值是对创新成果的衡量，并且能够反映成果个体间的技
术差异，但是忽略了区域创新因素对创新产出的影响，进而会损失对某个区域内
真实创新水平的解释力，无法准确反映创新成果的价值。因而，现有研究亟须一
种综合两种方法优势的创新价值测度方法，从价值角度衡量我国区域创新，为科
技创新推动我国全面建设现代化强国提供理论支持。

（二）区域创新价值均衡的重要性

相对均衡的区域创新价值空间分布对于区域发展以及中国式现代化具有重要
意义。研究发现，地理因素对区域创新能力的影响十分关键（Cooke et al.，
1997）。不同区域之间经济结构以及制度因素的相关性与其地理距离有关，地理
距离越近，区域间信息、劳动以及其他创新要素更易流动，这些创新要素通过区
域间的共享机制产生协同效应和互补效应（苏屹等，2016），从而促进区域创新
价值水平的提升，进而提高各区域生产效率与质量、加速各区域的现代化进程。
此外，为了提升区域创新成果的价值，要保证各区域科技创新机制的完善，正式
的制度和非正式的制度的改进要与创新的动态变化相匹配（王伟和孙雷，2016）。
在良好的区域创新环境内，企业、高校、科研机构以及政府等创新系统形成合
力，可以更好地开展自主创新活动，提升创新成果的价值。由于区域创新系统是
国家内部多等级且相互重叠的创新系统（Howells and Green，1986；Howells，
1990），各区域的创新主体的活动存在相互影响，即可能通过知识和信息流动形
成跨区域的创新网络（冯之浚，1999），进而形成区域创新价值潜在的空间相关
性，通过关键创新要素的外溢促进区域间创新能力向更高水平趋同，从而提升区
域间乃至国家整体创新能力以及创新价值。

在地理因素的作用下，高价值的创新成果可以通过创新价值潜在的空间相关
性影响其他区域的经济社会现代化进程，因而相对均衡的区域创新价值空间分布
有利于推进现代化进程。基于 Autio（1998）的区域创新系统理论，高价值创新
一方面可以通过区域创新系统中新技术和知识扩散这一子系统，从而在经济政策
和社会制度的规范下作用于企业、高校和科研机构等主体，提升其在科技创新与

经济生产活动中的效率以及产品和服务的质量，从而促进相邻区域的生产效率与产品质量的提升。另一方面可以通过区域创新系统将高价值创新的关键知识与人力资本扩散至其他区域，从而加速这些区域创新要素的累积，帮助创新能力较低的区域形成内生创新动力并减少其对外源技术的依赖，应对创新动力缺失这一根本性问题，促进相对落后区域经济转型升级，加速形成全面现代化发展格局。

（三）区域创新价值的形成

由于现代专利制度是一种兼顾创新激励与技术扩散的知识产权制度，各国在现代化进程中形成了大量发明专利，同时也吸引了诸多学者对发明专利的关注。现代专利制度通过授权事后创新成果的垄断实施权利以激励事前的创新行为，而这种排他的获利权需要专利权人依法持续对专利权进行更新，更新权利所需缴纳的费用（专利年费）则成为专利权人获取垄断收益的权衡。基于这一逻辑，Schankerman 和 Pakes（1986）构建了专利权续期模型，并根据专利权续期费用序列与其隐性收益序列之间隐含的相关性测度发明专利的价值。然而，该理论框架并未考虑到影响区域创新的综合因素。区域创新活动是一个受多因素作用的系统性过程（Tödtling and Kaufmann，1999），区域创新及创新产出不仅与创新主体（个人、企业、高校和其他科研机构）的直接创新行为有关，而且与创新要素投入以及其他经济社会因素相关（李习保，2007；王鹏和曾坤，2015；李二玲和崔之珍，2018）。然而，这些因素并未直接体现于专利权续期模型中，并且大多数采用该模型的研究仅是通过分类变量对专利及申请人的部分特征加以控制。另外，虽然少部分研究引入了个别变量（如 GDP 或专利数量）以控制区域的经济社会环境因素（Schankerman and Pakes，1986；Deng，2007；Bessen，2008），但未能有效反映出环境因素对创新成果价值的综合作用。

根据上述讨论，区域创新价值的形成除发明专利等创新成果自身的价值以外，还应受到多种区域性创新因素的影响，包括创新要素投入、创新环境与经济环境因素的影响。首先，从投入产出的角度讲，区域创新成果的收益必然受到创新活动中人力资本、资本以及知识等要素总体投入的影响。但在技术瓶颈突破难度较大的当下，创新主体自身要素投入的边际产出有限，难以形成高收益的创新成果。区域财政科技投入，包括扶持科技企业、支持重大项目、推动成果转化以及建设创新平台等方面的投入，填补了创新主体要素投入的缺口，对重大技术的突破与高技术创新的形成起到积极作用。因此，作为主要的创新成果类型，发明专利的初始收益必然受区域创新要素投入水平以及财政科技投入水平的影响。除此之外，影响区域创新的因素还包括创新环境与经济环境因素（殷尹和梁梁，

2001）。技术信息不对称导致发明专利技术交易具有较高的成本（韩继坤，
2008）。这种制度性交易成本尽管无法消除，但可以通过完善创新环境加以降低，
如提升教育投入、改善基础设施以及建立创新服务机构。这些措施通过提高人口
素质、完善信息平台以及提供知识产权法律服务等方式降低技术交易隐含的道德
风险，从而与专利制度形成互补，降低交易成本并提高发明专利形成的收益。其
次，区域创新环境的改善也促进了创新投入要素质量提升，从而间接影响发明专
利的初始收益。区域的经济环境因素中，经济规模影响了技术市场的规模与供需
关系，从而决定了发明专利在技术市场的潜在收益；良好的金融支撑能力可以解
决区域创新主体资本投入的缺口，从而间接提高创新成果的收益。外商投资的正
向技术外溢效应可以促进我国企业的研发活动（蒋殿春和夏良科，2005），从而
提高企业发明专利的收益。对于企业以外的创新主体而言，收入水平与个人技能
及追求之间的正相关性暗示收入水平较高的创新主体更可能进行创新活动（Me-
yer，2005；Chen et al.，2020），因而推测此类主体的收入水平与其申请发明专
利的初始收益之间存在正相关性。

综上所述，区域创新活动中要素投入的水平直接影响区域发明专利的初始收
益，创新环境因素通过与专利制度互补以及提升投入要素质量而作用于初始收
益，经济环境因素通过其对技术市场与创新要素两方面的作用影响初始收益。结
合发明专利在技术市场中形成的收益序列、专利制度规定的续期费用序列以及续
期决策，可以确定发明专利的生存周期以及相应的贴现总价值（见图 3-1）。

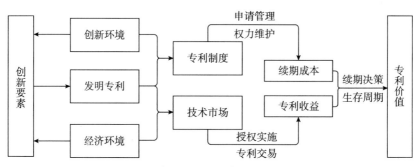

图 3-1　区域创新因素作用下发明专利总贴现价值的形成机制

（四）区域创新价值模型的构建

1. 区域创新指标体系

为全面、系统地衡量各区域创新影响因素对于创新成果价值的影响，本章参
考了《中国城市创新报告（2019）》中的"创新环境""创新支撑能力"与

"科技转化能力"评测指标，《中国城市科技创新发展报告2021》中的"中国城市科技创新发展指标体系"，《国家创新型城市创新能力评价报告2021》中的"创新型城市创新能力指数"，以及《中国区域创新能力评价报告2021》中的"区域创新能力评价指标"，并遵循科学性、代表性、可比性、可获得性等原则，基于城市层面数据构建区域创新投入、创新环境与经济环境指标体系。在确定区域创新指标体系的基础上，本章采用熵权法对指标体系内各指标数据加权，以数据自身特征确定指标权重，同时降低数据中无效信息对评价指标的影响，从而形成对区域创新各指标相对客观的评价指数，进而简化区域创新价值模型的计量估计过程。本章构建的区域创新指标体系具体如表3-1所示。

表3-1　区域创新指标体系

一级指标	二级指标	度量单位
创新投入	万人科研人员数量	人/万人
	财政科技投入占财政支出比重	%
	万人国内文献检索数量	篇/万人
	万人国外文献检索数量	篇/万人
创新环境	财政教育投入占财政支出比重	%
	通信设备和互联网用户数量与人口比重	户/人
	国家级孵化器数量	个
	专利代理机构数量	个
经济环境	人均地区生产总值	元/人
	职工平均工资	元/人
	人均实际使用外资金额	元/人
	上市企业总市值与地区生产总值比值	%

　　该区域创新指标体系由3个一级指标以及12个二级指标构成。首先，区域的创新投入因素主要包括人力资本、资本以及知识等要素投入。万人科研人员数量与财政科技投入占财政支出比重分别衡量区域人力资本与资本投入的强度。另外，学术界并未形成测定区域知识投入的统一方法，本章以各城市科研人员在国内主要科技论文刊物发表论文数量作为区域形成的知识增量，从而衡量区域知识投入水平。其次，区域中的教育支持、基础设施以及创新服务机构等因素构成了该区域的创新环境，通过提高人力资本质量、辅助科学技术交流以及服务创新主

体活动等方式间接作用于区域创新价值。指标体系中的财政教育投入占财政支出比重以及通信设备和互联网用户数量占人口比重分别衡量区域内教育支持与通信基础设施通达程度，国家级孵化器以及专利代理机构数量用来衡量区域对创新主体活动的服务能力。最后，区域经济环境因素主要涉及发展水平、收入水平、开放程度与金融支撑，这些因素作为技术市场动态均衡的外部条件，影响着技术供需双方的决策以及技术形成的收益。本指标体系以人均地区生产总值、职工平均工资、人均实际使用外资金额、上市企业总市值与地区生产总值之比作为区域经济环境的衡量因素。其中，由于本章样本发明专利中有 266419 件（占总量的9.52%）由个人申请，且收入水平对于其创新价值有显著影响（Meyer，2005；Sichel and Hippel，2019；Chen et al.，2020），因而将职工平均工资纳入指标体系。另外，此处以上市企业总市值与地区生产总值比值衡量区域的金融支撑能力。

2. 区域创新价值模型

根据前文中区域创新因素对发明专利的作用机制，本章借用 Jaffe（1986，1989）的知识生产函数，将发明专利在其申请之时所具有的原始收益，即初始收益作为要素投入、创新环境与经济环境三者的函数，即：

$$R_{i0} = a_{i0} Inp_i^{b_1} Env_i^{b_2} Eco_i^{b_3} \zeta_i \tag{3-1}$$

其中，R_{i0} 为群组 i 中某发明专利的初始收益；Inp_i、Env_i、Eco_i 分别为区域创新要素投入、创新环境因素、经济环境因素的综合指标；b_1、b_2、b_3 为相应指标的弹性系数；a_{i0} 为常数项，代表发明专利价值的非条件均值；ζ_i 为随机误差。

进一步地，参考 Schankerman 和 Pakes（1986）以及 Pakes（1984）构建的专利权续期模型，代表性专利权人根据发明专利当期收益 R_{it} 与续期费用 C_{it} 的关系进行决策，续期的必要条件为 $R_{it} > C_{it}$；反之则终止续期，并将最后进行续期的周期作为发明专利的生存周期 T^*。考虑到发明专利等非物质资本也存在折旧现象，表现为发明专利收益随时间而衰减（Pakes and Schankerman，1984），因而以 d 代表发明专利在任一周期内的折旧因子[①]，则代表性专利权人在 t 期更新专利权的必要条件为：

$$R_{i0} > C_{it} d^{-t}, \quad t \in 1, 2, \cdots, 20; \quad d_{it} \in (0, 1) \tag{3-2}$$

与此同时，也可得出某一发明专利在其生存周期 T^* 内产生的贴现净收益总

---

① 本章参考 Schankerman 和 Pakes（1986）、Pakes（1986）、Bessen（2008）和 Huang（2012）等的研究方法，假设发明专利收益的折旧因子在发明专利群组以及实际续期年份内无差异，即对于任意群组 i 和 j 以及年份 t 和 s，$d_{it} = d_{js} = d$ 恒成立。

和，即其形成的贴现总价值 $V(T^*)$ 满足：

$$V(T^*) = \sum_{t=1}^{T^*} \lambda^t (R_{i0}d^{-t} - C_{it}) \tag{3-3}$$

其中，λ 为贴现因子[①]。

进一步地，假设群组 i 发明专利的初始收益 R_{i0} 为服从某累积密度函数分别为 $F(R_{i0}; \theta_i)$ 的随机变量，其中 θ_i 为随机变量分布中相关参数的向量。结合式（3-1）与式（3-2）可以得出 t 期代表性专利权人选择续期的概率 P_{it} 为：

$$P_{it} = \Pr(a_{i0}Inp_i^{b_1}Env_i^{b_2}Eco_i^{b_3}\zeta_i > C_{it}d^{-t}) \tag{3-4}$$

此外，有学者指出各技术领域内企业创新成果的价值实现普遍滞后于创新影响因素 2~5 年（李习保，2007；Pakes and Schankerman，1984；Hall et al.，1998；Furman et al.，2002；Rouvinen，2002）。因此，此处将式（3-4）中区域创新要素投入、创新环境与经济环境因素滞前两期，则有：

$$P_{it} = \Pr(a_{i0}Inp_{i,L2}^{b_1}Env_{i,L2}^{b_2}Eco_{i,L2}^{b_3}\zeta_i > C_{it}d^{-t}) \tag{3-5}$$

对中间表达式括号内不等号两边取对数并整理，有：

$$P_{it} = \Pr[\ln\zeta_i > -(\ln a_{i0} + b_1\ln Inp_{i,L2} + b_2\ln Env_{i,L2} + b_3\ln Eco_{i,L2}) + c_{it} - td] \tag{3-6}$$

式（3-6）构建了发明专利价值与区域创新因素之间的投入产出关系，其中各弹性系数分别衡量滞前两期后区域创新要素投入、创新环境与经济环境因素的变化率对当期发明专利价值增长率的依存关系。若对弹性系数的估计统计显著且符合理论预期，则证明该框架下估测的发明专利价值可以有效地反映区域创新价值的整体水平。但由于式（3-6）中随机误差项 ζ_i 的分布特征函数未知，因而在估计相关参数而后测定区域创新价值之前，需要进一步假设该随机误差的分布特征函数。相关研究发现，发明专利初始收益分布特征，即式（3-6）中的误差项 ζ_i 的分布特征函数主要包括对数正态分布、帕累托—莱维分布以及韦布尔分布等偏斜随机分布（Schankerman and Pakes，1984，1986；Pakes，1986；Bessen，2008；徐蔼婷等，2022a，2022b）。本书采用较为普遍的对数正态分布作为我国发明专利初始收益分布的假设[②]，即假设误差项 ζ_i 为服从均值为 0 标准差为 σ_i 的对数正态分布随机变量，也就是说误差项 ζ_i 的对数 $\ln\zeta_i$ 服从分布 $N(0, \sigma_i)$。进

---

① 参考 Deng（2011）对专利价值贴现因子的设定，本章在后文采用蒙特卡洛模拟法测度区域创新价值时将该参数固定为 0.95。

② 在实际研究中，本书结合对数正态分布、帕累托—莱维分布以及韦布尔分布特征函数实证检验了三者拟合我国授权发明专利数据的拟合优度，结果显示对数正态分布总体拟合效果最优，因而采用该分布作为本书对我国授权发明专利初始收益分布的特征函数。

一步地，令且假设 σ_i 满足群组间参数无差异假设①，而后对式（3-6）中方括号内的不等式两侧进行标准化，有：

$$P_{it} = \Pr\left[\frac{\ln\zeta_i}{\theta} > \frac{-(\ln a_{i0}+b_1\ln Inp_{i,L2}+b_2\ln Env_{i,L2}+b_3\ln Eco_{i,L2})+c_{it}-td}{\sigma}\right]$$

$$= 1-\Phi\left[\frac{-(\mu_{i0}+b_1\ln Inp_{i,L2}+b_2\ln Env_{i,L2}+b_3\ln Eco_{i,L2})+c_{it}-t\ln d}{\sigma}\right]$$

其中，$\Phi(\cdot)$ 表示标准正态分布函数的累积密度函数。经过整理后，区域创新价值模型对应的计量模型为：

$$y_{it} \equiv \Phi^{-1}(1-P_{it}) = \frac{1}{\sigma}\left[-(\mu_{i0}+b_1\ln Inp_{i,L2}+b_2\ln Env_{i,L2}+b_3\ln Eco_{i,L2})+c_{it}-t\ln d\right]+\varepsilon_{it}$$

（模型Ⅰ）

其中，y_{it} 为群组 i 周期 t 终止续期比例的标准正态分布累积密度函数反函数值；$\ln Inp_{i,L2}$、$\ln Env_{i,L2}$、$\ln Eco_{i,L2}$ 分别为区域创新要素投入、创新环境因素和经济环境因素综合指数滞前两期后的对数，三者对应的弹性系数为 b_1、b_2、b_3，由于指标均为正向，因此各弹性系数的理论取值范围均大于0；变量 c_{it} 为续期实际费用的对数；参数 d、μ_{i0}、σ 分别为收益衰减参数、收益常数项（表示初始收益的无条件均值）、对数正态分布的形状参数，且 d 满足 $0<d<1$，d 与 σ 满足群组间参数无差异假设；ε_{it} 为误差项。

此外，考虑到申请年、申请人类型以及国民经济门类对发明专利价值的影响，将其对应的虚拟变量纳入区域创新价值模型，有：

$$y_{it} = \frac{1}{\sigma}\left[-(\mu_{i0}+b_1\ln Inp_{i,L2}+b_2\ln Env_{i,L2}+b_3\ln Eco_{i,L2}+D_i\gamma')+c_{it}-t\ln d\right]+\varepsilon_{it} \quad （模型Ⅱ）$$

其中，D_i 和 γ' 表示分类变量虚拟变量列向量与其系数行向量。

最后，考虑到技术迭代随技术水平提高而加快，研究中适当放松了对价值衰减参数的群组间无差异假设，允许该参数在一定时间间隔后的变动。具体过程如下：设申请年为 r 的发明专利在续期周期 t 时的价值衰减参数 d_{rt} 满足：

$$d_{rt} = d\exp(\theta_1 D_{rt}^1+\theta_2 D_{rt}^2)$$

其中，D_{rt}^1 和 D_{rt}^2 代表实际年份（$r+t$）的虚拟变量，满足：

$$D_{rt}^1 = \begin{cases} 1 & 若\ 2001 \leqslant r+t \leqslant 2010 \\ 0 & 其他情况 \end{cases}$$

$$D_{rt}^2 = \begin{cases} 1 & 若\ 2011 \leqslant r+t \leqslant 2019 \\ 0 & 其他情况 \end{cases}$$

---

① 与发明专利收益折旧因子 d_{it} 的群组间无差异假设类似。

则区域创新价值模型可以为：

$$y_{it} = \frac{1}{\sigma}\big[-(\mu_{i0} + b_1 \ln Inp_{i,\,l2} + b_2 \ln Env_{i,\,l2} + b_3 \ln Eco_{i,\,l2} + D_i \gamma') + c_{it} - t \ln d \big]$$
$$- \frac{1}{\sigma}\Big(\theta_1 \sum_{\tau=1}^{t} D_{r\tau}^1 + \theta_2 \sum_{\tau=1}^{t} D_{r\tau}^2 \Big) + \varepsilon_{it} \qquad (模型 III)$$

其中，参数 θ_1 和 θ_2 分别代表虚拟变量 D_{rt}^1 和 D_{rt}^2 的系数。

本章通过引入创新指标体系构建了区域创新价值模型，改善了专利权续期模型中发明专利价值无法反映区域创新价值的不足，并且根据不同设定具体设定了三个区域创新价值计量模型，作为后文估计区域创新价值模型关键参数并基于参数估计测度我国区域创新价值的基础。基于上述模型，本章提出以下假设：

H3：综合区域创新影响因素的区域创新价值模型可以有效测度我国区域创新成果价值。

依据前文对各个区域创新影响因素的讨论，模型 I、模型 II、模型 III 中各区域创新影响因素的系数估计预期均显著为正，以证明该模型可以有效估计区域创新综合因素对创新价值的影响，同时可以有效反映我国区域创新成果的价值。此外，考虑到创新成果价值也应受制于我国现代化发展进程中各时期的阶段性特征，因而，本章提出以下假设：

H4：预期测度的区域创新价值的时间动态与创新成果数量的动态具有相似性，即我国区域创新价值随时间呈现先增后减的趋势。

最后，由于我国各区域要素禀赋结构、地理区位特征以及现代化发展水平不尽相同，因此，本章提出以下假设：

H5：预期我国区域创新价值的空间分布预期将会出现空间分布非均衡的特征。

三、主要事实与特征

对于现代经济体而言，自主研发和自主知识产权是其高新技术与战略性产业以及传统产业在现代化进程中的核心动能，而知识产权优势成为一种超越传统比较优势和竞争优势的第三种经济优势（程恩富和陈建，2023），对于经济体实现高水平科技自立自强、促进产业转型升级发展、加速实现国家现代化意义重大。我国知识产权制度的建立虽然起步较晚，但在改革开放后的四十多年中日趋健全，形成以《中华人民共和国商标法》《中华人民共和国专利法》《中华人民共和国著作权法》《中华人民共和国反不正当竞争法》等为支柱的知识产权法律体系，颁布了《国家知识产权战略纲要》与《知识产权强国建设纲要（2022—2035 年）》，并从国家战略层面完善知识产权体系建设，进一步加速我国现代化国家科技创新系统的建设。完善的知识产权体系为发明专利等科技创新成果的创造、保护与应用提供了治理基础，在改革开放以后进一步释放了科技创新的活力。2020 年，我国发明专利授权共 53 万件，截至 2020 年底，共有有效专利305.8 万件①。值得关注的是，近年来受制于国际科技、贸易与地缘政治等多元风险叠加，以及国内内源创新能力（尤其是共性、关键性、突破性技术相关的创新能力）相对不足、区域科技创新能力相对不均衡等因素的制约，我国科技创新成果在总体增长的同时也表现出新的特征。

（一）授权发明专利数量总体随时间呈现先增后减的趋势

自 1985 年 4 月 1 日我国颁布并正式实施《中华人民共和国专利法》以来，发明专利、外观设计以及实用新型专利一直是创新成果的重要表现形式，而其中发明专利作为主要的科技创新成果载体，对于我国产业现代化发展起到了关键性作用。图 3-2 为根据专利信息服务平台的数据整理所得的 1987～2017 年我国授权发明专利数量趋势图②。由图 3-2 可知，一是全国授权发明专利数量总体呈现指数型增长趋势。2002 年之前授权发明专利数量增长总体较为缓慢，但在2002 年之后出现几何级增长。加入世界贸易组织（WTO）后开启了新一轮对外开放与合作，通过与世界经济深度融合加速了我国工业现代化发展，同时国际资本与技术的引进也通过外溢效应与学习效应加速本土科技创新能力的提升，促进了我国创新成果的加速形成，进一步提升了工业生产技术水平，形成内外部技术来源共同推进工业现代化的格局。二是我国全国授权发明专利数量出现明显的拐点，呈现负增长的趋势。自 2016 年以来，美国等西方发达国家推行技术封锁与贸易壁垒，加之我国自身科技水平与世界先进水平差距逐步缩小，自主创新难度增大，导致科技创新成果数量相对减少。鉴于此，对科技创新成果数量的注重已经不再适应新时代背景下我国实现现代化的要求，需要将科技创新的质量与价值作为提升全国创新能力、实现创新驱动发展、实现高质量发展的重点。

---

① 参考国家知识产权局发布的《知识产权统计简报（2021）》。

② 由于 1987 年之前的发明专利最大续期年限与之后的不同（1987 年之前的发明专利最大续期年限为 15 年，此后为 20 年），因而数据整理过程中剔除了 1987 年 1 月 1 日之前申请的发明专利。此外，由于发明专利的审查与授权一般需要 3 年左右的时间，考虑到潜在样本误差，因而将数据收集完成时间（2020 年底）前三年的数据剔除。

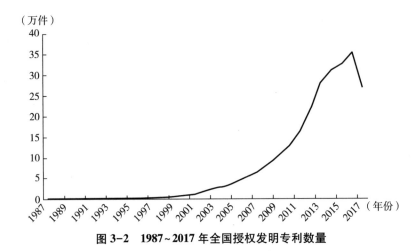

图 3-2　1987~2017 年全国授权发明专利数量

（二）授权发明专利数量呈现出非均衡的空间分布特征

从授权发明专利空间分布特征来看，我国科技创新成果的非均衡空间分布特征较为明显。如图 3-3 所示，尽管早期授权发明专利的空间分布差异并不明显，但从 2000 年开始，东部地区授权发明专利数量与增速明显高于中部、西部与东北区域。该差异在 2016 年达到峰值，当年东部地区授权发明专利总量为 24.4 万件，远高于中部的 5.1 万件、西部的 4.3 万件和东北的 1.5 万件。这种差异也间接反映出东部与其他区域在现代化发展程度上的差异。中部与西部地区授权发明

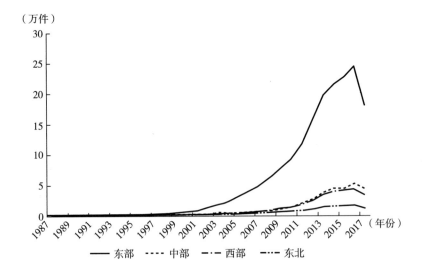

图 3-3　1987~2017 年我国四大区域授权发明专利数量

专利数量以及增长趋势基本一致。相较于其他三个区域，我国东北地区授权发明专利数量总体较少且增长缓慢。进一步地将样本年（1987 年、1997 年、2007 年和 2017 年）内我国部分省份授权发明专利数量进行整理，结果见表 3-2。根据该表，北京、上海、广东、江苏和浙江等发达省份的创新成果数量普遍较高，而其中上海、浙江、江苏等位于我国东部区域的省份名列前茅也与上述东部区域创新成果数量较高的结论相符。而新疆、宁夏、青海和西藏等西部省份的授权发明专利数量较少，差距较为明显，进一步说明我国创新成果的空间分布并不均衡。

表 3-2　样本年内我国部分省份授权发明专利数量　　　单位：件

1987 年		1997 年		2007 年		2017 年	
省份	授权发明专利数量	省份	授权发明专利数量	省份	授权发明专利数量	省份	授权发明专利数量
北京	275	北京	836	广东	14668	广东	41456
上海	118	辽宁	297	北京	10410	北京	34186
辽宁	110	山东	258	上海	6769	江苏	30971
湖北	79	上海	249	江苏	5494	浙江	28056
天津	63	广东	204	浙江	5110	山东	16766
内蒙古	9	贵州	34	新疆	187	新疆	664
新疆	8	宁夏	16	海南	69	宁夏	572
海南	3	青海	14	宁夏	38	海南	466
西藏	0	海南	7	青海	35	青海	258
宁夏	0	西藏	1	西藏	10	西藏	81

（三）授权发明专利的更新周期呈现非均衡时空分布特征

尽管创新成果的数量对于一个国家和地区的创新发展具有重要意义，但在新时代背景下，创新成果的质量或其价值的提升是实现科技自立自强、推进区域均衡发展、促进中国式现代化建设的关键所在。创新成果的价值可能表现为成果所涉及的科学与产业领域、维护知识产权的周期、成果吸引投融资的规模以及所获的相关国家科学技术奖励等①。此处以授权发明专利的专利权维护周期，即专利

---

①　参考 2021 年 3 月 29 日新华网报道"未来五年，如何更好保护和激励高价值发明专利"中对于高价值发明专利的描述，http：//www.xinhuanet.com/fortune/2021-03/29/c_1127269615.htm。

权更新周期为例，将我国 1987~2007 年①全国四大区域授权发明专利的平均更新周期进行整理，结果见图 3-4。由图 3-4 可知，我国全国发明专利平均更新周期在 2001 年之前总体呈现上升趋势，表明全国科技创新成果的价值在此时期普遍处于增长阶段。其中，1991~1994 年平均更新周期增速较快，在 1994 年末已经达到 10.02 年的平均更新周期；此后虽有波动，但全国总体保持在 10 年平均更新周期的水平。然而，在 2001 年之后，全国平均更新周期出现下滑。一方面是因为此后的发明专利有部分一直处于专利权有效的状态，相关权利人终止更新的时间不确定；另一方面是由于内外部经济、贸易与科技环境变化所引起的。从我国四大区域来看，其平均更新周期随时间的变化趋势总体与全国的趋势相似，但各区域之间平均更新周期存在较为明显的差异。其中，东部地区的平均更新周期最高，东北地区的普遍最低。综合而言，我国创新成果的价值虽然在改革开放早期处于不断上升阶段且期间区域间差异不明显，但在 1993 年以后区域间创新成果价值差异逐渐凸显，2001 年以后全国以及各区域创新成果价值有下降趋势，同时各区域之间的差异也在降低。

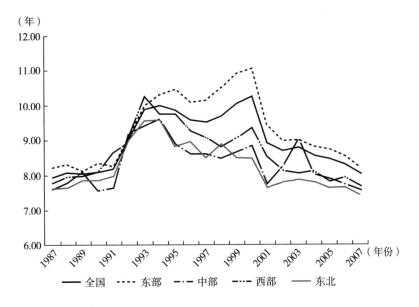

图 3-4 1987~2007 年全国和四大区域授权发明专利平均更新周期

---

① 由于 2000 年之后申请并获得授权的发明专利大部分仍处于最大更新周期（20 年）之内，其实际终止更新权利的时间无法确定，因而此处仅选择 2007 年及之前申请的、已经失效的发明专利（在数据收集时，专利权人已经放弃专利权的发明专利）作为样本。

四、区域创新价值的测度

（一）样本数据及处理

1. 发明专利数据

（1）数据来源。本书所使用的发明专利数据均源于专利信息服务平台。该平台由国家法定专利文献出版单位搭建，拥有国内较权威、准确的专利信息数据库。研究收集了自我国首部《专利法》实施以来截至 2020 年底公开的国内授权发明专利信息共计 2907031 件，而后根据发明专利年限规定的调整①以及样本专利信息是否完整等条件剔除了部分无效样本，最终保留 2799639 件授权发明专利，其中截至 2020 年底已失效的共计 609758 件。

（2）群组划分。本书根据专利的申请年、申请城市、申请人类型与国民经济门类②将样本发明专利划分为若干群组。申请城市则通过匹配民政部发布的"2020 年中华人民共和国行政区划代码"与样本中的申请省、市以及地址信息所得，共包含直辖市与地级行政区划 336 个。申请人类型指的是发明专利第一申请人的性质，包含个人、非上市企业、上市企业与公共部门四类，并根据样本中申请人信息内的关键字进行匹配整理。国民经济门类则根据国家知识产权局发布的《国际专利分类与国民经济行业分类参照关系表（2018）》对发明专利样本 IPC 分类号匹配所得。

（3）生存周期与续期比例。在计算样本中各群组内各周期发明专利续期占比 P_{it} 之前，需要先确定发明专利的生存周期。发明专利的生存周期 T^* 指的是已失效发明专利最后的续期周期，在样本中表现为发明专利权利失效公告③日期与

---

① 国家知识产权局公告（第 80 号）：为了履行世界贸易组织的与贸易有关的知识产权协议（TRIPs）第 70 条的规定，将 1992 年 12 月 31 日前（含当日）提出申请、截至 2001 年 12 月 11 日仍然有效的发明专利，以及自 1986 年 12 月 11 日至 1987 年 1 月 11 日期间提出申请、截至 2001 年 12 月 11 日仍然有效的发明专利权延长期限至 20 年，而在 1986 年 12 月 11 日之前申请且已经失效的专利不在调整其期限。

② 文献中普遍以 IPC 分类号划分发明专利权技术领域，但 IPC 分类号并不能体现创新成果与区域创新环境之间的联系。因而本书根据国家知识产权局发布的《国际专利分类与国民经济行业分类参照关系表（2018）》中 IPC 分类号与国民经济行业分类的对照关系，匹配各专利主 IPC 分类号与国民经济行业分类门类代码，并将其作为技术应用领域的分类变量。

③ 我国专利权的失效原因主要包括：权利有效期达到法定 20 年年限，专利权人未按规定缴纳年费或以书面声明放弃权利，其他单位或个人认为该专利权的授予不符合相关法律规定而向专利行政部门提出审查请求，专利行政部门最终认定并宣告该专利权无效。

申请日期间的跨度（跨度为 1~20 年）。此处以样本专利权法律状态信息中权利终止日期与申请日之差，并向下取整保留至邻近年份①作为发明专利生存周期。全样本中 609758 件失效发明专利②的平均生存周期为 6.60 年（标准差为 0.004 年）。确定生存周期后，进一步将各群组的发明专利按生存周期划分为 20 个组，累加计算出截至各周期终止续期的专利数量及其与该群组发明专利总数比例（$1-P_{it}$）和相应的续期比例 P_{it}。表 3-3 为全样本分别依据申请年、申请人类型以及国民经济门类分组后各组内发明专利数量与部分周期的（条件）续期比例③。对比各组内的续期比例，可以推测各组内发明专利的续期行为存在差异④。

表 3-3 全样本发明专利数量与续期比例

发明专利分组	组内发明专利总数	各周期续期比例（%）				未失效专利占比（%）
		5 年	10 年	15 年	20 年	
全部[a]	2799639	73	16	2	1	78
依申请年分组						
1987 年	1447	92	25	7	2	0
1988 年	1589	90	25	7	2	0
1989 年	1436	87	26	7	3	0
1990 年	1652	88	27	8	4	0
1991 年	1857	86	30	8	3	0
1992 年	2394	88	36	11	6	0
1993 年	2711	95	43	13	8	0
1994 年	2738	98	39	15	9	0
1995 年	2808	99	35	19	10	0
1996 年	3474	96	32	18	11	0
1997 年	4020	92	32	19	12	0

① 由于《专利法》规定专利权年费缴纳周期是以年为单位，因此原则上未满一年的专利权有效期应该依据上一个完整的缴费周期计算，故此处采取向下取整的方式以避免由于高估生存周期造成的估测偏误。

② 值得注意的是，截至 2020 年底绝大多数发明专利权仍处于有效状态，其生存周期无法观测。对此，本书利用区域创新价值模型与失效发明专利权样本拟合后参数的估计，采用蒙特卡洛法模拟未失效发明专利权生存周期分布（详见第四章）。

③ 由于截至 2020 年底大多数发明专利权均未失效，因此表 3-3 中除依申请年分组的续期比例以外，其他分组内各周期续期比例均为已失效发明专利权在各周期续期的条件比例。

④ 本书采用 K-S 检验验证了各群组发明专利的续期行为之间存在统计显著的差异。

续表

发明专利分组	组内发明专利总数	各周期续期比例（%）				未失效专利占比（%）
		5 年	10 年	15 年	20 年	
1998 年	4817	92	34	22	12	0
1999 年	6051	91	38	25	12	0
2000 年	8670	89	46	26	13	0
2001 年	11425	90	50	29		16
2002 年	18571	88	53	32		22
2003 年	26328	88	56	30		23
2004 年	30768	88	56	29		26
2005 年	41574	94	59	32		31
2006 年	52852	95	61			37
2007 年	64338	96	62			41
2008 年	82625	96	60			48
2009 年	106456	94	57			53
2010 年	127230	93	60			60
2011 年	161289	93				69
2012 年	214565	94				76
2013 年	280558	91				80
2014 年	310103	90				85
2015 年	325582	92				91
2016 年	352744					95
2017[b] 年	270453					99
2018[b] 年	192387					99
2019[b] 年	84127					99
依申请人类型分组[a]						
个人	266419	74	18	3	1	51
非上市企业	1425615	77	21	3	1	87
上市企业	189437	96	54	6	2	90
公共部门	918168	67	9	1	0	69
依国民经济门类[a]						
农、林、牧、渔业	40565	60	8	1	0	65

发明专利分组	组内发明专利总数	各周期续期比例（%）				未失效专利占比（%）
		5 年	10 年	15 年	20 年	
采矿业	10322	72	16	3	1	80
制造业	2367409	73	16	3	1	78
电力、热力、燃气及水生产和供应业	5451	70	10	1	0	76
建筑业	47148	64	11	2	1	82
信息传输、软件和信息技术服务	84106	79	16	2	0	86
卫生和社会工作	16055	84	21	0	0	86
其他	228583	75	16	1	0	83

注：a. 对应的续期比例为已失效发明专利在各周期续期的条件比例。

b. 2017～2019 年申请的发明专利仍有部分处于再审状态，因此授权发明专利样本较少。

（4）续期费用。截至 2020 年底，我国《专利法》与《专利法实施细则》先后对发明专利年费标准做出四次调整（见表3-4）。根据各年费标准施行起始日期，可以推算出在相应施行日期内申请的发明专利其不同续期周期所对应的名义年费。另外，考虑到宏观物价水平的影响，本章以 GDP 平减指数（基期为 2010 年）并以此平减名义年费[①]。

表 3-4　我国发明专利年费标准（名义值，元）

续期周期	年费标准施行起始日期				
	1985 年 4 月 1 日	1992 年 10 月 1 日	1993 年 1 月 1 日[a]	1994 年 9 月 1 日	2001 年 3 月 1 日
第 1 年	200	200	400	600	900
第 2 年	200	200	400	600	900
第 3 年	200	200	400	600	900
第 4 年	300	300	600	900	1200
第 5 年	300	300	600	900	1200
第 6 年	300	300	600	900	1200
第 7 年	600	800	800	2000	2000

① 对于截至 2020 年底未失效的发明专利，由于未来专利年费标准以及宏观物价水平未知，因此不存在相应的实际年费。此处在假设费用标准保持不变的基础上，根据线性预测后的 GDP 平减指数计算出 2021～2039 年的实际年费作为缺失值的替代。

续期周期	年费标准施行起始日期				
	1985 年 4 月 1 日	1992 年 10 月 1 日	1993 年 1 月 1 日ᵃ	1994 年 9 月 1 日	2001 年 3 月 1 日
第 8 年	600	800	800	2000	2000
第 9 年	600	800	800	2000	2000
第 10 年	1200	1500	1500	2000	4000
第 11 年	1200	1500	1500	2000	4000
第 12 年	1200	1500	1500	2000	4000
第 13 年	2400	3000	3000	4000	6000
第 14 年	2400	3000	3000	4000	6000
第 15 年	2400	3000	3000	4000	6000
第 16 年			6000	8000	8000
第 17 年			6000	8000	8000
第 18 年			6000	8000	8000
第 19 年			6000	8000	8000
第 20 年			6000	8000	8000

注：a. 1993 年 1 月 1 日起施行的第二版《专利法》将发明专利年限从之前的 15 年提高至 20 年。

资料来源：国家知识产权局（原中国专利局）第四、第三十三、第三十六、第四十三和第七十五号公告。

2. 区域创新指标数据

以城市为基准层面，前文建立了创新指标体系，其中各二级指标采用的变量数据主要源自各年的《中国城市统计年鉴》，包括科研人员数量、财政科技投入、财政教育投入、通信设备和互联网用户数量、地区生产总值、职工平均工资、实际使用外资，以及计算（万）人均值和财政支出比重所需的地区年均人口和财政支出数据。科研人员数量采用"科学研究技术服务和地质勘查业"从业人员作为替代。此外，本书以各市各年固定电话、移动电话与互联网用户数量总和与年均人口的比值作为城市信息通信设施的普及率。实际使用外资金额的衡量单位根据各年美元对人民币平均汇率转化为元。地区年均人口为年初与年末人口总量的算术平均值。

其他二级指标所涉及的数据，包括国内外文献检索数量、国家级孵化器数量、专利代理机构数量以及上市企业总市值，采用了不同方式整理。其中，国内外文献检索数量的整理参考了范斐等（2013）与何舜辉等（2017）的方法，以作者单位所在城市为关键字在 CNKI 和 Web of Science 数据库内检索发表论文数量。国家级孵化器数量根据各国家级孵化器的所在地与获批时间整理所得，资料来源于科技部火炬中心。专利代理机构数量根据各代理机构所在地与成立时间整理所得，相关信息来源于中华全国专利代理师协会官网①。上市企业总市值为各企业注册城市每年所有 A 股上市企业年个股总市值之和，上市企业信息来源于国泰安数据库。

创新指标体系中所有货币单位数据均通过 GDP 平减指数（基期为 2010年）平减，以剔除宏观物价水平的影响。此外，样本中剔除了数据缺失较多的城市，保留了 282 个样本城市的数据②。最后根据定义计算各二级指标对应的评价指数（指标变量的描述统计见表 3-5）。

表 3-5　创新指标数据描述统计

创新指标	均值	标准差	最小值	最大值
创新投入				
万人科研人员数量	15.04	0.29	0.22	524.42
财政科技投入占财政支出比重	0.01	0.011	0.00	0.21
万人国内文献检索数量	5.69	10.339	0.00	122.40
万人国外文献检索数量	0.51	3.469	0.00	103.22
创新环境				
财政教育投入占财政支出比重	0.20	0.06	0.02	0.49
通信设备和互联网用户数量与人口比值	0.59	0.93	0.00	13.53
国家级孵化器数量	0.82	3.27	0.00	61.00
专利代理机构数量	2.01	14.94	0.00	637.00
经济环境				
人均地区生产总值	23187.09	32770.05	426.35	455125.43
职工平均工资	21733.51	17954.21	14.04	169823.84
人均实际使用外资金额	689.04	1807.53	0.04	30415.53
上市企业总市值与地区生产总值比值	0.16	0.38	0.00	7.69

---

① 中华全国专利代理师协会官网为 http://www.acpaa.cn。

② 部分缺失数据采用回归插补法填补。

（二）区域创新价值模型实证检验

1. 区域创新价值模型计量检验与分析

（1）区域创新价值模型的计量检验。前文通过引入创新指标体系，构建了区域创新价值模型Ⅰ、模型Ⅱ、模型Ⅲ。其中模型Ⅰ仅引入了各区域创新指数，模型Ⅱ进一步控制了申请年、申请人类型、国民经济门类，而模型Ⅲ在前者的基础上分时段控制了收益衰减参数。此处同样以非线性最小二乘法分别将区域创新价值模型对应的三个计量模型进行拟合。计量结果如表3-6所示。

表3-6　区域创新价值模型计量结果

参数	区域创新价值模型		
	模型Ⅰ	模型Ⅱ	模型Ⅲ
$\mu_{i0}^{\star}$	10.195 ***	9.354 ***	9.973 ***
	（0.075）	（0.063）	（0.085）
b_1	0.090 ***	0.015 ***	0.017 ***
	（0.003）	（0.003）	（0.004）
b_2	-0.055 ***	0.026 ***	0.028 ***
	（0.005）	（0.006）	（0.007）
b_3	0.084 ***	0.023 ***	0.026 ***
	（0.006）	（0.006）	（0.006）
σ	0.613 ***	0.473 ***	0.525 ***
	（0.008）	（0.005）	（0.007）
d	0.744 ***	0.813 ***	0.757 ***
	（0.004）	（0.003）	（0.005）
θ_1			-0.029 ***
			（0.004）
θ_2			-0.048 ***
			（0.003）
申请年		控制	控制
申请城市			
申请人类型		控制	控制
国民经济门类		控制	控制
N	503185	503185	503185

参数	区域创新价值模型		
	模型 I	模型 II	模型 III
校正后的 R^2	0.544	0.571	0.571
WSSE	0.164	0.156	0.155

注：★μ_{i0} 为 1987 年由个人申请的农、林、牧、渔业发明专利收益初始分布的均值。

①由于城市虚拟变量较多，Stata17 无法估计同时包括申请年与城市虚拟变量的模型，因此采用有关申请年的二次多项式控制其对初始收益分布均值 μ 的影响，即 $\mu_i = \mu_{i0} + \alpha_1$（申请年－1987）$+ \alpha_2$（申请年－1987）$^2 + BD_i$。

②***、**、* 分别表示参数估计在 0.01、0.05、0.1 显著性水平下统计显著，括号内数值为标准误。

从拟合的整体效果来看，三个计量模型均有较好的表现，且伴随着对发明专利分类变量以及收益衰减参数分时段的控制，模型对样本数据的解释力有所提高。此外，从模型设计与计量拟合的角度而言，区域创新价值模型的优势在于可以通过区域创新指数控制城市个体效应，从而避免了原专利权续期模型中设计过多虚拟变量而无法进行计量拟合的缺陷。从参数估计的整体效果来看，区域创新价值模型中的绝大多数主要参数估计均为统计显著且符合理论预期。本章重点关注的参数 b_1、b_2、b_3 的估计同样统计显著且基本符合理论预期范围（0，1），因此拒绝区域创新指数弹性系数为 0 的原假设并证明本章假设 H1 成立，即本章构建的区域创新价值模型可以有效测度我国区域创新价值。

值得一提的是，模型 I 中对数创新环境指数滞前项 $\ln Env_{i,L2}$ 的系数估计 $\hat{b}_2$ 显著为负。此处推测其他分类变量会影响对数创新环境指数滞前项与被解释变量 y_{it} 之间的相关性，也因此证明有必要在拟合中控制这些分类变量。此外，还发现参数 θ_1 与 θ_2 的估计小于 0，说明发明专利收益衰减参数随着时间推移而减小，即收益的折旧速率在增大。但由于发明专利实际年费大致随申请年降低，因此不能据此断定发明专利价值随申请年的变化趋势。

总体而言，区域创新价值模型拟合我国发明专利样本的效果较好，但考虑到参数估计的效果以及模型对收益动态过程的细节刻画，本书采用模型 III 中参数估计结果作为后文估测我国区域创新价值的基础。

（2）稳健性检验。由于区域创新价值模型中，初始收益分布参数、续期周期变量、年费变量之间的理论关系已经固定且不存在其他替代变量，收益衰减参数的设定也不会显著改变模型，而其他城市层面与各创新因素相关数据可获取性低，因此通过调整参数或变量检验稳健性的方法并不适用。此处参考齐绍洲等

（2018）、王雄元和卜落凡（2019）、李卫兵和张凯霞（2019）采用的调整样本期，以及何晓斌等（2013）、罗勇根等（2019）、李敬子等（2020）采用的调整样本组这两种方法，一方面通过调整时间窗口将核心样本组分为"1987~2000年"和"1987~2010年"两组子样本，另一方面以"申请年—申请城市""申请年—申请城市—申请人类型"和"申请年—申请城市—国民经济门类"群组划分方式形成三个续期比例样本组，然后分别拟合区域创新价值模型与各样本组，各组计量结果见表3-7。

表3-7　区域创新价值模型稳健性检验

参数	调整样本期		调整样本组		
	申请年 （1987~2000 年）	申请年 （1987~2010 年）	申请年— 申请城市	申请年—申请城市—申请人类型	申请年—申请城市—国民经济门类
μ_{i0}★	8.528***	9.424***	9.437***	10.245***	9.063***
	(0.081)	(0.083)	(0.141)	(0.116)	(0.101)
b_1	0.050***	0.029***	0.075***	0.065***	-0.026***
	(0.004)	(0.004)	(0.007)	(0.005)	(0.005)
b_2	0.051***	0.054***	-0.095***	-0.038***	0.001
	(0.008)	(0.007)	(0.013)	(0.010)	(0.009)
b_3	0.071***	0.031***	0.171***	0.037***	0.124***
	(0.007)	(0.007)	(0.012)	(0.009)	(0.008)
σ	0.382***	0.470***	0.613***	0.577***	0.530***
	(0.006)	(0.006)	(0.015)	(0.010)	(0.009)
d	0.872***	0.802***	0.717***	0.722***	0.765***
	(0.005)	(0.005)	(0.010)	(0.010)	(0.007)
θ_1	0.024***	-0.001	-0.023***	-0.050***	-0.005***
	(0.003)	(0.003)	(0.006)	(0.005)	(0.004)
θ_2	-0.072***	0.003***	-0.127***	-0.102***	-0.042***
	(0.005)	(-0.046)	(0.007)	(0.005)	(0.004)
申请年	控制	控制	控制	控制	控制
申请人类型	控制	控制		控制	
国民经济门类	控制	控制			控制
N	153500	366061	113120	256572	263792
校正后的 R^2	0.570	0.541	0.657	0.608	0.592
WSSE	0.151	0.149	0.142	0.150	0.155

注：★各模型估计的 μ_{i0} 与虚拟变量设定有关，具体含义可参考表3-7至表3-11，此处不再赘述；***、**和*分别表示参数估计在0.01、0.05和0.1显著性水平下统计显著，括号内数值为标准误。

　　总体而言，区域创新价值模型的计量结果是可信的。除参数 μ_0 与 θ_1 的估计以外，表3-7中调整样本期后的其他估计结果与表3-6中模型Ⅲ的估计结果并无显著差异。参数 μ_0 估计的绝对值随着时间窗口的扩大而增加，这与各申请年发明专利初始收益分布均值的变化趋势相符，因此估计结果的差异合乎情理。参数 θ 的估计同样与时间窗口有关：较短的时间窗口内样本数量较少，因此 θ 的估计难以准确反映收益衰减参数随时间的变动。所以，μ_0 与 θ_1 估计的差异是由于子样本自身特征而非模型估计的不效率导致的。对照调整样本组后的计量结果，发现主要的差异体现在创新投入与创新环境指数滞前项的弹性系数估计（$\hat{b}_1$ 与 $\hat{b}_2$）上。类似模型 I 中的估计结果，此处推测三个分类变量之间存在相互作用从而影响对数创新环境指数滞前项与被解释变量 y_{it} 之间的相关性，这种作用只有在同时控制三者后会被减弱。实际上，本章还采用分组回归的方法，将4类申请人及8类国民经济门类对应的子样本与区域创新价值模型拟合，结果发现尽管弹性系数的估计存在一定差异，但普遍呈现出统计显著性。

　　2. 区域创新价值测度

　　前一节通过拟合区域创新价值模型与续期比例样本，得到了各群组内发明专利初始收益分布参数，各城市创新投入、创新环境以及经济环境这三个创新指标滞前项的弹性系数，收益动态过程的衰减参数以及其他分组虚拟变量系数的估计。然而这些参数估计并不能直接用于估测发明专利价值或区域创新价值，而是要根据参数在专利权人续期决策中的理论关系，通过数值模拟方法以参数估计还原专利权人的续期行为，并据此推测原本无法观测的发明专利价值，最后在相应的区域层面进行加总，从而形成区域创新价值的估计。

　　在以发明专利价值为基础测定我国区域创新价值的过程中，首要目标是根据区域创新价值模型中参数估计结果，确定区域创新因素指标体系各群组（根据发明专利的申请年、申请城市、申请人类型和国民经济门类进行分组而形成）内各个发明专利的价值估计。然后以城市为基本地理空间单位，通过加总各样本年内各城市发明专利价值的估计，作为市域层面创新价值的估计，即城市创新价值，并以此作为后文研究区域创新价值时空分布的基准。最后，根据本章各部分分析研究的需要，将作为基准的城市创新价值在省域或全国层面进行加总，从而估计相应的省域与全国创新价值。

　　（1）发明专利价值的测度。由于前文估计所得参数并非直观的发明专利价值估计，而是刻画我国发明专利初始收益分布及收益动态过程的相关参数，因而需要采用蒙特卡洛模拟法，根据各群组发明专利初始收益分布参数估计模拟相应的伪随机数，而后采用动态过程参数估计模拟伪随机数的收益衰减过程以及相应的专利权续期决策，确定各伪随机数对应的生存周期以及贴现价值，最后以该群组各生存周期内伪随机数的平均贴现价值作为实际样本中相应群组各生存周期内发明专利价值的估计。

根据模型Ⅲ的设定并结合式（3-3）中刻画的发明专利总价值，此处采用以下两式计算群组 i 初始收益分布均值的拟合 $\hat{u}_i$ 以及各实际年份（$r+t$）对应收益衰减参数的拟合 $\hat{d}_{rt}$：

$$\hat{\mu}_i = \hat{\mu}_{i0} + \hat{b}_1 \ln Inp_{i,L2} + \hat{b}_2 \ln Env_{i,L2} + \hat{b}_3 \ln Eco_{i,L2} + \hat{B} D_i \tag{3-7}$$

$$\hat{d}_{rt} = \hat{d} \exp\left(\hat{\theta}_1 D_{rt}^1 + \hat{\theta}_2 D_{rt}^2\right) \tag{3-8}$$

另外，由于模型假设各群组发明专利初始收益分布的标准差 σ_i 在群组间无差异，因而各群组标准差的拟合 $\hat{\sigma}_i$ 满足：

$$\hat{\sigma}_i = \hat{\sigma} \tag{3-9}$$

结合式（3-7）至式（3-9）而后采用蒙特卡洛模拟则可以实现对各群组发明专利价值的估计。具体而言，首先在计算得到各群组发明专利初始收益分布的均值估计 $\hat{u}_{i0}$ 与标准差估计 $\hat{\sigma}$ 之后，采用蒙特卡洛法对样本中共计503185个群组的发明专利初始收益分布分别进行模拟，即生成符合对数正态分布数 LN（$\hat{u}_i$，$\hat{\sigma}$）的伪随机数，每个群组模拟了500000个伪随机数（约为群组发明专利数量 N_i 最大值[1]的30倍）。接着，以各群组对应的续期费用序列 $\{C_{it}\}_{t=1}^T$ 与收益衰减参数估计 $\hat{d}_{rt}$ 模拟各伪随机数的收益动态过程，根据续期决策［式（3-2）］确定伪随机数的生存周期并根据价值计算公式［式（3-3）］确定其总贴现价值[2]。然后，将该群组的伪随机数依生存周期分组，计算各周期分组内总贴现价值的平均值，以此作为实际样本中群组 i 各生存周期发明专利价值的估计 $\tilde{V}_{it}$。

值得注意的是，由于样本中大多数发明专利截至2020年底仍处于有效状态，其生存周期无法观测。对于该部分样本，本书根据前述步骤模拟出相应群组 i 各生存周期未失效发明专利所占比例，将其与该群组发明专利总数量相乘，以此作为各生存周期内未失效发明专利数量的估计。而后以相同方法估计各生存周期未失效发明专利的总贴现价值。最后将估计所得的各生存周期未失效发明专利数量与相应总贴现价值相乘，得到此类发明专利价值的估计。

---

[1] 样本中，发明专利数量最多的群组包含了15811件发明专利。

[2] 相关文献往往将价值贴现因子作为模型外生变量（即外生于专利权人续期决策），在价值估计中设定其为常数（0.95、0.90、0.85等）（Schankerman and Pakes，1986；Huang，2016）。此处采用参考 Deng（2011）对专利价值贴现因子的设定，在模拟过程中将式（3-3）~式（3-5）中贴现因子 λ 的取值固定为0.95。在实际分析过程中，对于价值贴现因子的不同设定并不会显著影响分析结果［参见 Zhang 等（2018）］。

（2）区域创新价值的测度。为了尽可能准确地分析我国创新价值的空间分布，本章将城市作为研究我国区域创新价值的基本区域单位，基于各年各城市发明专利价值估计测度样本城市的创新价值。具体而言，此处将样本中在 j 年与 i 城市申请且实际生存周期为 t 的发明专利的数量与前文估计所得的相应群组内生存周期同为 t 的发明专利价值 $\tilde{V}_{it}$ 相乘并进行加总，得到城市 i 在 j 年所有申请并获授权发明专利的总价值，以此测度作为基准的城市创新价值（城市创新价值总值）。在此基础上，考虑到分析研究区域创新价值的完整性，本章还将各年城市创新价值依据城市所属的省级行政区划进行加总，以此估测省域创新价值。另外也将各年全国所有城市创新价值进行加总，作为全国创新价值的测度以便初步分析我国创新价值整体情况。

五、区域创新价值的测度结果分析

（一）区域创新价值基本空间分布

前文综合区域创新影响因素构建区域创新价值模型，并在验证该模型有效性的基础上对我国各年各城市的创新价值进行测度，基于价值视角反映我国区域科技创新，从而应对基于创新成果数量衡量区域创新的局限，更准确地反映我国各区域科技创新实际。为进一步探求样本期内我国创新价值分布的总体空间特征，此处先对 1987~2019 年各城市创新价值的总值和均值数据进行加总处理，使用自然断点法分别将城市创新价值总值和均值划分为五个等级。

分析全样本年加总所得各城市创新价值总值与均值，可以发现其空间分布具有以下特征：第一，从整体创新价值总值的城市分布来看，创新价值向华东地区城市和华南地区城市集聚，东部和东南沿海城市集聚效应更加明显，西北部城市创新价值整体偏低，与华东地区和华南地区城市差距较大。这个现象说明我国市域创新能力发展不均衡。从创新价值总值各梯队的城市数量来看，我国市域创新总价值各梯队城市分布呈阶梯特征，第五梯队到第一梯队的城市数量依次递减。第二，从创新价值均值市域分布方面来看，我国创新价值均值分布呈"中间大两头小"的格局：创新价值均值位于第一梯队和第五梯队的城市数量较少，第二梯队到第三梯队的城市数量较多。这说明我国市域内创新能力平均水平较强，但大部分城市仍有提升空间。各城市群已形成单核或多核极化特征以及核城市向外辐射周边城市，带动周边城市创新价值均值提升的发展格局。

综上所述，可得以下几点：一是样本期内我国市域创新价值总值整体偏低。这符合当前我国创新能力有所提升，但缺乏高端技术创新，在科技领域"大而不强"的基本现实。上述事实与我国基础研究投入比例偏低、高端技术人才缺乏、原始创新能力不足、关键核心技术受限有关，同时也与我国产业间集群分布特征及发展现状有关。二是在创新价值总值呈梯队分布的现状下，市域创新价值均值整体较高，且城市间差距较小，但市域间创新价值总值差距较大。这一发现表明，平均而言，市域内创新主体尤其是企业创新价值较高，但各城市加总后的创新价值存在差异。三是创新价值总值处于第一梯队的城市对周围城市的带动能力有待进一步提升，直接体现为创新价值总值处于第一梯队的部分城市的相邻城市均处于第五梯队。新经济地理学认为产业集聚还是分散由本地市场效应、价格指数效应和市场拥堵效应共同决定。当前第一梯队城市的产业虽然由集聚状态逐步向四周扩散，但属于产业转移初期阶段，其扩散力度不够大，且前期产业转移多以中低端产业为主，其生产方式和运作模式较为固化，对周围城市创新能力的带动力有限。

在对全样本年城市创新价值加总后分析我国城市创新价值总体分布情况的基础上，为进一步反映市域创新价值总值变化规律，此处以五年为间隔，分别计算1987~1991年、1992~1996年、1997~2001年、2002~2006年、2007~2011年、2012~2016年以及所剩的2017~2019年各样本时间段内各城市创新价值的平均值，探讨1987~2019年创新价值总值空间分布演变规律。

结果表明，1987~2019年市域创新价值总值分布格局整体随时间变动不大，且呈现向东南方集聚的态势。进一步分析可以发现：第一，城市创新价值位于第一梯队和第二梯队的城市数量较少且总体分布格局基本稳定，各市在梯队间的调整也以相邻梯队为主，跨梯队的跃迁较少。第二，随着时间的推移，样本期内城市创新价值进一步向东南方集聚，形成以深圳、广州为核心的创新集聚区和以上海为核心的创新集聚区。第三，样本期内大部分城市创新价值随年份增加表现出趋同的趋势，但总体向较低创新价值梯队变动，表明随着时间推移我国大部分城市创新价值的空间分布存在向低水平趋同的可能性。但需指出，这种"低水平"指的是相对低水平，并非绝对意义上的低水平，其原因在于我国城市创新价值总体随时间呈上升趋势，因而同一阶梯所代表的创新价值范围同样随时间上升。

（二）四大区域创新价值基本空间分布

以城市为基本地理空间单位，将我国城市创新价值作为分析区域创新的基准。在此基础上根据城市创新价值及城市所属省级行政区划分计算各省份创新价值，得出我国省域创新价值分布规律。最后根据国家统计局于 2011 年发布的《东西中部和东北地区划分方法》，将各省份划分至东部、中部、西部以及东北四大区域①，加总计算四大区域创新价值并研究其分布情况。

在分析基准的城市创新价值与加总后的省域创新价值基本分布规律之后，本节计算了我国四大区域内各省级行政区划创新价值的均值，观察样本期四大区域内平均省域创新价值的变化规律，以进一步明确我国四大区域创新价值的变化趋势以及区域间差异等方面的基本特征，计算所得各年四大区域内各省份平均创新价值，如图 3-5 所示。

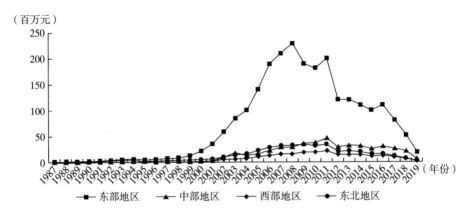

图 3-5 1987~2019 年四大区域各省份平均创新价值变动情况

由图 3-5 可以发现，样本期四大区域各省份平均创新价值随时间呈先上升后下降趋势，区域间差异呈先扩大后缩小的态势，这一发现证实了本章 H4，即我国区域创新价值随时间变化呈现出先增后减的趋势。1987~1998 年四大区域各省份平均创新价值总体差距不大。但在 1998~2008 年，四大区域各省份平均创新价值差距逐步扩大，直到 2008~2019 年该差距呈缩小态势。值得一提的是，2008~2019 年差距缩小并非由落后区域快速提升所致，而是由东部区域各省份平均创新价值下降所致。从区域差异来看，东部地区平均创新价值明显高于其他三个区域，其他三个区域之间平均创新价值差距不大。样本年间，东部区域内各省

---

① 依据《东西中部和东北地区划分方法》，我国经济区域（不含港澳台）被划分为东部、中部、西部和东北四大地区，其中东部地区包括北京、天津、河北、上海、江苏、浙江、福建、山东、广东和海南；中部地区包括山西、安徽、江西、河南、湖北和湖南；西部地区包括内蒙古、广西、重庆、四川、贵州、云南、西藏、陕西、甘肃、青海、宁夏和新疆；东北地区包括辽宁、吉林和黑龙江。参考 http://www.stats.gov.cn/zt_18555/zthd/sjtjr/dejtjkfr/tjkp/202302/t20230216_1909741.htm。

份平均创新价值的分布在 1000 万～230000 万元；中部区域各省份平均创新价值
分布于 380 万～47000 万元，在 2008 年前低于东北地区，此后则高于东北地区；
西部区域各省份平均创新价值一直低于其他区域，创新价值在 210 万～22000 万
元；东北区域各省份平均创新价值在 660 万～34000 万元。

综合而言，东部区域各省份平均创新价值明显高于其他三个区域，而西部各
省份平均创新价值最低，因而本章提出的第三个假设 H5 被证实，即我国区域创
新价值的空间分布具有非均衡特征。考虑到劳动者素质、轻重工业比例结构能显
著影响技术创新效率（池仁勇等，2004），因而前述分布特征可能是由于我国四
大区域人力资本分布不均衡和产业结构差异所致。长期以来，西部地区受区位与
经济基础条件的制约，现代化发展程度较低，创新投入力度小且创新人才吸引力
弱，同时西部的产业结构偏低端，使西部总体创新价值较低。因此，在推动各区
域创新能力提升的过程中，应继续秉持中国式现代化理念，以优化产业结构和均
衡区域人力资本分布为抓手，促进中部崛起、西部开发和东北振兴。中部地区在
样本期内实现创新价值地位跃迁，由平均创新价值落后于东北区域发展为高于东
北区域，说明近年来中部地区创新能力提升效果显著。考虑到近年来我国中部地
区承接东部地区产业转移，而在承接产业转移过程中加剧了区域内市场竞争，增
强了企业创新动力，因而中部地区创新价值提升较为明显。东部区域各省份平均
创新价值近年降幅明显，可能由于产业转移使东部经济存量优势有所下降，同时
东部地区经过前期积累，主要攻坚高技术创新，而高技术创新投入多、回报周期
长，短期内效果不明显，从而使其创新价值总值有所下降。

（三）区域创新价值的空间集聚性分析

本节将我国城市以创新价值的集聚程度分为极热点区域、热点区域、次热点
区域、次冷点区域、冷点区域和极冷点区域，以进一步分析我国创新价值的空间
集聚性。从冷热点分布现状来看，我国创新价值集聚热点区域偏少，热点集聚区
内依次按极热点、热点、次热点呈阶梯状分布。2019 年仅有两个热点集聚区，
均位于华东地区。同年存在两个冷点集聚区，其中一个冷点集聚区位于西部地
区，中心为冷点区域，另一个冷点集聚区位于东北地区且仅包含次冷点区域。从
时间演变角度来看，热点集聚区呈现出数量增多且范围扩大的趋势。创新价值热
点集聚区的位置由最初的东北地区转向华北、华东和华南地区。1987 年无极热
点地区，此后其范围逐步扩大，由 1987 年的 1 个市增加到 1997 年的 11 个市。
1997～2002 年出现短暂的热点消失，这可能与 1997 年东南亚金融危机有关。
2007 年在华南地区出现热点集聚区。2007～2012 年在原有热点集聚区范围扩大

的基础上，在华东地区出现了一个新的热点集聚区。2012~2017年位于华南地区的热点集聚区出现极热点，且集聚区域范围进一步扩大。2017~2019年，华南地区热点集聚区的极热点区域范围进一步扩大，华东地区的热点集聚区出现极热点。

综上可以发现：第一，从冷热点分布现状来看，中国市域创新价值总值的空间集聚效应较弱，仅有两个热点集聚区，范围不大，且均分布于东部地区。这与中国产业基础密切相关。对于成熟产业而言，技术演进已接近技术前沿，技术创新机会相对较少，从而使创新成果相对减少（虞晓芬等，2005）。而中国在前一轮开放经济发展中主要以人口红利和比较成本优势融入国际分工，在出口贸易快速增长的同时决定了中国前期劳动密集型产业发展相对较好，但也导致中国产业结构偏低端，大部分区域产业结构呈现出以中低端产业为主、高端产业占比不足的情况，而中低端产业技术已经过成长期，其创新产出相对较低，从而影响创新效率。第二，从时间演变角度来看，热点集聚区所在区域由最初的东北地区向华东地区和华南地区转移，华南地区的热点集聚区范围不断扩大。这主要是因为东北地区历史工业基础较好，但多以高耗能、高污染产业为主，随着生产方式逐渐成熟，其技术创新空间较小。反观华东地区和华南地区，充分利用自身位置优势、经济基础优势和教育资源分布优势，吸引创新人才和企业向该区域集聚，同时不断优化产业结构，不断释放创新空间，使热点集聚区范围不断扩大。

六、结论与政策启示

创新驱动是中国式现代化进程中的核心动力。科技创新能力的提升，不仅是创新成果数量的增长，更是我国区域创新价值的全面提高。为了探索我国区域创新价值的时空分布态势，本章以我国授权发明专利为样本，以改进后的区域创新价值模型为工具，在验证该模型有效性的基础上测度我国区域创新价值并分析其时空分布特征，主要研究结论如下：

第一，区域创新价值模型可以作为我国区域创新价值测度的有效工具。将原有专利权续期模型与区域创新指标体系结合，改进了原有模型无法有效反映区域创新综合因素对于创新成果价值影响的不足，并结合蒙特卡洛模拟法构建测度我国区域创新价值的完整工具，为相关研究的学者以及各区域的政策制定者综合、客观地评估我国各区域创新价值提供了有效的测度工具。

第二，尽管我国区域创新价值在早期总体保持增长态势，但近年来其下降的趋势需要引起注意。无论是从全国、四大区域来看还是从城市层面来看，我国区域创新价值总体呈现出先增后降的趋势，并且拐点主要出现在 2008～2012 年。考虑到拐点出现前后国际贸易、科技与政治环境的差异，可以推测我国早期依赖外源技术及其转化的创新发展模式并未形成长期持续的创新价值提升效应。因而我国仍需要加强技术内部供给能力，通过科技自立自强促进整体创新价值的提升，提高综合竞争力。

第三，我国区域创新价值空间分布非均衡的特征显著。无论是从市域还是从四大区域层面来看，我国区域创新价值的空间差异明显，在大部分样本年间仅有极个别东部区域内集聚着高水平的创新价值，其余大部分区域内分布着低水平的创新价值且与高水平区域的创新价值差异显著。另外，虽然区域创新价值的空间差异在近年来有所减缓，但当前区域间的差异仍然不容小觑。各区域应加强对于本地创新要素的投入并改善创新环境以及经济环境，并且通过与邻近的创新热点区域建立创新合作机制，加速释放本地创新活力，提高创新价值。

基于上述研究结论，可以得出以下政策启示：

首先，持续实施创新驱动发展战略，推动我国各区域创新能力与创新价值提升，促进创新发展核心动力的形成，加速各区域现代化发展进程。基于中国市域高质量创新不足、创新数量有待进一步提升以及创新价值以低水平集聚为主而高水平集聚程度不足的现状，中国需持续有力推进创新驱动发展战略的实施，通过顶层机制设计，全方位推进科技创新、市场创新、产品和企业创新以及品牌创新，进一步提高各地创新要素配置效率。同时，加大政府科技投入力度，引导企业和社会加大研发投入并向其传递科技创新方向性信息，从而激活企业和社会的创新活力，促进高价值创新成果的形成与转化。

其次，充分发挥空间外溢效应，促进区域间科技创新关键要素交互。本章研究发现，样本期内我国东部区域创新价值提升速度较快，创新价值热点区范围逐年扩大，但其他大部分地区长期未形成集聚效应或处于低水平集聚，因此需要进一步打破区域间技术创新以及创新要素壁垒，加强地区间技术创新交流。一方面，中央政府应着力于政策层面，改善各地政府之间的技术创新合作机制，完善技术市场建设与配套政策，充分发挥市场对创新要素配置以及创新成果转化的决定性作用，从而有效发挥政府对于区域间合作创新的促进作用。另一方面，应加强诚信体系建设，保障知识产权在市场内流通的安全有效，从而扩大技术创新外溢半径，充分发挥技术创新的空间外溢效应。

最后，充分挖掘创新价值较低城市的后发优势，形成追赶效应。根据后发优势理论，创新价值较低城市相较于创新价值高的城市往往具有更快的发展速度，这对实现城市价值的共同发展至关重要。结合本章的研究发现，城市创新价值的冷点区域逐渐缩小，说明低水平城市创新价值存在后发优势，且已经形成追赶效应。因此，创新价值发展低的城市要借鉴吸收高创新价值城市的发展经验，减少自身发展成本，规避发展误区，提升创新要素的配置能力，提高发展效率，充分挖掘和利用自身后发优势，弥补创新发展短板，同时政府要实现创新要素的倾斜和投入，促进低水平城市找到新的创新发展模式，形成现代化发展进程中的赶超效应。

参考文献

［1］程恩富，陈健．大力发展新质生产力　加速推进中国式现代化［J］．当代经济研究，2023（12）：14-23.

［2］池仁勇，虞晓芬，李正卫．我国东西部地区技术创新效率差异及其原因分析［J］．中国软科学，2004（8）：128-131+127.

［3］范斐，杜德斌，李恒，等．中国地级以上城市科技资源配置效率的时空格局［J］．地理学报，2013，68（10）：1331-1343.

［4］方创琳，马海涛，王振波，等．中国创新型城市建设的综合评估与空间格局分异［J］．地理学报，2014，69（4）：459-473.

［5］冯之浚．完善和发展中国国家创新系统［J］．中国软科学，1999（1）：55-58.

［6］韩继坤．专利技术交易成本的制度经济学分析［J］．科研管理，2008（3）：105-108+130.

［7］何舜辉，杜德斌，焦美琪，等．中国地级以上城市创新能力的时空格局演变及影响因素分析［J］．地理科学，2017，37（7）：1014-1022.

［8］何晓斌，蒋君洁，杨治，等．新创企业家应做"外交家"吗？——新创企业家的社交活动对企业绩效的影响［J］．管理世界，2013（6）：128-137+152.

［9］侯鹏，刘思明，建兰宁．创新环境对中国区域创新能力的影响及地区差异研究［J］．经济问题探索，2014（11）：73-80.

［10］胡鞍钢．中国科技实力跨越式发展与展望（2000—2035年）［J］．北京工业大学学报（社会科学版），2022，22（4）：1-15.

［11］胡鞍钢，刘生龙，任皓．中国如何成为世界科技创新强国（2015—2050）［J］．中国科学院院刊，2017，32（5）：474-482.

［12］蒋殿春，夏良科．外商直接投资对中国高技术产业技术创新作用的经

验分析 [J]. 世界经济, 2005 (8)：5-12+82.

[13] 李二玲, 崔之珍. 中国区域创新能力与经济发展水平的耦合协调分析 [J]. 地理科学, 2018, 38 (9)：1412-1421.

[14] 李婧, 谭清美, 白俊红. 中国区域创新生产的空间计量分析——基于静态与动态空间面板模型的实证研究 [J]. 管理世界, 2010 (7)：43-55+65.

[15] 李敬子, 陈强远, 钱学锋. 非位似偏好、非线性本地市场效应与服务贸易出口 [J]. 经济研究, 2020, 55 (2)：133-147.

[16] 李卫兵, 张凯霞. 空气污染对企业生产率的影响——来自中国工业企业的证据 [J]. 管理世界, 2019, 35 (10)：95-112+119.

[17] 李习保. 中国区域创新能力变迁的实证分析：基于创新系统的观点 [J]. 管理世界, 2007 (12)：18-30+171.

[18] 罗勇根, 杨金玉, 陈世强. 空气污染、人力资本流动与创新活力——基于个体专利发明的经验证据 [J]. 中国工业经济, 2019 (10)：99-117.

[19] 齐绍洲, 林屾, 崔静波. 环境权益交易市场能否诱发绿色创新？——基于我国上市公司绿色专利数据的证据 [J]. 经济研究, 2018, 53 (12)：129-143.

[20] 苏屹, 姜雪松, 雷家骕, 等. 区域创新系统协同演进研究 [J]. 中国软科学, 2016 (3)：44-61.

[21] 王鹏, 曾坤. 创新环境因素对区域创新效率影响的空间计量研究 [J]. 贵州财经大学学报, 2015 (2)：74-83.

[22] 王锐淇, 张宗益. 区域创新能力影响因素的空间面板数据分析 [J]. 科研管理, 2010, 31 (3)：17-26+60.

[23] 王伟, 孙雷. 区域创新系统与产业转型耦合协调度分析——以铜陵市为例 [J]. 地理科学, 2016, 36 (2)：204-212.

[24] 王雄元, 卜落凡. 国际出口贸易与企业创新——基于"中欧班列"开通的准自然实验研究 [J]. 中国工业经济, 2019 (10)：80-98.

[25] 王一鸣. 大力推动我国经济高质量发展 [J]. 人民论坛, 2018 (9)：32-34.

[26] 魏守华, 吴贵生, 吕新雷. 区域创新能力的影响因素——兼评我国创新能力的地区差距 [J]. 中国软科学, 2010 (9)：76-85.

[27] 约瑟夫·熊彼特. 经济发展理论 [M]. 北京：中国人民大学出版社, 2019：252.

[28] 徐蔼婷, 程彩娟, 祝瑜晗. 基于改进专利续期模型的中国专利价值测度——兼论高价值发明专利的统计特征 [J]. 统计研究, 2022, 39 (3)：3-20.

［29］徐蔼婷，程彩娟，祝瑜晗．一种新的专利价值综合测度方法与应用研究［J］．数量经济技术经济研究，2022，39（3）：130-151.

［30］殷尹，梁梁．区域技术创新能力短期评估［J］．中国软科学，2001（1）：71-74.

［31］余泳泽，郭欣，郭梦华．改革开放40年：中国技术创新的发展及启示［J］．东北财经大学学报，2019（2）：33-43.

［32］虞晓芬，李正卫，池仁勇，等．我国区域技术创新效率：现状与原因［J］．科学学研究，2005（2）：258-264.

［33］张古鹏，陈向东．基于专利存续期的企业和研究机构专利价值比较研究［J］．经济学（季刊），2012，11（4）：1403-1426.

［34］张杰，郑文平．创新追赶战略抑制了中国专利质量么？［J］．经济研究，2018，53（5）：28-41.

［35］张宗和，彭昌奇．区域技术创新能力影响因素的实证分析——基于全国30个省市区的面板数据［J］．中国工业经济，2009，260（11）：35-44.

［36］朱海就．区域创新能力评估的指标体系研究［J］．科研管理，2004（3）：30-35.

［37］Autio E. Evaluation of RTD in Regional Systems of Innovation［J］. European Planning Studies，1998，6（2）：131-140.

［38］Bessen J. The Value of US Patents by Owner and Patent Characteristics［J］. Research Policy，2008，37（5）：932-945.

［39］Chen J，Su Y S，de Jong J P J，et al. Household Sector Innovation in China：Impacts of Income and Motivation［J］. Research Policy，2020，49（4）：103931.

［40］Cooke P，Uranga M G，Etxebarria G. Regional Innovation Systems：Institutional and Organisational Dimensions［J］. Research Policy，1997，26（4-5）：475-491.

［41］Deng Y. Private Value of European Patents［J］. European Economic Review，2007，51（7）：1785-1812.

［42］Deng Y. A Dynamic Stochastic Analysis of International Patent Application and Renewal Processes［J］. International Journal of Industrial Organization，2011，29（6）：766-777.

［43］Furman J L，Porter M E，Stern S. The Determinants of National Innovative Capacity［J］. Research Policy，2002，31（6）：899-933.

［44］Gambardella A. The Economic Value of Patented Inventions：Thoughts and

Some Open Questions [J]. International Journal of Industrial Organization, 2013, 31 (5): 626-633.

[45] Hall B H, Mairesse J, Branstetter L, et al. Does Cash Flow Cause Investment and R&D: An Exploration Using Panel Data for French, Japanese, and United States Scientific Firms [J]. 1998, IFS Working Paper W98/11.

[46] Howells J. The Internationalization of R&D and the Development of Global Research Networks [J]. Regional Studies, 1990, 24 (6): 495-512.

[47] Howells J, Green A E. Location, Technology and Industrial Organisation in UK Services [J]. Progress in Planning, 1986, 26: 83-183.

[48] Huang C. Estimates of the Value of Patent Rights in China [M]. Innovation and IPRs in China and India: Myths, Realities and Opportunities. Singapore: Springer Singapore, 2016: 181-209.

[49] Jaffe A B. Technological Opportunity and Spillovers of R&D: Evidence from Firms' Patents, Profits and Market Value [J]. National Bureau of Economic Research, 1986, 76 (5): 984-1011.

[50] Jaffe A B. Real Effects of Academic Research [J]. The American Economic Review, 1989, 79 (5): 957-970.

[51] Kogan L, Papanikolaou D, Seru A, et al. Technological Innovation, Resource Allocation, and Growth [J]. The Quarterly Journal of Economics, 2017, 132 (2): 665-712.

[52] Meyer M. Independent Inventors and Public Support Measures: Insights from 33 Case Studies in Finland [J]. World Patent Information, 2005, 27 (2): 113-123.

[53] Pakes A. Patents as Options: Some Estimates of the Value of Holding European Patent Stocks [R]. National Bureau of Economic Research, 1984.

[54] Pakes A, Schankerman M. The Rate of Obsolescence of Patents, Research Gestation Lags, and the Private Rate of Return to Research Resources R&D, Patents, and Productivity [M]. Chicago: University of Chicago Press, 1984: 73-88.

[55] Rouvinen P. R&D—Productivity Dynamics: Causality, Lags, and "Dry Holes" [J]. Journal of Applied Economics, 2002, 5 (1): 123-156.

[56] Schankerman M, Pakes A. Estimates of the Value of Patent Rights in European Countries during the Post-1950 Period [J]. The Economic Journal, 1986, 96 (384): 1052-1076.

[57] Sichel D, von Hippel E. Household Innovation, R&D, and New Measures

of Intangible Capital ［R］. National Bureau of Economic Research, 2019.

　　［58］ Tang T Y, Zhang S K, Peng J. The Value of Marketing Innovation: Market-driven Versus Market-Driving ［J］. Journal of Business Research, 2021, 126: 88-98.

　　［59］ Tödtling F, Kaufmann A. Innovation Systems in Regions of Europe—A Comparative Perspective ［J］. European Planning Studies, 1999, 7 (6): 699-717.

　　［60］ Zhang G, Duan H, Wang S, et al. Comparative Technological Advantages between China and Developed Areas in Respect of Energy Production: Quantitative and Qualitative Measurements Based on Patents ［J］. Energy, 2018, 162: 1223-1233.

第四章 绿色发展推进中国式现代化：基于碳排放权交易视角[*]

一、问题的提出

党的二十大报告从建设人与自然和谐共生的中国式现代化高度，对推动绿色发展、建设美丽中国作出重大战略部署。以绿色发展推动人与自然和谐共生的中国式现代化，是在较低的能源消耗、污染物排放、碳排放水平上的现代化，也是实现经济高质量发展的现代化。如何推进减污、降碳协同增效进而实现绿色发展成为我国亟待解决的重大现实问题。碳排放权交易机制作为推进绿色发展战略的重要抓手，理论上可以推动高碳企业转型升级，形成碳减排效应。但是，碳排放权交易机制能否躲避污染替代，实现减污、降碳协同增效仍是理论研究亟须探究的重要命题。

为了实现碳中和目标，中国已实施了一系列政策法规来减轻 CO_2 和其他污染物排放。作为一种典型的市场导向型环境规制，碳排放权交易被认为是减少碳排放的重要手段，已主要应用于美国、欧盟以及中国的一些试点城市和地区（Keo-hane，2009；Schäfer，2019；周朝波和覃云，2020；魏晓楠和孙传旺，2023）。碳排放权交易是指根据政府设定的碳排放总量在市场上购买或销售额外的碳排放配额（Cong and Lo，2017）。与传统命令和控制型环境规制工具相比，碳排放权交易不仅具有更高的减排效率，也可以通过价格机制优化能源结构。2011 年，参考欧洲碳排放权交易市场建设经验，中国政府宣布在 7 个试点省市，即北京、天津、上海、深圳、广东、湖北和重庆，实施碳排放权交易试点政策，并宣布将在 2017 年启动全国碳交易市场以实现减排目标。自 2013 年 6 月深圳首次推出碳排放权交易以来，其他试点地区碳交易市场相继推出。2013 年，7 个试点地区的

---

[*] 作者信息：王瑶，经济学博士，现为中国农业银行、中国人民大学联合培养博士后。

CO_2 交易量达到 44.55 万吨（周朝波和覃云，2020）。截至 2016 年底，CO_2 的累计交易量达到 1.6 亿吨，累计交易价值达到 25 亿元（胡江峰等，2020）。与国际其他碳市场相比，中国的碳排放权交易市场起步相对较晚，规模较小，但发展迅猛。2017 年 12 月，中国国家发展和改革委员会发布了全国碳排放交易市场建设计划，标志着全国性碳市场正式启动（仅覆盖发电行业）。启动后，中国政府宣布到 2020 年将努力建设一个系统完善、交易积极、监管严格的全国性碳市场。实际上，由于额度分配、运作效率和碳交易标准等方面的巨大挑战（潘家华，2016；刘惠萍和宋艳，2017），目前全国性碳市场仍处于建设初期阶段，仅纳入发电行业，但未来几年将陆续纳入其他高排放行业，实现碳市场有序扩容。而且，仅纳入碳市场的发电行业就覆盖了大约 30 亿吨 CO_2，超过全球其他国家的碳市场总规模（Zhang et al.，2023）。未来，中国的全国统一碳市场将成为世界上最大的碳市场，具有巨大的潜力和广阔的发展前景（Jiang et al.，2016）。

作为一种重要的减排政策工具，碳排放权交易市场的影响引起了学术界的广泛关注。部分文献提出了碳排放权交易市场对环境的影响，并探究了碳排放权交易市场如何影响碳排放、碳泄漏和空气污染等（Shen et al.，2020；Yan et al.，2020；Brink et al.，2016；Watanabe and Watanabe，2019）。碳排放权交易市场的经济绩效是学者们关注的另一个焦点。在这些研究中，就业（Yang et al.，2020）、绿色经济（Li et al.，2019；Zhu et al.，2020）、利润和投资（Bonenti et al.，2013；Mo et al.，2016）以及技术创新（Chen et al.，2020）作为经济绩效指标被探讨碳排放权交易市场对其的影响。然而，该领域的研究在以下几个方面仍存在不足。首先，在环境保护方面，将减污降碳概念应用于评估碳排放权交易政策效果并不多见。已有研究多聚焦于碳排放权交易政策单一的碳减排效应或污染减排效应。其次，在经济发展方面，仍缺乏从绿色发展效率视角探究碳排放权交易政策对经济可持续发展的影响。陆敏（2020）采用工业增加值与 CO_2 排放的比率来表示绿色发展效率，并进一步研究了中国碳排放权交易政策对绿色发展效率的影响。Zhu 等（2020）通过使用超效率 SBM 模型来研究碳排放权交易政策对绿色发展效率的影响。然而，已有研究尚未应用能够有效处理非期望产出和动态变化的 Malmquist-Luenberger（ML）指数来检验碳排放权交易政策对经济绿色发展的影响。再次，在社会公平方面，较少研究探讨碳排放权交易政策对区域排放公平的影响。区域排放公平旨在衡量排放的空间分布差异（Teng et al.，2011）。以前的区域排放公平研究通常集中在国家级别，并应用衡量收入不平等的方法，如基尼系数和 Kakwani 指数等，来评估各国之间的污染排放或碳排放分布（Heil and Wodon，1997；Groot，2010；Moran et al.，2018）。在省级层面，已有文献采用类似方法探讨了区域排放平等（Fan and Sun，2008；Yang and Yang，2020）。根据 Yang 和 Fan（2019），本研究采用了区域排放公平系数（区域 GDP 贡献率与其排放贡献率的比率）来评估区域排放公平。多数研究已尝试探索排放不公平的原因，如收入和人口结构等（Clarke-Sather et al.，2011）。然而，很少有文献从外部制度因素角度研究碳排放权交易政策对区域排放公平的影响。最后，较少学者在考量环境、经济和社会因素后，从综合性视角关注碳排放权交易政策的减污降碳协同增效效果。总之，关于碳排放权交易政策如何在一个统一的框架下影响减污降碳协同增效效果的研究仍然有限。研究中国碳排放权交易政策的减污降碳协同增效效果将有助于平衡环境、经济、社会等多方面需求，并为其他新兴经济体提供有益参考，帮助其调整环境规制手段实现减污降碳、协同发展目标（Raufer and Li，2009；Dissanayake et al.，2020）。此外，计量经济模型和可计算一般均衡模型是评估碳排放权交易政策效果的主要方法。可计算一般均衡模型通常用于预测政策效果，但其影响机制难以追踪，参数假设也可能导致估计偏差。越来越多的研究采用计量经济模型，通过构建准自然实验来定量分析碳排放权交易政策的政策效果。

因此，基于 1998~2021 年中国的省级面板数据和工业企业面板数据，使用双重差分模型和 ML 指数方法探讨中国碳排放权交易试点政策能否实现减污降碳协同增效效果。本章还建立了一个中介效应模型，实证检验碳排放权交易试点政策如何通过绿色技术创新、碳密集型产业投资和碳密集型企业迁移三种潜在机制影响地区减污降碳协同增效水平。为了进一步检验稳健性，还进行了反事实检验和安慰剂检验，并进一步研究其他环境政策可能导致的潜在影响偏差。此外，还讨论了碳排放权交易试点政策在不同区域和不同程度的命令与控制型环境规制下对减污降碳协同增效水平的异质性影响。本章的研究框架如图 4-1 所示。

本章的边际贡献有三点：一是在一个综合框架中考察了碳排放权交易试点政策对减污降碳协同增效水平的影响。现有文献较少用实证方法探讨中国的碳排放权交易试点政策对减污降碳协同增效水平的影响，这在一定程度上弥补了这一领域的研究空白。二是基于既包含省级数据和工业企业数据，又包含横跨 1998~2021 年的纵向数据结构的丰富样本，为中国的碳排放权交易试点政策如何通过绿色技术创新、碳密集型产业投资和碳密集型企业迁移三种潜在机制提高减污降碳协同增效水平提供了理论解释，从而检验了波特假说、污染天堂假说和投资转移效应。三是丰富了环境规制的相关文献，并通过异质性分析阐明了碳排放权交易试点政策效应的区域差异。

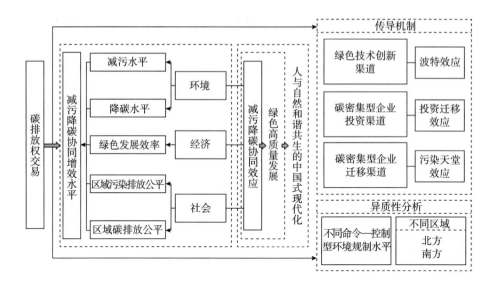

图 4-1　本章研究框架示意图

二、理论分析与研究假设

过度排放导致污染溢出将引起负外部性。Coase（1960）认为，如果产权被明确定义，那么负外部性可以通过市场交易来解决，这为碳排放权交易提供了理论基础。Dales（1968）进一步指出，厘清排污权利并使其能够在市场上交易可以有效提高环境污染治理效率。因此，作为市场导向型环境规制工具，碳排放权交易已成为应对气候变化和环境污染的重要措施。

市场导向型环境规制在提高减排效率和优化能源结构方面十分有效。提升减污降碳协同增效水平不仅是减少碳排放、污染排放，也意味着追求统一的环境、经济和社会利益，提倡提高环境承载能力的同时确保经济利益和社会公平（王兵等，2014；Lin and Zhu，2019）。首先，当减排的边际成本低于碳价格时，企业倾向于提高减排量，出售多余的配额以获取利润（Shakil et al.，2019）。基于此种模式，碳排放权交易政策可以通过市场交易鼓励企业减少 CO_2 排放，同时考虑到温室气体与大气污染物具有同根同源性，并结合已有研究，本章认为碳排放权交易政策能够在降低 CO_2 排放的同时减少 $PM_{2.5}$，从而改善地区生态环境，达到减污降碳效果。其次，假设企业以利润最大化为决策基础，碳排放权交易试点政策的实施将鼓励企业有效利用其有限的免费碳排放配额，以避免过度排放导致的不必要成本（Xuan et al.，2020）。因此，碳排放权交易试点政策有利于鼓励污染企业改善生产技术、调整产品结构，从而提升绿色发展效率。另外，根据区域排放公平的定义，GDP 的贡献率变化幅度相对较小，因此省际排放公平的测度主要依赖于碳排放和污染物排放。第一，碳排放权交易政策的实施将倒逼企业创新绿色技术，而无法更新绿色技术的污染企业最终将被市场淘汰（Calel and Dechezleprêtre，2016）。这将有效减少资源消耗和对传统能源的依赖，从而降低碳排放和污染排放，有利于促进区域排放公平。第二，碳排放权交易政策形成的无形绿色壁垒阻碍了高排放产业扩张。该政策的实施在一定程度上增加了污染企业的沉没成本和生产成本，从而限制了其进入市场和规模化扩张。第三，环境规制的区域差异可能导致污染企业从试点地区迁移到非试点地区，从而减少试点地区的排放，引起虚假的区域排放公平。基于以上分析，本研究认为碳排放权交易试点政策可以提高区域排放公平。总之，从碳排放和大气污染物排放的环境视角、绿色全要素生产率的经济发展视角、区域排放公平的社会公平视角综合来看，碳排放权交易试点政策有利于提升减污降碳协同增效水平。因此，提出以下假设：

H6：碳排放权交易试点政策具有减污降碳协同增效效应。

新古典经济学认为，环境规制会增加企业的负担，导致本来用于生产的有限资源用于污染防治（Gray，1987）。然而，以波特等为代表的经济学家反对这一观点。根据波特假说，碳排放权交易试点政策可以通过绿色技术创新内部化企业的外部环境成本，产生创新补偿效应（Ambec et al.，2013）。也就是说，绿色技术创新可以带来节能效应，并促进产品质量提高，从而抵消合规成本。作为市场导向型环境规制，碳排放权交易试点政策使企业在购买碳排放配额成本和开发清洁技术成本之间进行权衡（Demailly and Quirion，2008）。如果购买配额成本大于绿色技术创新成本，企业倾向于开发绿色技术。此外，市场波动能够导致碳价格的不确定性，而不确定性风险会加剧补偿效应（Noailly and Smeets，2015）。为了降低风险，企业将增加对绿色技术创新的专项投资。综上所述，碳排放权交易试点政策有利于鼓励企业开发绿色创新技术，提升减污降碳协同增效水平。因此，提出以下假设：

H7：碳排放权交易试点政策通过绿色技术创新的中介作用提高减污降碳协同增效水平。

碳排放权交易政策可能通过减少碳密集型产业投资，提升减污降碳协同增效水平。一方面，由于碳排放权交易政策具有碳排放、污染排放约束效应，如果继续投资碳密集型产业，则很可能导致利润损失。因此，理性的投资者将基于利润最大化原则减少碳密集型产业投资（Zhao et al.，2020；Yu et al.，2021）。另一方面，在碳排放权交易政策下，与碳密集型产业相比，高科技产业和清洁产业在绿色发展方面具有比较优势，上述产业发展将挤出碳密集型产业投资（An et al.，2021）。由于中国政府始终秉持绿色发展理念，目前已提供了部分额外的财税政策支持清洁产业和高科技产业的发展，如清洁产业政府补贴和环保税等（胡江峰等，2020；Sun et al.，2020）。例如，自2009年以来，电动汽车产业的政府补贴就已用于推动中国电动汽车市场的快速发展和减少碳排放（Zhu et al.，2019）；环保税强制要求污染产业承担必要的污染治理和环境损害修复成本，而污染企业必须承担的额外税收成本在一定程度上支持了清洁产业发展。因此，资金将流向能够创造更多利润的清洁生产领域，挤出碳密集型产业的投资，从而加速试点地区环保产业的发展。试点地区将逐渐摒弃粗放型发展模式，探索高质量发展方式，实现减污降碳协同增效。因此，提出以下假设：

H8：碳排放权交易试点政策通过碳密集型产业投资的中介效应提高减污降碳协同增效水平。

自Copeland和Taylor（2004）基于南北贸易模型首次提出污染天堂假说以来，学术界就该假说能否得到验证展开深入研究。如果污染天堂假说得到验证，则意味着污染产业将从环境规制体系相对完备的发达国家转移到发展中国家。类似地，污染转移也可以发生在一个国家内具有不同环境规制程度的省份之间（Wu et al.，2017）。碳排放权交易试点政策直接导致了试点地区和非试点地区之间市场导向型环境规制的差异。为了躲避环保监管、降低减排成本，污染企业倾向于从试点地区迁移到非试点地区，这将导致试点地区实现减排，从而提高该地区减污降碳协同增效水平。这意味着试点地区的减污降碳协同增效水平提升可能是污染转移所导致的。因此，提出以下假设：

H9：碳排放权交易试点政策通过碳密集型企业迁移的中介效应提高减污降碳协同增效水平。

三、主要事实与特征

减污、降碳、增效是绿色发展的主要手段和途径。本章收集整理了全国30个省级行政单位1998~2021年的CO_2排放量和$PM_{2.5}$排放量数据，考察了全国碳排放和大气污染物排放情况，并通过EBM-GML指数方法测算了绿色全要素生产率以反映经济绿色发展效率，还通过排放基尼系数计算了区域碳排放公平系数、区域污染排放公平系数来观测区域排放公平性。本章基于 30 个省级行政单位的样本数据,分别在全国和区域层面计算上述指标均值,从环境、经济和社会视角对其时间演变趋势和空间分布格局进行分析,以展示我国减污、降碳、增效等绿色发展相关事实的变化演进历程。

(一) 碳排放、污染物排放的时空分布

为了从总体上分析碳排放和大气污染物排放的时间变化,本章绘制了 1998~2021 年中国 CO_2 排放和 $PM_{2.5}$ 排放的年度均值变化趋势,如图 4-2 所示。在 1998~2021 年,除个别年份外,中国 CO_2 排放量总体上呈逐年增长态势,从 1998 年的 107.51mt 到 2021 年的 438.51mt,年均增长率为 3.08%;$PM_{2.5}$ 排放量也呈现缓慢增长态势,从 1998 年的 34.88μg/m³ 到 2021 年的 38.32μg/m³,年均增长率为 0.10%。总体上看,CO_2 排放量和 $PM_{2.5}$ 排放量保持持续增长趋势,但增速逐渐放缓。从排放的阶段变化率来看,1998~2011 年,CO_2 排放量和 $PM_{2.5}$ 排放量增长速度最快,年均增长率分别高达 218.60% 和 49.31%;2011~2021 年,CO_2 排放量和 $PM_{2.5}$ 排放量增长速度大幅降低,年均增长率分别为 28.03% 和 -26.43%,且 $PM_{2.5}$ 排放量出现显著下降趋势,这与自"十一五"时期以来,我国提出要着力解决突出环境问题的政策导向变化有关,明确将主要污染物排放总量显著减少作为经济社会发展的约束性指标。自 2011 年以来,在环保认识、政策、体制和能力等方面取得的重要进展,有效推动了减污降碳效应。此外,2013 年起 CO_2 排放量和 $PM_{2.5}$ 排放量出现了显著下降,这可能与碳排放权交易试点政策的推行存在一定联系。

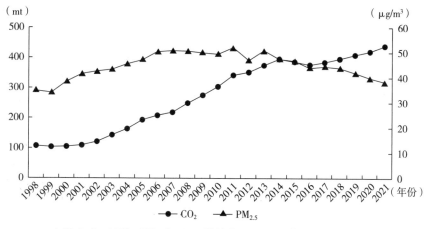

图 4-2 1998~2021 年 CO_2 排放和 $PM_{2.5}$ 排放均值变化趋势

进一步分析 1998 年、2013 年和 2021 年我国 30 个省级行政区域碳排放量和污染物排放量的空间分布特征。从整体来看，CO_2 排放量呈现"北方高、南方低"的特征，$PM_{2.5}$ 排放量则表现出"自东向西逐步下降"的态势。从区域来看，基于国务院发展研究中心对中国经济区的划分，$PM_{2.5}$ 和 CO_2 排放主要集中在东北经济区、北部沿海经济区和黄河中游经济区；从省份来看，黑龙江省、辽宁省、内蒙古自治区、山西省、山东省、河北省、河南省、江苏省是 $PM_{2.5}$ 和 CO_2 排放的主要集中地。$PM_{2.5}$ 和 CO_2 排放均具有显著的空间集聚性，且排放量高的地区主要集中在人口密度高、能源消费量大、煤炭消费占比高的地区。此外，从碳排放权交易试点区域看，其 CO_2 排放量从 2013 年的 216.55mt 上升至 2021 年的 232.17mt，升幅为 7.21%，$PM_{2.5}$ 排放量从 2013 年的 64.60μg/m³ 下降为 2021 年的 38.70μg/m³，降幅为 40.10%；非试点区域的 CO_2 排放量从 2013 年的 414.63mt 上升至 2021 年的 487.81mt，升幅为 17.6%，$PM_{2.5}$ 排放量从 2013 年的 47.47μg/m³ 下降为 2021 年的 38.22μg/m³，降幅为 19.49%，这表明相较于非试点地区，试点区域的 CO_2 排放量升幅更小，$PM_{2.5}$ 排放量降幅更大，即可初步判断试点地区减污降碳效果好于非试点地区。

（二）绿色全要素生产率的时空分布

EBM-GML 指数测算的是相邻时期内的相对效率变动，体现了绿色全要素生产率的动态变化。为了分析中国经济绿色发展效率的时间变化，本章绘制了 1998~2021 年中国绿色全要素生产率的变化趋势，如图 4-3 所示。1998~2021 年，中国绿色全要素生产率指数均值为 1.08，1999~2021 年的增长率达到 12.70%，表明整体上我国绿色发展效率稳步提升。由图 4-3 可以看出，总体上我国绿色全要素生产率变化呈波动上升趋势，表现出阶段性特征，值得关注的是在 2013 年绿色全要素生产率发生了较大程度下降。

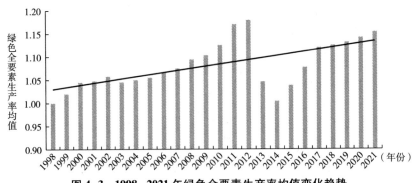

图 4-3　1998~2021 年绿色全要素生产率均值变化趋势

1998~2012 年，中国绿色全要素生产率波动上升，其均值为 1.08，说明在此期间 GTFP 增长率平均上升 8%。绿色全要素生产率仅在 2003 年出现同比下降，而在 2004 年又回归到原先的稳步提升的态势。2013~2017 年，中国绿色全要素生产率变动呈上升趋势，其指数均值为 1.09，说明在此期间绿色全要素生产率增长率平均上升了 9%，高于上一阶段。但是在 2013 年，绿色全要素生产率相比于 2012 年经历了急速下降。一方面可能是因为，自 2012 年起，中国经济处于改革深水区，经济结构的调整和新旧动能的转换都使全国 GDP 增速首次降到 8%以下，2013 年进一步下降至 7.77%；另一方面可能是因为，雾霾污染在 2013 年达到历史峰值，而严重的雾霾污染与当时高耗能、高污染的粗放型经济发展模式密切相关，如重工业为主的产业结构和粗放型的化石能源使用方式等。而随着党的十八大召开以来，党和国家对生态文明建设的重视程度达到前所未有的高度，实施了重新修订环保法，建立跨区域的环境污染治理联防联控机制，健全生态补偿机制，加强对生态环境污染破坏行为的处罚力度，制定约束性污染控制目标，建立健全碳排放权交易市场，实行中央环保督察等一系列环境规制政策，在一定程度上抑制了绿色全要素生产率下降。总之，在此阶段，中国绿色发展效率显著提升。

根据地理位置、自然禀赋、经济发展水平的差异，中国通常可划分为东部、中部和西部三大区域。进一步分析 1998 年、2013 年和 2021 年中国三大区域绿色全要素生产率的空间分布。在东部地区和西部地区，1998~2021 年绿色全要素生产率均值均为 1.10，说明在此期间东部地区和西部地区绿色全要素生产率显著提升，其增长率平均上升了 10%。在中部地区，1998~2021 年 GTFP 指数均值为 1.04，说明在此期间中部地区绿色全要素生产率显著提升，其增长率平均上升了 4%。总之，1998~2021 年，三大区域的绿色全要素生产率均值均有所提升，但是东部地区和西部地区的提升幅度显著大于中部地区。而东部地区和西部地区绿色全要素生产率提升原因有所不同，东部地区产业结构以环境污染小的第三产业为主，而且众多科研院所、高校和高新技术企业集聚，能够提供尖端的绿色技术和先进的管理理念，居民环保意识较强，对环境治理提出更高要求，促进了绿色全要素生产率的提高；西部地区经济发展水平相对落后，但是拥有丰富的生态环境资源，随着"西部大开发"、国家设立生态保护红线、完善生态补偿机制等政策的落实，该地区的绿色全要素生产率也有所提高；中部地区自然条件不如东部地区优渥，但仍是相对靠近港口的区域，在贸易往来中拥有距离优势和成本优势，且随着中部崛起战略的推行，该地区通过承接发达地区的产业，利用产业转移机会在发展地区经济的同时逐步转变经济发展方式，实现了绿色全要素生产率的提高。

此外，从碳排放权交易试点区域来看，其绿色全要素生产率均值从 2013 年的 1.17 上升至 2021 年的 1.32，升幅为 12.82%，非试点区域的绿色全要素生产率均值从 2013 年的 1.02 上升至 2021 年的 1.11，升幅为 8.92%，表明虽然试点区域和非试点区域的绿色全要素生产率均有所提升，但试点区域提升幅度均显著高于非试点地区。

（三）区域排放公平的时空分布

减污降碳协同增效，尤其是其中的"增效"除了体现在绿色全要素生产率上，还体现在区域排放公平方面。为了探究区域排放公平情况的时间演变趋势，图 4-4 展示了 1998~2021 年中国区域碳排放公平系数和区域污染排放公平系数的年度均值。区域碳排放公平系数和区域污染排放公平系数为反向指标，即系数值越大表示区域排放公平程度越差。可以看出，1998~2021 年，区域碳排放公平系数整体呈上升趋势，从 1998 年的 0.94 演变为 2021 年的 1.05，意味着区域碳排放公平程度逐年下降；而区域污染排放公平系数呈下降趋势，从 1998 年的 1.02 下降到 2021 年的 0.90，则意味着区域污染排放公平程度逐年提升。从排放的阶段变化率来看，1998~2008 年，区域碳排放公平系数和区域污染排放公平系数均在波动中增长，年均变化率分别为 9.76% 和 2.39%，说明区域碳排放公平程度降幅较大，而区域污染排放公平程度降幅较小；2008~2013 年，区域碳排放公平系数持续增长，而区域污染排放公平系数发生显著变化，出现大幅降低的特征，年均变化率分别为 3.67% 和 -3.91%，这意味着区域碳排放公平程度趋于稳定、平缓增长，而区域污染排放公平程度显著提升。这同样与中国的国家环境治理方针转变有关，把推进环保状况历史性转变作为污染控制要求，而同期 CO_2 排放尚未纳入严格监管范畴。值得注意的是，2013~2021 年，区域碳排放公平系数和区域污染排放公平系数均呈现出下降态势，意味着区域碳排放公平程度和区域污染排放公平程度均有所回升，这可能是碳排放权交易试点政策有助于推动区域排放公平的间接证据，其实际效果有待检验。

进一步分析 1998 年、2013 年和 2021 年中国省级区域碳排放公平系数和区域污染排放公平系数的空间分布。从整体来看，区域碳排放公平系数呈现出"北方大、南方小"的特征，区域污染排放公平系数展现出"东部大，中西部小"的分布特征，即相较于北方地区，南方地区的区域碳排放程度更加公平；相较于中西部地区，东部地区区域污染排放公平程度更低。这可能是因为北方地区 GDP 贡献度低于其碳排放占全国碳排放的比重，意味着北方地区化石能源依赖程度高、资源利用率低。而东部地区虽然对全国 GDP 增长做出了较大贡献，但是其污染物排放量占比高于其 GDP 贡献率，对中西部地区的污染排放公平形成了一

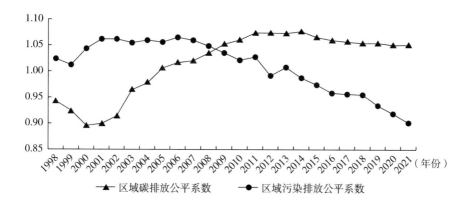

图4-4 1998~2021年区域排放公平系数均值变化趋势

定程度的侵占，损害了中西部地区的利益。从碳排放权交易试点区域来看，其区域碳排放公平系数均值从2013年的0.98下降到2021年的0.94，下降幅度为4.08%，区域污染排放公平系数均值从2013年的1.05下降到2021年的0.89，下降幅度为15.2%，表明试点区域碳排放公平和区域污染排放公平程度均有所提升。从非试点区域来看，其区域碳排放公平系数均值从2013年的1.10下降到2021年的1.08，下降幅度为1.82%，区域污染排放公平系数均值从2013年的0.98下降到2021年的0.89，下降幅度为9.18%，表明非试点区域碳排放公平和区域污染排放公平程度均有所提升，且其提升幅度均显著低于试点地区。

四、实证分析

（一）模型设定

1. 双重差分模型

双重差分模型已广泛应用于评估特定政策的因果效应（Heckman and Robb，1985；Li and Lin，2017）。其优势在于，它可以通过建立实验组和对照组来评估政策实施的净效应，从而避免内生性问题。具体而言，它可以消除政策实施前后不可控的时间因素，并去除政策实施后两组之间的差异（Watanake and Watanabe，2019）。因此，该模型可以有效评估中国碳排放权交易试点政策对减污降碳协同增效水平的影响。

中国国家发展和改革委员会于2011年10月宣布碳排放交易试点政策，并将北京、上海、天津、湖北、重庆、广东和深圳列为试点省市。尽管这些排放交易试点正式于 2013 年启动，但政策在 2011 年获得批准，大多数企业在 2011 年底根据试点政策的预期做出了前瞻性决策，以减少排放（Gao et al.，2020）。因此，以 2012 年作为政策实施起始年份，6 个试点省份被定义为试验组，其余省份为对照组。基准 DID 模型构建如下：

$$Y_{it}=\alpha_0+\alpha_1 TREAT_i+\alpha_2 TIME_t+\alpha_3 TREAT\times TIME_{it}+\sum\alpha_j X_{it}+\eta_i+\delta_t+\varepsilon_{it} \qquad (4\text{-}1)$$

本章使用碳排放、污染物排放、绿色全要素生产率、区域碳排放公平系数、区域污染排放公平系数和减污降碳协同增效水平作为被解释变量，分别表示为 $\ln CE$、$\ln PM$、$GTFP$、$CEMEQU$、$PEMEQU$ 和 $Score$。其中，i 和 t 分别代表省份和年份，η_i 和 δ_t 分别代表个体固定效应和时间固定效应，ε_{it} 为误差项，X_{it} 为控制变量。$TREAT_i$ 是一个区域虚拟变量，如果省份 i 属于实验组，则等于 1；否则为 0。$TIME_t$ 是时间虚拟变量，如果碳排放权交易试点政策在年份 t 实施，等于 1；否则为 0。核心解释变量是 $TREAT_i$ 和 $TIME_t$ 的交互项，用 $TREAT\times TIME_{it}$ 表示，用于检验碳排放权交易试点政策是否能够促进减污降碳协同增效水平。

2. 中介效应模型

为进一步识别碳排放权交易试点政策如何影响减污降碳协同增效水平，基于中介效应模型（Baron and Kenny，1986；Zhao et al.，2018），本章检验绿色技术创新、碳密集型产业投资和碳密集型企业迁移是否能在碳排放权交易试点政策与减污降碳协同增效水平间产生中介效应。具体的实证步骤如下：第一步，检验模型（4-2）中 β_3 的显著性。模型（4-2）是用来检验碳排放权交易试点政策与减污降碳协同增效水平的方程之一。如果 β_3 不显著，表明碳排放权交易试点政策对减污降碳协同增效水平没有影响，中介效应的检验将停止。第二步，如果 β_3 显著，我们检验模型（4-3）中的 θ_3 和模型（4-4）中的 γ_4 的显著性。模型（4-3）显示碳排放权交易试点政策对中介变量（包括绿色技术创新、碳密集型产业投资和碳密集型企业迁移）的影响，θ_3 表示它们的系数。模型（4-4）将中介变量、交互项和被解释变量纳入同一方程。γ_4 和 γ_3 分别是中介变量和交互项的系数。如果 $\gamma_3<\beta_3$ 或 γ_3 的显著性发生变化，表示存在中介效应。如果 θ_3、γ_4 和 γ_3 都显著，存在完全中介效应。如果 θ_3 和 γ_4 都显著，但 γ_3 不显著，存在部分中介效应。如果 θ_3 或 γ_4 中的任何一个不显著，需要使用 Soble 方法来确定中介效应是否存在。中介效应模型设置如下：

$$\ln Score_{it}=\beta_0+\beta_1 TREAT_i+\beta_2 TIME_t+\beta_3 TREAT\times TIME_{it}+\sum\beta_j X_{it}+\eta_i+\delta_t+\varepsilon_{it} \qquad (4\text{-}2)$$

$$M_{it}=\theta_0+\theta_1 TREAT_i+\theta_2 TIME_t+\theta_3 TREAT\times TIME_{it}+\sum\theta_j X_{it}+\eta_i+\delta_t+\varepsilon_{it} \qquad (4\text{-}3)$$

$$\ln Score_{it}=\gamma_0+\gamma_1 TREAT_i+\gamma_2 TIME_t+\gamma_3 TREAT\times TIME_{it}+\gamma_4 M_{it}+$$

$$\sum \gamma_j X_{it} + \eta_i + \delta_t + \varepsilon_{it} \tag{4-4}$$

其中，$\ln Score_{it}$ 代表减污降碳协同增效水平。M_{it} 表示中介变量，包括 $\ln GTI_{it}$、$\ln INV_{it}$ 和 $\ln MIG_{it}$，它们代表波特效应、污染天堂效应和投资转移效应。其他符号的含义与模型（4-1）中的相同。

（二）变量选取与数据来源

1. 变量选取与测度

（1）被解释变量。本章从环境、经济和社会三个维度考察减污降碳协同增效效果。具体地，环境维度包括减污水平和降碳水平；经济维度以绿色全要素生产率表征的绿色发展效率衡量；社会维度以区域碳排放公平和区域污染排放公平为标准。因此，被解释变量包括污染物排放、碳排放、绿色全要素生产率、区域排放公平和排放基尼系数。

污染物排放。减污水平用 $PM_{2.5}$ 排放量表征，该指标为正向指标，$PM_{2.5}$ 减少表明实现了减污。

碳排放。降碳水平用 CO_2 排放量表征，该指标也为正向指标，CO_2 减少表明实现了降碳。

绿色全要素生产率。通过绿色全要素生产率衡量绿色发展效率。Pearce 和 Turner（1989）首次提出了绿色发展的概念，它被定义为一种可持续发展的形式，强调经济、资源、环境和社会的协调发展。为了直观比较绿色发展的程度，部分学者引入了"绿色发展效率"概念来量化绿色发展（Lin and Benjamin，2017）。绿色发展效率是生态、环境和资源的综合利用效率，旨在实现经济增长与资源依赖和环境污染的逐步脱钩。其常见评估指标包括绿色 GDP、绿色全要素生产率等。与传统的效率评估指标不同，绿色全要素生产率考虑了非期望产出，并将资源和环境约束纳入考量，是对全要素生产率的改进和修正。绿色发展效率和绿色全要素生产率的概念有很大的共性，二者均强调了环境保护和生产力发展的整合效率。因此，绿色全要素生产率是衡量绿色发展效率的合适指标，目前已被诸多学者采用（Zhu et al.，2020；Jin et al.，2019；Wu et al.，2020）。

SFA 和 DEA 是用于衡量绿色全要素生产率的两种主要参数方法。与 SFA 相比，基于 DEA 的 ML 指数可以有效处理非期望产出和动态变化（Wang and Wei，2016）。因此，ML 指数被用来衡量绿色发展效率的增长率。将各个省份视为决策单元（DMU），构建绿色发展效率的前沿面。假设存在一个包括期望产出和非期望产出的生产可能性集 $[P^t(x)]$，用 $y \in R_+^M$ 表示期望产出，$b \in R_+^I$ 表示非期望产出，$x \in R_+^N$ 表示输入。那么，$DMU\ k\ (k = 1, 2, \cdots, K)$ 在时期 $t\ (t = 1, 2, \cdots,$

T)的 $P^t(x)$ 被定义为：

$$P^t(x)=\{(y^t,\ b^t),\ x^t\rightarrow(y^t,\ b^t)\},\ x\in R_+^N \tag{4-5}$$

为了更好地比较不同时期 DMUs 的技术效率，Oh（2010）将全局生产可能性集定义为所有当前生产可能性集的并集，即：

$$P^G(x)=P^1(x^1)\cup P^2(x^2)\cup\cdots P^T(x^T) \tag{4-6}$$

基于 Luenberger（1995）提出的短缺函数，Chung 等（1997）提出可以通过构建定向距离函数（DDF）来解决带有非期望产出的效率评估问题，从而获得生产可能性集的最优解。DDF 的定义如下：

$$\overrightarrow{D}_0^t(x^t,\ y^t,\ b^t;\ g_y,\ -g_b)=\sup\{\beta:\ (y^t+\beta g_y,\ b^t-\beta g_b)\in P^t(x^t)\} \tag{4-7}$$

其中，x^t 是输出向量，$g=(g_y,\ -g_b)$ 是方向向量，y^t 和 g_y 是期望产出向量，b^t 和 g_b 是非期望产出向量。本章假设 $g=(g_y,\ -g_b)$，这表示期望产出和非期望产出成比例减少和扩大。β 是距离函数值，它寻求在减少非期望产出（b）的同时，最大化增加期望产出（y）。β 可以通过以下线性规划来求解：

$$\overrightarrow{D}_0^t(x_k^t,\ y_k^t,\ b_k^t;\ y_k^t,\ -b_k^t)=\max\beta \tag{4-8}$$

$$\text{s.\,t.}\ \sum_{k=1}^{K}z_k^t y_{km}^t\geqslant(1+\beta)y_{km}^t,\ m=1,\ 2,\ \cdots,\ M \tag{4-9}$$

$$\sum_{k=1}^{K}z_k^t b_{ki}^t=(1-\beta)b_{ki}^t,\ i=1,\ 2,\ \cdots,\ I \tag{4-10}$$

$$\sum_{k=1}^{K}z_k^t x_{kn}^t\leqslant x_{kn}^t,\ n=1,\ \cdots,\ N \tag{4-11}$$

$$z_k^t\geqslant0,\ k=1,\ \cdots,\ K \tag{4-12}$$

其中，z_k^t 是时期 t 中的权重向量。在通过线性规划求解获得 DDF 之后，进一步定义了 ML 指数。时期 t 和 $t+1$ 之间的 ML 指数可以定义为：

$$ML_k^{t,t+1}=\left[\frac{1+\overrightarrow{D}_0^t(x_k^t,\ y_k^t,\ b_k^t;\ y_k^t,\ -b_k^t)}{1+\overrightarrow{D}_0^t(x_k^{t+1},\ y_k^{t+1},\ b_k^{t+1};\ y_k^t,\ -b_k^t)}\times\frac{1+\overrightarrow{D}_0^{t+1}(x_k^t,\ y_k^t,\ b_k^t;\ y_k^t,\ -b_k^t)}{1+\overrightarrow{D}_0^{t+1}(x_k^{t+1},\ y_k^{t+1},\ b_k^{t+1};\ y_k^t,\ -b_k^t)}\right]^{\frac{1}{2}}$$

$$\tag{4-13}$$

基于 Sueyoshi 和 Yuan（2018）的研究，本章以劳动力、资本和能源作为投入变量，GDP 为期望产出变量，CO_2 排放和 $PM_{2.5}$ 排放作为非期望产出变量计算绿色全要素生产率。劳动力和资本以总从业人口和资本存量衡量，资本存量根据张军等（2004）的永续盘存法计算。具体而言，$K_{i,t}=(1-\delta)K_{i,t-1}+I_{i,t}$，其中，$i$ 和 t 表示区域和年份，K 和 I 表示资本存量和固定资本形成总额，δ 表示年度资本折旧率，根据张军等（2004）的研究，将年度资本折旧率设定为 9.6%。能源以能源消耗衡量，GDP 以国内生产总值测度。所有数据均来自不同省份和地级市的统计年鉴、《中国统计年鉴》、《中国能源统计年鉴》以及中国排放核算数据库（CEADs），并对价格相关变量以 1998 年为基期进行价格调整。

区域排放公平。目前有众多指标用来衡量区域排放公平，如 Theil 指数、Kakwani 指数、变异系数（CV）和基尼系数（Fan and Sun，2008；Padilla and Serrano，2006；Clarke–Sather et al.，2011），基尼系数是其中一种常用方法（Steinberger et al.，2010；Chen et al.，2019）。将洛伦兹曲线定义为排放的实际分布曲线，而且将 45 度对角线定义为排放的绝对公平分布曲线，那么排放基尼系数即可通过梯形面积法计算（Chen et al.，2018）。排放基尼系数定义如下：

$$Gini = 1 - \sum_{i=1}^{n} (X_i - X_{i-1})(Y_i + Y_{i+1}) \tag{4-14}$$

其中，X_i 表示省份 i 在排名后公平评价指标的累计百分比，Y_i 表示省份 i 在排名后排放的累计百分比。

排放基尼系数可以反映一个国家整体的排放公平程度，但无法识别每个省份地区的排放公平分布。这意味着难以确定哪些省份是排放不公平的推动者，哪些省份是被动承受者。因此，针对省际排放公平的测量，有必要引入区域排放公平系数，该系数可清晰地描述就省份 GDP 对全国 GDP 贡献而言每个省份的区域排放公平程度（卢俊宇等，2012；Yang and Fan，2019）。区域排放公平系数是评估各省排放公平性的指标，其经济含义是以每个省级行政单位的 GDP 为参考，一定比例的排放需要贡献相同比例的 GDP。基于区域排放绝对公平假设，如果某一地区的排放比例大于 GDP 贡献率，那么这个地区的排放将侵占其他地区利益；相反，它将为其他地区做出贡献。因此，CEMEQU 和 PEMEQU 分别用于衡量碳排放和经济增长之间的区域碳排放公平以及污染排放和经济增长之间的区域污染排放公平。CEMEQU 和 PEMEQU 的计算如下：

$$CEMEQU = \frac{CEM_i / CEM_t}{GDP_i / GDP_t} \tag{4-15}$$

$$PEMEQU = \frac{PEM_i / PEM_t}{GDP_i / GDP_t} \tag{4-16}$$

其中，GDP_i 和 GDP_t 分别表示第 i 个省份和中国的 GDP。CEM_i 和 CEM_t 分别代表第 i 个省份和中国的 CO_2 排放水平，PEM_i 和 PEM_t 分别代表第 i 个省份和中国的 $PM_{2.5}$ 排放水平。当 $CEMEQU(PEMEQU) > 1$ 时，表示这个省份的经济增长以高排放为代价，可能会损害其他省份利益。当 $CEMEQU(PEMEQU) < 1$ 时，表示这个省份实现了绿色低碳发展，区域排放公平程度相对较高。

减污降碳协同增效水平。采用熵值法计算减污水平、降碳水平、绿色全要素生产率、区域碳排放公平和区域污染排放公平的权重值，求出上述指标的归一化值，得到熵权系数后，计算减污降碳协同增效水平综合指数。

（2）控制变量。根据已有文献（Zhu et al.，2020；Zhao et al.，2020），引入部分可能影响被解释变量的控制变量。控制变量包括人均GDP（*PERGDP*，人均GDP）、产业结构（*INDUS*，第二产业增加值占GDP的比例）、能源强度（*EI*，总能源消耗与GDP的比例）、人口密度（*PD*，人口与省份面积的比例）、技术创新（*TECH*，每年授权专利数量）、命令与控制环境规制（*CER*，环境污染控制投资与GDP的比例）、城市化程度（*URB*，城镇人口占总人口的比例）、对外开放程度（*OPEN*，总进出口额与GDP的比例）和人力资本（*HC*，按平均受教育年限）。中介变量包括绿色技术创新（*GTI*）、碳密集型产业投资（*INV*，碳密集型产业固定资产投资）和碳密集型企业迁移（*MIG*，碳密集型产业企业迁移数量）。根据Zhao等（2018）计算的碳强度指数选择碳密集型产业，该指数同时考虑了CO_2排放的规模和强度。所有控制变量和中介变量都以对数形式表示，与价格相关的变量都以1998年为基期进行调整，以消除价格波动的影响。

2. 数据来源

研究样本是中国30个省份在1998～2021年的面板数据。数据来自《中国统计年鉴》、《中国能源统计年鉴》、Wind数据库以及中国排放核算与数据集（CEADs）。省级碳密集型企业迁移的数据来自于中国工业企业数据库，如果企业所在省份与前一年所在省份不同，则认为该企业已经跨省迁移。所有变量的描述性统计如表4-1所示。

表4-1　描述性统计

变量	定义和单位	Obs	Mean	Std. dev.	Min	Max
ln*CE*	碳排放（百万吨）	720	5.205	0.999	−0.223	7.650
ln*PM*	PM$_{2.5}$排放量（微克每立方米）	720	3.746	0.338	2.653	4.546
GTFP	绿色全要素生产率（-）	720	1.082	0.180	0.598	1.830
CEMEQU	区域碳排放公平系数（-）	720	1.017	0.158	−0.052	1.398
PEM1EQU	区域污染排放公平系数（-）	720	0.991	0.091	0.704	1.227
Score	减污降碳协同增效水平（-）	720	0.392	0.068	0.252	0.751
TREATED×TIME	碳交易权试点政策（-）	720	0.083	0.277	0.000	1.000
ln*PERGDP*	人均GDP（元/人）	720	10.066	0.927	7.768	12.142
ln*INDUS1*	产业结构（%）	720	3.723	0.221	2.771	4.126

续表

变量	定义和单位	Obs	Mean	Std. dev.	Min	Max
ln*EI*	能源强度（吨标准煤/万元）	720	0.002	0.617	−1.420	1.639
ln*PD*	人口密度（人/平方千米）	720	7.582	0.719	5.226	8.749
ln*TECH*	授权专利数（个）	720	8.959	1.836	4.127	13.679
ln*CER*	命令控制型环境规制（−）	720	1.798	0.807	−0.608	3.869
ln*URB*	城镇化率（%）	720	3.902	0.309	3.060	4.506
ln*OPEN*	对外开放程度（−）	720	0.097	0.999	−2.200	2.428
ln*HC*	人力资本（年）	720	2.136	0.140	1.591	2.548
ln*GTI*	绿色技术创新（个）	720	6.268	1.961	0.693	10.874
ln*INV*	碳密集型产业投资（元）	720	6.934	1.010	3.367	8.990
ln*MIG*	碳密集型企业迁移（个）	480	0.216	0.396	0.000	1.946

（三）实证结果分析

1. 平行趋势检验

使用双重差分模型的先决条件是模型要满足平行趋势假设（Acemoglu and Angrist，2001；Becker and Pascali，2019）；若不满足这一条件，由于政策后实验组与对照组间的差异可能并非完全由政策引起，则可能会导致估计偏差。参考已有文献，通过图4-5检验政策前后的平行趋势。

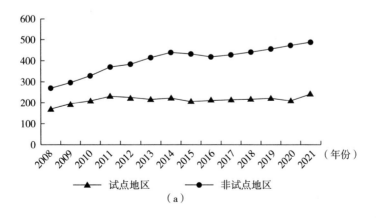

（a）

图4-5 平行趋势检验

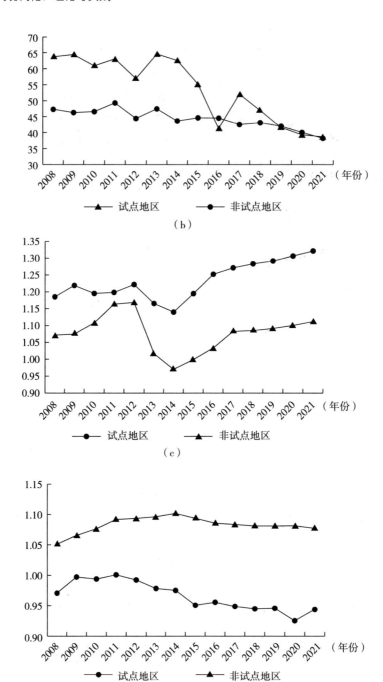

图 4-5 平行趋势检验（续）

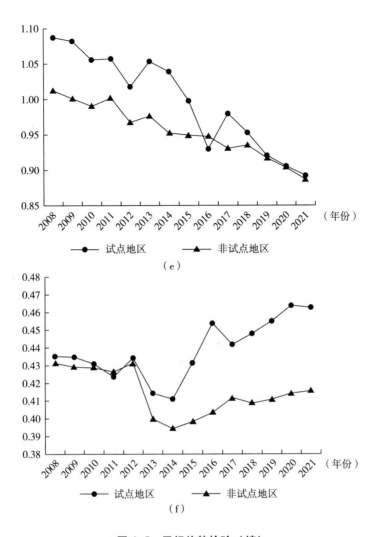

图 4-5　平行趋势检验（续）

　　图 4-5 显示了试点地区和非试点地区核心被解释变量的时间变化趋势。图 4-5（a）～（f）分别为 CO_2 排放量、$PM_{2.5}$ 排放量、绿色全要素生产率、区域碳排放公平系数、区域污染排放公平系数和减污降碳协同增效水平在试点地区和非试点地区的时间变化图。可以看出，在 2012 年碳排放权交易试点政策宣布之前，实验组和对照组呈现类似的变化趋势。在政策后，不同核心被解释变量的变化幅度发生了显著变化。试点地区和非试点地区在 CO_2 排放量、绿色全要素生产率、区域碳排放公平系数和减污降碳协同增效水平方面的差距显著扩大，而在 $PM_{2.5}$ 排放量和区域污染排放公平系数方面的差距显著缩小。以上分析表明，平

行趋势假设得到支持。与非试点地区相比，试点地区核心被解释变量的明显变化可能是由碳排放权交易试点政策所引起的。

2. 基准回归结果分析

模型（1）的回归结果如表4-2所示。基于基准回归分析，采用DID方法考察中国碳排放权交易试点政策对减污降碳协同增效影响的平均处理效应。表4-2报告了碳排放、$PM_{2.5}$、绿色发展效率、区域碳排放公平系数、区域$PM_{2.5}$排放公平系数、减污降碳协同增效评分作为被解释变量的回归结果，以上结果均控制了时间效应和地区效应。研究发现，基于6个被解释变量的 *TREATED×TIME* 回归系数均显著，其中，*CEMEQU* 和 *PEMEQU* 的估计系数显著为负，意味着该政策使试点省份的排放贡献率低于其GDP贡献率，即有利于提升区域排放公平程度，总体上看，中国的碳排放权交易试点政策在抑制碳排放和$PM_{2.5}$排放的同时，提高了绿色发展效率，促进了区域排放公平，并具有减污降碳协同增效效果。这证实了假设H6。

表4-2 基准回归结果

变量	（1）	（2）	（3）	（4）	（5）	（6）
	ln*CE*	ln*PM*	*GTFP*	*CEMEQU*	*PEMEQU*	*Score*
TREATED×TIME	−0.263***	−0.054*	0.125***	−0.055***	−0.019**	0.033***
	（−3.77）	（−1.86）	（4.61）	（−3.73）	（−2.45）	（5.53）
ln*PERGDP*	0.957***	−0.041	0.241***	0.158***	−0.049**	−0.022
	（4.94）	（−0.50）	（3.19）	（3.83）	（−2.25）	（−1.35）
ln*INDUS*	0.262	−0.140*	0.029	0.052	−0.037*	−0.001
	（1.48）	（−1.89）	（0.42）	（1.38）	（−1.89）	（−0.07）
ln*EI*	0.853***	0.013	−0.126***	0.147***	0.014	−0.058***
	（7.02）	（0.25）	（−2.66）	（5.69）	（1.04）	（−5.58）
ln*PD*	−0.050*	0.020*	−0.019	−0.019***	0.008**	0.001
	（−1.72）	（1.65）	（−1.64）	（−3.08）	（2.56）	（0.52）
ln*TECH*	−0.155***	−0.022	0.060***	−0.040***	−0.010*	0.017***
	（−3.29）	（−1.09）	（3.28）	（−4.00）	（−1.94）	（4.20）
ln*CER*	−0.036	−0.044***	−0.012	−0.006	−0.011***	0.002
	（−1.13）	（−3.22）	（−0.99）	（−0.88）	（−2.95）	（0.87）
ln*URB*	−0.278	0.253**	−0.080	−0.071	0.069**	−0.006
	（−1.10）	（2.39）	（−0.81）	（−1.31）	（2.46）	（−0.26）

变量	（1）	（2）	（3）	（4）	（5）	（6）
	lnCE	lnPM	GTFP	CEMEQU	PEMEQU	Score
lnOPEN	−0.147***	0.034*	−0.034*	−0.023**	0.011**	0.001
	（−3.15）	（1.74）	（−1.84）	（−2.31）	（2.04）	（0.17）
lnHC	0.277	−0.136	−0.174	0.141	−0.077	−0.047
	（0.54）	（−0.63）	（−0.87）	（1.30）	（−1.35）	（−1.08）
常数项	−3.484***	3.827***	−0.783	−0.322	1.494***	0.657***
	（−2.80）	（7.30）	（−1.61）	（−1.21）	（10.76）	（6.17）
年份固定效应	Yes	Yes	Yes	Yes	Yes	Yes
地区固定效应	Yes	Yes	Yes	Yes	Yes	Yes
N	720	720	720	720	720	720
R^2	0.762	0.462	0.253	0.515	0.669	0.628

注：***、**和*分别表示在1%、5%和10%水平上显著，括号内为t值。

中国的碳排放权交易试点政策之所以具有减污降碳协同增效效果，可能有三个原因。首先，在碳排放权交易试点政策下，试点省份企业被督促通过提高技术创新和能源效率来改善环境、经济及社会表现。也就是说，碳排放权交易试点政策通过波特效应加速了试点省份实现低碳排放和净零排放的过程。其次，与非试点省份相比，碳排放权交易试点政策的实施可能抑制试点省份碳密集型产业的投资，导致试点地区的减污降碳协同增效效果提升。最后，碳排放权交易试点政策是一种典型的市场导向型环境规制手段，而环境规制可能产生污染天堂效应，导致现有的碳密集型企业迁移到其他监管较为宽松的非试点地区，从而改善试点地区的减污降碳协同增效效果。

3. 影响机制分析

根据上述分析，中国的碳排放权交易试点政策有助于提高地区减污降碳协同增效效果。然而，该政策如何影响其效果发挥仍有待检验。一方面，这可能是由于在碳排放权交易试点政策下，试点地区环境规制显著加强，将通过波特效应促进绿色技术创新，抑制试点省份碳排放和污染物排放。另一方面，地方政府通常在政策实施中采取策略性应对措施（沈坤荣等，2017），特别是在财政分权和省际经济竞争的背景下，非试点省份的地方政府倾向于吸引碳密集型产业，从而改善了试点省份的减污降碳协同增效水平。为了验证绿色技术创新、碳密集型产业投资和碳密集型企业迁移是否是碳排放权交易试点政策对减污降碳协同增效效果影响的传导途径，我们进一步使用省级数据和工业企业数据来检验中介效应。模型（2）至模型（4）的检验结果如表4-3所示。

表4-3 中介机制检验

变量	（1）	（2）	（3）	（4）	（5）	（6）
	lnGTI	$Score$	lnINV	$Score$	lnMIG	$Score$
$TREATED \times TIME$	0.088**	0.012***	−0.214***	0.031***	−0.041	0.010
	(2.05)	(3.06)	(−5.32)	(5.69)	(−0.32)	(1.12)
lnGTI		0.169***				
		(31.03)				
lnINV				0.008		
				(1.31)		
lnMIG						0.001
						(0.05)
常数项	−3.279***	0.789***	3.046***	0.634***	5.124**	0.865***
	(−4.27)	(11.61)	(4.24)	(5.88)	(2.53)	(5.99)
控制变量	Yes	Yes	Yes	Yes	Yes	Yes
年份固定效应	Yes	Yes	Yes	Yes	Yes	Yes
地区固定效应	Yes	Yes	Yes	Yes	Yes	Yes
N	720	720	720	720	480	480
R^2	0.986	0.849	0.900	0.629	0.185	0.646

注：***、**和*分别表示在1%、5%和10%水平上显著，括号内为t值。

具体地，如第（1）列所示，碳排放权交易试点政策改善了试点地区的绿色技术创新水平。在第（2）列，将交互项（$TREATED \times TIME$）和中介变量（lnGTI）纳入其中，其中交互项系数仍然显著。表4-3中第（2）列交互项的系数略小于表4-2中的系数，表明碳排放权交易试点政策通过绿色技术创新影响减污降碳协同增效水平。此外，第（2）列中lnGTI对减污降碳协同增效水平的影响都显著为正，表明存在中介效应。因此，H7得到验证，表明绿色技术创新在碳排放权交易试点政策对地区减污降碳协同增效水平的影响中起到了中介作用。

表4-3中第（3）列显示，碳排放权交易试点政策对碳密集型产业投资的影响显著为负，表明在碳排放权交易试点政策下，试点地区的碳密集型产业投资有

所减少。而碳密集型产业投资与第（4）列中减污降碳协同增效水平间的关系在统计上不显著。通过 Sobel 检验，我们发现存在关于 ln*INV* 的中介效应，验证了碳密集型产业投资是碳排放权交易试点政策和减污降碳协同增效水平之间的传导机制。因此，可以推测减少对碳密集型产业的投资已成为减污降碳协同增效水平的有效途径。因此，H8 得到验证。

此外，如第（5）列所示，交互项的估计系数在统计上不显著，且在第（6）列中，中介变量 ln*MIG* 的估计系数也不显著，表明碳密集型企业的迁移中介效应不存在。也就是说，碳排放权交易试点政策未通过碳密集型企业的迁移影响地区减污降碳协同增效水平。可能的原因是，市场导向型环境规制监管力度相对较弱，通常在更加强烈的外部监管环境下，企业才会作出迁移决策。因此，碳密集型企业迁移的中介机制未得到验证，这与 H9 相矛盾。换句话说，在碳排放权交易试点政策下，污染排放天堂假说可能不是改善地区减污降碳协同增效水平的驱动因素。

4. 稳健性检验

（1）反事实检验。为了进一步检验上述结果的可靠性，进行了一系列的稳健性检验。国家发展和改革委于 2011 年 10 月宣布了碳排放权交易试点政策。因此，试点地区的碳密集型企业可能已采取措施提前减少碳排放，通过改进技术和转移污染企业等措施逃避碳排放权交易试点政策的监管要求。本章采用反事实检验来确定基准回归结果是否由预期效应引起（Gao et al.，2020；Zhou et al.，2020）。具体地，通过人为设置碳排放权交易试点政策的试点时间，检验该政策对地区减污降碳协同增效水平的影响。如果系数不显著，则证明地区减污降碳协同增效水平的提升确实是由碳排放权交易试点政策引起，而不是因其他原因导致。否则，结论则不具有稳健性。我们将碳排放权交易试点政策的影响时间设置为 2010 年，并将 1998～2011 年作为样本期间。表 4-4 中的结果显示，*TREATED×TIME* 的系数不显著，表明减污降碳协同增效水平提升确实是由碳排放权交易试点政策带来的。基准回归结果的稳健性得到验证。

表 4-4　反事实检验

变量	（1）	（2）	（3）	（4）	（5）	（6）
	ln*CE*	ln*PM*	*GTFP*	*CEMEQU*	*PEMEQU*	*Score*
TREATED×TIME	-0.148	0.047	0.013	-0.030	0.006	0.005
	(-1.58)	(1.50)	(0.50)	(-1.44)	(0.70)	(0.76)

续表

变量	(1)	(2)	(3)	(4)	(5)	(6)
	lnCE	lnPM	$GTFP$	$CEMEQU$	$PEMEQU$	$Score$
常数项	−4.139**	1.825***	−0.108	−0.451	0.934***	0.872***
	(−2.18)	(2.91)	(−0.20)	(−1.09)	(5.57)	(6.04)
控制变量	Yes	Yes	Yes	Yes	Yes	Yes
年份固定效应	Yes	Yes	Yes	Yes	Yes	Yes
地区固定效应	Yes	Yes	Yes	Yes	Yes	Yes
N	480	480	480	480	480	480
R^2	0.732	0.615	0.292	0.513	0.376	0.646

注：***、**和*分别表示在1%、5%和10%水平上显著，括号内为t值。

（2）安慰剂检验。为了排除由于其他随机因素，如试点政策的省份因素等，引起的估计偏误，以获得可靠的因果效应识别效果，本章随机分配试点省份进行了安慰剂检验。许多文献已采用类似方法（Chetty et al.，2009；Liu and Lu，2015；Cai et al.，2016）。具体来说，令 $X_{it} \equiv TREAT \times TIME_{it}$，并且 $\varepsilon_{it} = \rho w_{it} + \tilde{\varepsilon}_{it}$，以便使 $E(X_{it}, w_{it}) \neq 0$ 和 $E(X_{it}, \tilde{\varepsilon}_{it}) = 0$。因此，在模型（1）中 $TREATED \times TIME$ 的估计值（$\hat{\alpha_3}$）如下所示：

$$plim\hat{\alpha_3} = (X'X)^{-1}(X'Y) = \alpha_3 + \rho(X'X)^{-1}(X'w) = \alpha_3 + \rho v \qquad (4-17)$$

其中，$plimv \equiv (X'X)^{-1}(X'w)$。如果 $\rho v \neq 0$，则 $\hat{\alpha_3} \neq \alpha_3$。从30个省份中随机选择了6个省份作为虚拟实组（$X_{it}^{false}$）。假设这6个省份已实施碳排放权交易试点政策，其他省份作为对照组。随机抽样是为了确保碳排放权交易试点政策不会影响减污降碳协同增效水平（$\alpha_3^{false} = 0$）。因此，如果不存在重要遗变量（$\rho v = 0$），应有 $\hat{\alpha}_3^{false} = 0$，即没有安慰剂效应。随机选择的试点省份实际上并未真正实施碳排放权交易试点政策，所以这些结果与原估计结果应有所不同。如果在构造的虚拟实验组中，回归结果仍然显著，那么原估计结果有偏，表明减污降碳协同增效效果可能是由其他政策和随机因素引起的。也就是说，如果结果在统计上显著，就存在安慰剂效应；否则，结果稳健。

我们进行了500次随机抽样构建虚拟对照组，并根据模型（1）进行基准回归。500个估计系数及其p值分布集中在零附近，表明 $\alpha_3^{false} = 0$。此外，大多数估计的p值大于0.1，而真实的DID估计系数为异常值。综上所述，我们可以得出结论，上述的基准回归结果没有严重偏差。

我们进行了 500 次随机抽样构建虚拟对照组，并根据模型（1）进行基准回归，提取安慰剂估计系数密度分布及 p 值，结果如图 4-6 所示。

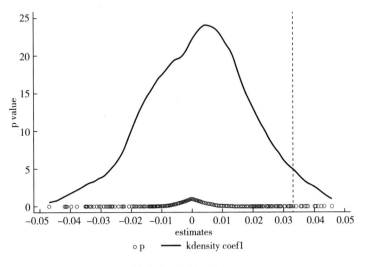

图 4-6　安慰剂检验

（3）排除其他环境政策的影响。在评估碳排放权交易试点政策对减污降碳协同增效水平的影响时，不可避免会受其他环境政策影响。在碳排放权交易试点政策颁布后，我们收集其他政策，发现 2013 年以来中国将环境保护置于极其重要的位置，中央政府颁布了大量环保政策。因此，有必要排除这些环境政策的影响。基于基准回归模型，本章加入了 2013 年政策虚拟变量。在表 4-5 中，我们发现在考虑了上述环保政策后，*TREATED×TIME* 的估计系数仍然显著，这表明结论稳健。

表 4-5　排除其他政策影响

变量	(1)	(2)	(3)	(4)	(5)	(6)
	ln*CE*	ln*PM*	*GTFP*	*CEMEQU*	*PEMEQU*	*Score*
TREATED×TIME	-0.263 ***	-0.054 *	0.125 ***	-0.055 ***	-0.019 **	0.033 ***
	(-3.77)	(-1.86)	(4.61)	(-3.73)	(-2.45)	(5.53)
Environmental Policy	0.758 **	0.153	-0.745 ***	0.088	0.039	-0.139 ***
	(1.98)	(0.95)	(-4.99)	(1.08)	(0.92)	(-4.25)
常数项	-3.484 ***	3.827 ***	-0.783	-0.322	1.494 ***	0.657 ***
	(-2.80)	(7.30)	(-1.61)	(-1.21)	(10.76)	(6.17)

变量	（1）	（2）	（3）	（4）	（5）	（6）
	lnCE	lnPM	GTFP	CEMEQU	PEMEQU	Score
控制变量	Yes	Yes	Yes	Yes	Yes	Yes
年份固定效应	Yes	Yes	Yes	Yes	Yes	Yes
地区固定效应	Yes	Yes	Yes	Yes	Yes	Yes
N	720	720	720	720	720	720
R^2	0.762	0.462	0.253	0.515	0.669	0.628

注：***、**和*分别表示在1%、5%和10%水平上显著，括号内为 t 值。

5. 异质性分析

（1）基于不同环境规制强度。以上分析说明中国的碳排放权交易试点政策作为一种典型的市场导向型环境规制工具，可以促进减污降碳协同增效水平。然而，命令控制型环境规制也会影响地区减污降碳协同增效水平。为了探究碳排放权交易试点政策在不同程度命令控制型环境规制下的影响，根据命令控制型环境规制的中位数（1.823）将样本划分为高命令控制型环境规制区域和低命令控制型环境规制区域两个子样本。回归结果见表4-6。

表4-6　基于命令控制型环境规制的异质性分析

变量	（1）	（2）	（3）	（4）	（5）	（6）
	lnCE	lnPM	GTFP	CEMEQU	PEMEQU	Score
	lnCER<1.832					
TREATED×TIME	−0.044	−0.017	0.040*	−0.003	−0.007	0.007
	（−0.90）	（−0.36）	（1.94）	（−0.28）	（−0.62）	（1.54）
常数项	1.420	3.398***	0.559	0.665***	1.258***	0.575***
	（1.46）	（3.70）	（1.37）	（3.14）	（5.38）	（6.06）
控制变量	Yes	Yes	Yes	Yes	Yes	Yes
年份固定效应	Yes	Yes	Yes	Yes	Yes	Yes
地区固定效应	Yes	Yes	Yes	Yes	Yes	Yes
N	360	360	360	360	360	360
R^2	0.898	0.490	0.666	0.710	0.680	0.811
	lnCER>1.832					
TREATED×TIME	−0.467**	0.022	0.182**	−0.092**	0.005	0.049***
	（−2.24）	（0.33）	（2.40）	（−2.09）	（0.29）	（2.83）

变量	（1）	（2）	（3）	（4）	（5）	（6）
	lnCE	lnPM	GTFP	CEMEQU	PEMEQU	Score
	lnCER>1.832					
常数项	-4.766	4.456***	-2.562**	-0.046	1.771***	0.415
	（-1.44）	（4.23）	（-2.13）	（-0.07）	（6.22）	（1.51）
控制变量	Yes	Yes	Yes	Yes	Yes	Yes
年份固定效应	Yes	Yes	Yes	Yes	Yes	Yes
地区固定效应	Yes	Yes	Yes	Yes	Yes	Yes
N	360	360	360	360	360	360
R^2	0.716	0.486	0.276	0.493	0.652	0.555

注：***、**和*分别表示在1%、5%和10%水平上显著，括号内为t值。

如表4-6所示，当lnCER<1.832时，除了对GTFP的影响，碳排放权交易试点政策的减污降碳协同增效效果均不显著，表明如果缺乏命令控制型环境规制的配合，碳排放权交易试点政策这一市场导向型环境规制无法充分发挥作用。当lnCER>1.832时，碳排放权交易试点政策对碳排放、绿色发展效率、区域碳排放公平和减污降碳协同增效水平均有显著影响，表明强有力的命令控制型环境规制为碳排放权交易试点政策效果的发挥提供了良好的政策环境，有利于企业降低污染控制成本，改善减污降碳协同增效效果。这一结果表明，碳排放权交易试点政策的有效实施需要地方政府的支持，尤其是环境执法机构的支持。碳排放权交易试点政策仍处于发展初期阶段，目前全国碳市场仅纳入电力行业，其他高碳排放行业尚未纳入，在这个阶段，命令控制型环境规制是一种减污降碳的有效传统手段。在严格的命令控制型环境规制下，理性的投资者可能会减少影响减污降碳协同增效效果的碳密集型产业投资，公司会大力推动绿色技术创新。因此，在命令控制型环境规制管理严格的地区，碳排放权交易试点政策在减污降碳协同增效果等方面更加有效。此外，对比碳排放权交易试点政策对减污和降碳、区域碳排放公平和区域污染排放公平的影响，研究发现在命令控制型环境规制严格的地区，该政策在降碳和区域碳排放公平方面的政策效果更加显著，这与这一政策的核心目标是推动碳减排相一致，虽然碳排放权交易试点政策具有减污降碳协同增效效果，但仍应持续关注并颁布专门针对污染物排放的相关环境政策。

（2）基于不同区域。由于中国区域发展的不平衡，政策实施效果通常在不同地区之间存在异质性。根据地理特点，将样本沿秦岭—淮河边界划分为北方和南方地区。北京和天津属于中国北方试点省份，而上海、广东、湖北和重庆属于中国南方试点省份。本章考察不同地区试点省份的碳排放权交易试点政策效果是否不同。表4-7展示了这两个子样本的回归结果。

表4-7 基于区域的异质性分析

变量	(1) lnCE	(2) lnPM	(3) GTFP	(4) CEMEQU	(5) PEMEQU	(6) Score
Northern China						
TREATED×TIME	−0.120	−0.088	0.170***	−0.038	−0.032	0.034
	(−0.73)	(−1.54)	(2.72)	(−1.09)	(−1.13)	(1.35)
常数项	−14.113***	3.261***	−5.401***	−2.500***	1.502***	0.651***
	(−5.14)	(3.44)	(−5.22)	(−4.35)	(5.98)	(2.75)
控制变量	Yes	Yes	Yes	Yes	Yes	Yes
年份固定效应	Yes	Yes	Yes	Yes	Yes	Yes
地区固定效应	Yes	Yes	Yes	Yes	Yes	Yes
N	360	360	360	360	360	360
R^2	0.730	0.423	0.331	0.505	0.623	0.548
Southern China						
TREATED×TIME	−0.291***	−0.018	0.057**	−0.064***	−0.005	0.025***
	(−5.67)	(−0.48)	(2.56)	(−5.49)	(−0.46)	(4.92)
常数项	−0.813	2.503***	2.679***	0.250	1.090***	1.039***
	(−0.68)	(2.88)	(5.18)	(0.92)	(4.83)	(8.74)
控制变量	Yes	Yes	Yes	Yes	Yes	Yes
年份固定效应	Yes	Yes	Yes	Yes	Yes	Yes
地区固定效应	Yes	Yes	Yes	Yes	Yes	Yes
N	360	360	360	360	360	360
R^2	0.906	0.574	0.461	0.747	0.760	0.815

注：***、**和*分别表示在1%、5%和10%水平上显著，括号内为t值。

由表4-7可知，研究发现在南方地区碳排放权交易试点政策对减污降碳协同增效具有显著正面影响，而在北方地区的结果不显著。出现上述结果可能是因为：首先，北方地区的经济体制改革速度滞后于南方。与南方地区相比，北方地区的市场化进程发展较慢，具体来说，北方地区国有企业占比较高，新兴企业数量较少，不利于推动市场竞争，导致经济活力相对较低。然而，碳排放权交易试点政策是一种典型的市场导向型环境规制工具，由于北方地区市场化环境滞后于南方，导致在中国北方该政策的减污降碳协同增效效果不显著，但在南方显著。其次，北方地区具有高排放特性的第二产业占比高于南方。然而，目前碳排放权交易试点政策仅涵盖了少数行业和一些大型企业，尚未包括所有高排放行业。由于该政策的行业应用范围有限，其对北方地区的减污降碳协同增效水平的影响可能尚未发挥有效作用；与北方相比，南方的第二产业的比例相对较低，因此，在南方地区碳排放权交易试点政策的实施在促进减污降碳协同增效方面发挥了重要作用。此外，在表4-7的第（3）列中，碳排放权交易试点政策对绿色发展效率的影响在不同地区之间差异较小。进一步分析可以得出，碳排放权交易试点政策对北方地区的绿色发展效率具有更大改善作用。一方面，由于北方重工业的比例较高，碳密集型企业的数量多于南方。在碳排放权交易试点政策下，北方地区碳密集型产业的投资减少更为显著，导致北方试点地区的绿色发展效率改善更为明显。另一方面，碳排放权交易试点政策可以鼓励高污染企业积极创新绿色技术，绿色技术创新不仅可以应对政府环境规制措施，也可以降低运营成本。而北方地区的空气污染更为严重，环境规制措施更为严格。因此，北方地区企业有更强的动力创新绿色技术，这导致北方地区的绿色发展效率提升更为显著。

五、结论与政策启示

基于中国1998~2021年的省级面板数据和工业企业面板数据，本研究使用双重差分模型和ML生产率指数方法分别从环境、经济和社会视角探讨碳排放权交易试点政策是否能够提升减污降碳协同增效水平。然后，采用中介效应模型检验绿色技术创新、碳密集型产业投资和碳密集型企业迁移是否是碳排放权交易试点政策对减污降碳协同增效影响的传导渠道。此外，还基于环境规制强度和区域差异进行了异质性分析。研究发现，碳排放权交易试点政策显著减少了碳排放和污染物排放，提高了绿色发展效率，促进了区域排放公平，有助于实现减污降碳协同增效。在经过反事实检验、安慰剂检验和排除其他环境政策的影响等一系列稳健性检验后，结论仍然可靠。机制分析进一步揭示了碳排放权交易试点政策通过绿色技术创新和试点地区碳密集型产业投资的减少来促进减污降碳协同增效，证实了波特假说和投资转移效应。然而，碳密集型企业迁移的中介效应并不显著。换句话说，污染天堂假说可能不是减污降碳协同增效效果实现的现实原因。不同命令控制型环境规制程度的异质性分析表明，相较于命令控制型环境规制较弱的省份，在环境规制严格的省份中，碳排放权交易试点政策在实现减污降碳协同增效方面更为有效。区域异质性分析表明，碳排放权交易试点政策对南方地区的减污降碳协同增效有显著正面影响，而北方地区的结果在统计上不显著。此外，碳排放权交易试点政策对北方地区的绿色发展效率具有更大改善作用。

根据上述发现，本章提出如下政策建议。首先，在当前应对气候变化的新阶段，应特别重视碳排放权交易试点政策在减污降碳协同增效方面的作用。试点省份数量仍然相对较少，且中国统一的全国碳市场目前仅纳入发电行业，碳排放权交易试点政策的优势无法充分发挥，同时不同地区碳排放权交易政策的差异可能导致碳泄漏。因此，应尽快建立一个覆盖更多高碳行业的统一的国家碳排放交易市场，在避免碳污染天堂假说的同时，积极发挥全国性碳市场的资源优化效应，加大力度推动高质量发展进程中的减污降碳协同增效。其次，应加强绿色技术创新。政府应通过政策引导，如财政补贴和金融支持，帮助企业开发和应用绿色技术，鼓励企业提高自主研发和协同创新能力，提高绿色技术的转化率。再次，应发挥碳排放权交易和命令控制型环境规制工具间的协同作用，助力实现"双碳"目标和环境保护目标。在缺乏地方政府支持，尤其是在缺乏地方环境执法机构的支持情形下，仅依靠碳排放权交易工具难以实现中国式现代化要求的减污降碳协同增效效果。有必要将各种类型的环境规制工具结合起来，推动政策效用最大化。最后，为了缩小不同地区经济绿色低碳转型的差距，在更新和完善碳排放权交易试点政策时应充分考虑资源禀赋和产业结构的区域差异。

参考文献

［1］胡江峰，黄庆华，潘欣欣. 碳排放交易制度与企业创新质量：抑制还是促进［J］. 中国人口·资源与环境，2020，30（2）：49-59.

［2］刘惠萍，宋艳. 启动全国碳排放权交易市场的难点与对策研究［J］. 经济纵横，2017（1）：40-45.

［3］卢俊宇，黄贤金，戴靓，等. 基于时空尺度的中国省级区域能源消费碳排放公平性分析［J］. 自然资源学报，2012，27（12）：2006-2017.

［4］陆敏. 碳排放交易机制与生态效率关系的实证检验［J］. 统计与决策，2020，36（10）：118-122.

［5］潘家华. 碳排放交易体系的构建、挑战与市场拓展［J］. 中国人口·资源与环境，2016，26（8）：1-5.

［6］沈坤荣，金刚，方娴. 环境规制引起了污染就近转移吗？［J］. 经济研究，2017，52（5）：44-59.

［7］王兵，唐文狮，吴延瑞，等．城镇化提高中国绿色发展效率了吗？［J］．经济评论，2014（4）：38-49.

［8］魏晓楠，孙传旺．退出政府补贴与提高企业经济绩效能否兼得？——基于碳排放权交易试点准自然实验［J］．统计研究，2023，40（10）：16-29.

［9］张军，吴桂英，张吉鹏．中国省际物质资本存量估算：1952—2000［J］．经济研究，2004（10）：35-44.

［10］周朝波，覃云．碳排放交易试点政策促进了中国低碳经济转型吗？——基于双重差分模型的实证研究［J］．软科学，2020，34（10）：36-42.

［11］Acemoglu D, Angrist J D. Consequences of Employment Protection? The Case of the Americans with Disabilities Act［J］. Journal of Political Economy, 2001, 109（5）：915-957.

［12］Ambec S, Cohen M A, Elgie S, et al. The Porter Hypothesis at 20：Can Environmental Regulation Enhance Innovation and Competitiveness?［J］. Review of Environmental Economics and Policy, 2013, 7（1）：2-22.

［13］An Y, Zhou D, Yu J, et al. Carbon Emission Reduction Characteristics for China's Manufacturing Firms：Implications for Formulating Carbon Policies［J］. Journal of Environmental Management, 2021, 284：112055.

［14］Baron R M, Kenny D A. The Moderator-mediator Variable Distinction in Social Psychological Research：Conceptual, Strategic, and Statistical Considerations［J］. Journal of Personality and Social Psychology, 1986, 51（6）：1173.

［15］Becker S O, Pascali L. Religion, Division of Labor, and Conflict：Antisemitism in Germany over 600 years［J］. American Economic Review, 2019, 109（5）：1764-1804.

［16］Bonenti F, Oggioni G, Allevi E, et al. Evaluating the EU ETS Impacts on Profits, Investments and Prices of the Ltalian Electricity Market［J］. Energy Policy, 2013, 59：242-256.

［17］Brink C, Vollebergh H R J, van der Werf E. Carbon Pricing in the EU：Evaluation of Different EU ETS Reform Options［J］. Energy Policy, 2016, 97：603-617.

［18］Cai X, Lu Y, Wu M, et al. Does Environmental Regulation Drive away Inbound Foreign Direct Investment? Evidence from a Quasi-natural Experiment in China［J］. Journal of Development Economics, 2016, 123：73-85.

［19］Calel R, Dechezleprêtre A. Environmental Policy and Directed Technological Change: Evidence from the European Carbon Market [J]. Review of Economics and Statistics, 2016, 98 (1): 173-191.

[20] Chen L, Xu L, Yang Z. Inequality of Industrial Carbon Emissions of the Urban Agglomeration and Its Peripheral Cities: A Case in the Pearl River Delta, China [J]. Renewable and Sustainable Energy Reviews, 2019, 109: 438-447.

[21] Chen S, Shi A, Wang X. Carbon Emission Curbing Effects and Influencing Mechanisms of China's Emission Trading Scheme: The Mediating Roles of Technique Effect, Composition Effect and Allocation Effect [J]. Journal of Cleaner Production, 2020, 264: 121700.

[22] Chen Y, Tan H, Berardi U. A Data-driven Approach for Building Energy Benchmarking Using the Lorenz Curve [J]. Energy and Buildings, 2018, 169: 319-331.

[23] Chetty R, Looney A, Kroft K. Salience and Taxation: Theory and Evidence [J]. American Economic Review, 2009, 99 (4): 1145-1177.

[24] Chung Y H, Färe R, Grosskopf S. Productivity and Undesirable Outputs: A Directional Distance Function Approach [J]. Journal of Environmental Management, 1997, 51 (3): 229-240.

[25] Clarke-Sather A, Qu J, Wang Q, et al. Carbon Inequality at the Sub-national Scale: A Case Study of Provincial-level Inequality in CO_2 Emissions in China 1997-2007 [J]. Energy Policy, 2011, 39 (9): 5420-5428.

[26] Coase R H. The Problem of Social Cost. Classic Papers in Natural Resource Economics [M]. London: Palgrave Macmillan, 1960: 87-137.

[27] Cong R, Lo A Y. Emission Trading and Carbon Market Performance in Shenzhen, China [J]. Applied Energy, 2017, 193: 414-425.

[28] Copeland B R, Taylor M S. Trade, Growth, and the Environment [J]. Journal of Economic Literature, 2004, 42 (1): 7-71.

[29] Dales J H. Pollution, Property, and Prices: An Essay in Policy-making and Economics [M]. Toronto: University of Toronto Press, 1968: 10-12.

[30] Demailly D, Quirion P. European Emission Trading Scheme and Competitiveness: A Case Study on the Iron and Steel Industry [J]. Energy Economics, 2008, 30 (4): 2009-2027.

[31] Dissanayake S, Mahadevan R, Asafu-Adjaye J. Evaluating the Efficiency of Carbon Emissions Policies in a Large Emitting Developing Country [J]. Energy Policy, 2020, 136: 111080.

［32］Fan C C, Sun M. Regional Inequality in China, 1978-2006 ［J］. Eurasian Geography and Economics, 2008, 49 （1）: 1-18.

［33］Gao Y, Li M, Xue J, et al. Evaluation of Effectiveness of China's Carbon Emissions Trading Scheme in Carbon Mitigation ［J］. Energy Economics, 2020, 90: 104872.

［34］Gray W B. The Cost of Regulation: OSHA, EPA and the Productivity Slowdown ［J］. The American Economic Review, 1987, 77 （5）: 998-1006.

［35］Groot L. Carbon Lorenz Curves ［J］. Resource and Energy Economics, 2010, 32 （1）: 45-64.

［36］Heckman J J, Robb Jr R. Alternative Methods for Evaluating the Impact of Interventions: An Overview ［J］. Journal of Econometrics, 1985, 30 （1-2）: 239-267.

［37］Heil M T, Wodon Q T. Inequality in CO_2 Emissions between Poor and Rich Countries ［J］. The Journal of Environment & Development, 1997, 6 （4）: 426-452.

［38］Jiang J, Xie D, Ye B, et al. Research on China's Cap-and-trade Carbon Emission Trading Scheme: Overview and Outlook ［J］. Applied Energy, 2016, 178: 902-917.

［39］Jin P, Peng C, Song M. Macroeconomic Uncertainty, High-level Innovation, and Urban Green Development Performance in China ［J］. China Economic Review, 2019, 55: 1-18.

［40］Keohane N O. Cap and Trade, Rehabilitated: Using Tradable Permits to Control US Greenhouse Gases ［J］. Review of Environmental Economics and Policy, 2009, 3 （1）: 42-62.

［41］Li J, Lin B. Environmental Impact of Electricity Relocation: A Quasi-natural Experiment from Interregional Electricity Transmission ［J］. Environmental Impact Assessment Review, 2017, 66: 151-161.

［42］Li M, Weng Y, Duan M. Emissions, Energy and Economic Impacts of Linking China's National ETS with the EU ETS ［J］. Applied Energy, 2019, 235: 1235-1244.

［43］Lin B, Benjamin N I. Green Development Determinants in China: A Non-radial Quantile Outlook ［J］. Journal of Cleaner Production, 2017, 162: 764-775.

［44］Lin B, Zhu J. Fiscal Spending and Green Economic Growth: Evidence from China ［J］. Energy Economics, 2019, 83: 264-271.

［45］Liu Q, Lu Y. Firm Investment and Exporting: Evidence from China's Value-added Tax Reform [J]. Journal of International Economics, 2015, 97 (2): 392-403.

[46] Luenberger D. Microeconomic Theory [M]. Boston: McGraw-hill, 1995.

[47] Mas-Colell A, Whinston M D, Green J R. Microeconomic Theory [M]. New York: Oxford University Press, 1995.

[48] Mo J L, Agnolucci P, Jiang M R, et al. The Impact of Chinese Carbon Emission Trading Scheme (ETS) on Low Carbon Energy (LCE) Investment [J]. Energy Policy, 2016, 89: 271-283.

[49] Moran D, Kanemoto K, Jiborn M, et al. Carbon Footprints of 13000 Cities [J]. Environmental Research Letters, 2018, 13 (6): 064041.

[50] Noailly J, Smeets R. Directing Technical Change from Fossil-fuel to Renewable Energy Innovation: An Application Using Firm-level Patent Data [J]. Journal of Environmental Economics and Management, 2015, 72: 15-37.

[51] Oh D. A Global Malmquist-Luenberger Productivity Index [J]. Journal of Productivity Analysis, 2010, 34: 183-197.

[52] Padilla E, Serrano A. Inequality in CO_2 Emissions Across Countries and Its Relationship with Income Inequality: A Distributive Approach [J]. Energy Policy, 2006, 34 (14): 1762-1772.

[53] Pearce D W, Turner R K. Economics of Natural Resources and the Environment [M]. Baltimore: Johns Hopkins University Press, 1989.

[54] Raufer R, Li S. Emissions Trading in China: A Conceptual 'Leapfrog' Approach? [J]. Energy, 2009, 34 (7): 904-912.

[55] Schäfer S. Decoupling the EU ETS from Subsidized Renewables and Other Demand Side Effects: Lessons from the Impact of the EU ETS on CO_2 Emissions in the German Electricity Sector [J]. Energy Policy, 2019, 133: 110858.

[56] Shakil M H, Mahmood N, Tasnia M, et al. Do Environmental, Social and Governance Performance Affect the Financial Performance of Banks? A Cross-country Study of Emerging Market Banks [J]. Management of Environmental Quality: An International Journal, 2019, 30 (6): 1331-1344.

[57] Shen J, Tang P, Zeng H. Does China's Carbon Emission Trading Reduce Carbon Emissions? Evidence from Listed Firms [J]. Energy for Sustainable Development, 2020, 59: 120-129.

[58] Steinberger J K, Krausmann F, Eisenmenger N. Global Patterns of Materials

Use: A Socioeconomic and Geophysical Analysis [J]. Ecological Economics, 2010, 69 (5): 1148-1158.

[59] Sueyoshi T, Yuan Y. Measuring Energy Usage and Sustainability Development in Asian Nations by DEA Intermediate Approach [J]. Journal of Economic Structures, 2018, 7: 1-18.

[60] Sun C, Zhan Y, Du G. Can Value-added Tax Incentives of New Energy Industry Increase Firm's Profitability? Evidence from Financial Data of China's Listed Companies [J]. Energy Economics, 2020, 86: 104654.

[61] Teng F, He J, Pan X, et al. Metric of Carbon Equity: Carbon Gini Index Based on Historical Cumulative Emission Per Capita [J]. Advances in Climate Change Research, 2011, 2 (3): 134-140.

[62] Wang K, Wei Y M. Sources of Energy Productivity Change in China during 1997-2012: A Decomposition Analysis Based on the Luenberger Productivity Indicator [J]. Energy Economics, 2016, 54: 50-59.

[63] Watanabe R, Watanabe T. Effects of Environmental Policy on Public Risk Perceptions of Haze in Tianjin City: A Difference-in-differences Analysis [J]. Renewable and Sustainable Energy Reviews, 2019, 109: 199-212.

[64] Wu H, Guo H, Zhang B, et al. Westward Movement of New Polluting Firms in China: Pollution Reduction Mandates and Location Choice [J]. Journal of Comparative Economics, 2017, 45 (1): 119-138.

[65] Wu J, Lu W, Li M. A DEA-based Improvement of China's Green Development from the Perspective of Resource Reallocation [J]. Science of the Total Environment, 2020, 717: 137106.

[66] Xuan D, Ma X, Shang Y. Can China's Policy of Carbon Emission Trading Promote Carbon Emission Reduction? [J]. Journal of Cleaner Production, 2020, 270: 122383.

[67] Yan Y, Zhang X, Zhang J, et al. Emissions Trading System (ETS) Implementation and Its Collaborative Governance Effects on Air Pollution: The China Story [J]. Energy Policy, 2020, 138: 111282.

[68] Yang X, Jiang P, Pan Y. Does China's Carbon Emission Trading Policy Have an Employment Double Dividend and a Porter Effect? [J]. Energy Policy, 2020, 142: 111492.

[69] Yang Y, Fan M. Analysis of the Spatial-temporal Differences and Fairness

of the Regional Energy Ecological Footprint of the Silk Road Economic Belt (China Section) [J]. Journal of Cleaner Production, 2019, 215: 1246-1261.

[70] Yang Y, Yang S. Are Industrial Carbon Emissions Allocations in Developing Regions Equitable? A Case Study of the Northwestern Provinces in China [J]. Journal of Environmental Management, 2020, 265: 110518.

[71] Yu J, Shi X, Guo D, et al. Economic Policy Uncertainty (EPU) and Firm Carbon Emissions: Evidence Using a China Provincial EPU Index [J]. Energy Economics, 2021, 94: 105071.

[72] Zhao X, Liu C, Yang M. The Effects of Environmental Regulation on China's Total Factor Productivity: An Empirical Study of Carbon – intensive Industries [J]. Journal of Cleaner Production, 2018, 179: 325-334.

[73] Zhao X, Liu C, Sun C, et al. Does Stringent Environmental Regulation Lead to a Carbon Haven Effect? Evidence from Carbon – intensive Industries in China [J]. Energy Economics, 2020, 86: 104631.

[74] Zhou B, Zhang C, Wang Q, et al. Does Emission Trading Lead to Carbon Leakage in China? Direction and Channel Identifications [J]. Renewable and Sustainable Energy Reviews, 2020, 132: 110090.

[75] Zhu B, Zhang M, Huang L, et al. Exploring the Effect of Carbon Trading Mechanism on China's Green Development Efficiency: A Novel Integrated Approach [J]. Energy Economics, 2020, 85: 104601.

[76] Zhu L, Wang P, Zhang Q. Indirect Network Effects in China's Electric Vehicle Diffusion under Phasing out Subsidies [J]. Applied Energy, 2019, 251: 113350.

第五章 绿色金融推进中国式现代化：基于构建现代能源体系视角[*]

一、问题的提出

金融是现代经济的"血液"，是保障宏观经济平稳运行的重要手段。金融业在推动高质量发展、推进中国式现代化的新征程中肩负着时代赋予的新的历史使命。2023年中央金融工作会议明确提出做好科技金融、绿色金融、普惠金融、养老金融、数字金融"五篇大文章"。这"五篇大文章"都是未来中国经济增长的方向所在、动力所在。在新形势下，金融将展现更大作为。其中，在绿色金融方面，金融机构积极支持环境改善、应对气候变化和资源节约高效利用的经济活动，提供多种形式的金融服务。经过多年实践探索，绿色金融发展"五大支柱"，即绿色金融标准体系、环境信息披露、激励约束机制、产品与市场体系和国际合作已初步形成，金融支持绿色发展的资源配置、风险防范和价格发现"三大功能"正在显现。值得注意的是，尽管绿色金融发展前景广阔，但在推进"双碳"目标方面依然任重而道远。绿色金融要为绿色产业构建低成本融资渠道，也要发挥市场"稳定器"作用，通过市场手段获取未来能源市场定价权，推动建立以可再生能源为主的能源体系（Jin et al.，2021），迫切需要深入探索和实践。

能源是建设现代化国家的重要物质基础，其在支撑经济高质量发展、推动可持续发展、维护国家安全等方面均具有重要作用（郝宇，2022）。在推进中国式现代化建设过程中，能源高质量发展是重中之重。党的二十大报告站在以中国式现代化推进中华民族伟大复兴的战略高度上对能源发展作出新部署，提出"立足我国能源资源禀赋，坚持先立后破，有计划分步骤实施碳达峰行动""加快规划建设新型能源体系，统筹水电开发和生态保护，积极安全有序发展核电，加强能源产供储销体系建设，确保能源安全"。2022年初，国家发展改革委、国家能源局发布《"十四五"现代能源体系规划》，明确了能源转型的发展目标和行动纲

* 作者信息：窦伟，北京师范大学经济与工商管理学院博士研究生。

领。规划指出：到 2025 年，重点行业能源利用效率大幅提升，单位国内生产总值能耗比 2020 年下降 13.5%，非化石能源消费比重达到 20% 左右；到 2030 年，重点耗能行业能源利用效率达到国际先进水平，单位国内生产总值能耗大幅下降，非化石能源消费比重达到 25% 左右，风电、太阳能发电总装机容量达到 12 亿千瓦以上；到 2035 年，能源高质量发展取得决定性进展，基本建成现代能源体系。能源安全保障能力大幅提升，绿色生产和消费模式广泛形成，非化石能源消费比重在 2030 年达到 25% 左右，可再生能源发电成为主体电源，新型电力系统建设取得实质性成效，碳排放总量达峰后稳中有降。现代能源体系构建成为新时代的主题，也是中国式现代化的题中之义。那么，如何发挥绿色金融发展的"五大支柱"手段有效配置资源？如何通过现代能源体系构建实现"双碳"目标和推进中国式现代化？其中的传导机制和影响机理是什么？对这些问题的研究探索具有理论意义和现实意义。

鉴于此，本章基于构建现代能源体系视角，探讨绿色金融对推进中国式现代化进程的作用，以期打开两者之间的"黑箱"，为绿色金融发展方向和政策制定提供理论基础和经验证据。本章的边际贡献在于：①以能源体系现代化为中国式现代化的切入点，探究绿色金融对中国式现代化的影响机理及后果，有助于丰富和拓展中国式现代化及能源体系变革影响因素和绿色金融效果的研究成果。②现代能源体系的构建应包含多个维度。本章分别基于能源消耗总量、能源效率和能源结构构建了一个综合能源指标体系。与既有研究相比，本章的能源指标体系可以更加客观全面地反映能源结构的动态变化，为后续评估能源体系及其经济效应奠定了良好的基础。③提供了一个"基准分析—机制分析—异质性检验"的研究框架，特别是基于"产业升级""技术进步""经济集聚"的渠道进行分析，打开了绿色金融与能源体系现代化转型之间的机制"黑箱"。④在政策启示上，绿色金融是推动中国式现代化的有力抓手，是经济高质量发展的重要引擎。厘清绿色金融对能源体系变革的作用效果和影响机制，有利于总结金融赋能中国式现代化的成功经验，促进绿色金融发展的正确认知和妥善应对，为能源体系现代化转型相关政策的制定以及中国式现代化目标实现提供政策启示。

二、文献回顾、理论分析与研究假说

（一）文献回顾

近几年，气候变化和极端天气给全球各国造成了严重危害，构建现代能源体系被视为对抗全球变暖和环境变化的可行选择（Ullah et al.，2023a）。不仅社会发展和经济增长取决于能源部门的充足性，同样，可持续发展目标和绿色增长也严重依赖能源（Razzaq et al.，2023）。能源体系转型可以减少气候变化的影响，减少经济和环境矛盾，促进可持续发展（Wan et al.，2023）。Adewuyi 等（2020）认为可持续能源转型是在不损害当前和未来社会环境安全的前提下，发展一个高效、有效和稳健的能源部门。Khan 等（2021）通过对国际能源属（IEA）成员进行验证发现能源转型长期对经济增长的影响显著。因此，推动构建现代能源体系是促进经济绿色增长，实现可持续发展的重要因素。世界各国政府也正在持续推出新政策，进一步促进能源体系现代化转型，以优化能源结构，使用更便宜和更清洁的能源（Chen et al.，2022a）。

关于能源体系转型的驱动因素相关研究中，一些学者从微观、中观和宏观层面分别进行了探讨。微观层面包括研发支出（Luo and Zhang，2022）、信息通信技术（Usman et al.，2021）、人力资本（Huang et al.，2022b）和对外直接投资（Fan and Hao，2020）；宏观层面考察了环境政策（Shao et al.，2021；Ullah et al.，2023b）、财政政策（Paroussos et al.，2020）和数字经济（Shahbaz et al.，2022；Wang et al.，2023a）；而在中观层面，产业结构调整（Xiong et al.，2019）、产业集聚（Tanaka and Managi，2021）也被发现是影响能源转型的重要因素。实现能源转型需要对能源转型项目的发展和部署进行适当的金融化。金融可以缓解能源部门的融资压力，促进绿色技术开发应用，有效提高能源利用效率（Cheng et al.，2023），降低能源消耗（Kim and Park，2016；Sadorsky，2010），促进能源转型（Fang et al.，2023）。在能源效率方面，Song 等（2021）利用空间计量模型得出绿色金融在促进能源效率方面具有显著作用。Qu 等（2020）认为，金融发展可以通过规模效应和创新效应两种方式来提高能源效率，且不同区域和城市规模的影响具有异质性。Shah 等（2022）将研究对象扩大到 G7 国家，发现金融发展对能源效率的积极影响依旧成立。相反，也有部分学者认为，金融发展促进了投资活动和经济增长，刺激能源消费，不利于绿色转型（Ibrahim and Vo 2021；Ma et al.，2022b）。Zhao 等（2021）认为，随着普惠金融的发展，企业获得金融支持的机会将显著增加，这将增加企业，特别是制造业和工业的能耗，从而增加碳排放。Shen 等（2021）研究金融发展在实现可持续发展中发挥的作用，发现金融发展不利于碳减排。Li-Ying 等（2022）研究了 2004~2014 年普惠金融对亚洲二氧化碳排放的影响，发现普惠金融加剧了环境污染。Gaies 等（2019）则认为，金融在前期会增加能源消耗，但后期逐渐减少能源消耗，整体呈现倒"U"形。现有研究关于金融发展对能源现代化转型的影响暂未达成统一，需进行深入研究。

通过梳理文献发现，目前有关金融发展与能源体系现代化转型的研究成果较为丰富，但考虑到研究内容和研究视角的差异，这些学者并未得出一致的结论。最近的一些研究试图揭示绿色金融发展与能源转型之间的关系。其中，Ji 和 Zhang（2019）认为，绿色金融发展在促进中国清洁能源领域扩张中发挥了重要作用；Chen 等（2022b）认为，绿色金融促进了低碳能源结构的转型。然而，现有关于绿色金融与能源体系现代化转型的研究中，主要以绿色信贷试点政策或绿色信贷水平作为绿色金融的衡量指标，忽视了其他绿色金融产品对能源体系现代化转型的效果。除此之外，能源体系转型是一个综合性指标。当前中国能源转型的任务主要包括多个方面：一是控制能源消耗总量，有效推进生态文明建设和解决资源约束趋紧。二是提高能源需求侧的利用效率，实现高质量发展。三是调整能源结构，特别是扩大清洁能源的比重（范英和衣博文，2021）。遗憾的是，现有研究大多集中于能源体系现代化转型的某一方面，不利于发挥更加积极的作用。

综上所述，现有针对绿色金融发展与能源体系现代化转型的研究仍存在一些不足。缺乏关于绿色金融发展与能源体系现代化转型非线性关系的讨论，未重视绿色金融发展与政策环境、市场适度性特征可能导致相关研究结论产生分歧。因此，本章利用中国 281 个城市的面板数据，重点考察绿色金融指数对能源体系现代化转型的影响效果及作用机制。此外，从区分经济发展水平、市场化程度和政府环保偏好特征等方面，细致考察绿色金融对能源体系现代化转型影响的差异性。

（二）理论分析与研究假说

1. 绿色金融和能源体系现代化转型

从理论上来说，绿色金融的快速发展为解决生态和环境危机以及能源体系现代化转型提供了重大机遇（Fan et al.，2021）。绿色金融产品的设立初衷，一方面是依托金融工具提高传统能源企业的融资成本，倒逼传统能源企业绿色技术创新，试图产生"创新补偿效应"，以弥补"遵循制度成本"。另一方面是为了缓解新能源技术融资约束，为这些新能源技术创新提供必要的资金支持，以期实现能源体系绿色转型和升级（Lin and Bai，2023）。具体而言，金融部门还通过设立环境信用评价标准，将环境治理与保护因素纳入投融资活动中，为那些达到绿色金融认定标准的能源项目提供绿色信贷支持，同时减少对污染项目的资金供给，从而实现能源体系现代化。然而，实际效果并不尽如人意。一方面，由于绿色金融在国内起步较晚，开发性金融创新工具尚处于探索期，对绿色金融的认定标准尚未统一，短时间内绿色金融工具难以兼顾经济绩效与环境绩效双赢的目的。另一方面，由于绿色金融监管和绿色金融创新的实现机制并不完善，导致多数企业存在投机行为，从而造成绿色资金的错配，出现部分企业拿"绿色的钱"不干"绿色的事"等现象，最终不利于能源体系现代化转型（Sweerts et al.，2019）。

值得注意的是，能源体系现代化转型包含多个维度，而绿色金融对能源体系现代化转型的不同维度的影响可能存在差异。一方面，由绿色技术创新引起的能源技术变革可以通过其产生的技术促进效应降低能源使用强度，从而减少能源消耗。同时，也会通过形成资源替代效应，优化能源结构，降低传统能源消耗，产生能源节约（Midilli et al.，2006）。另一方面，绿色技术创新由于提高了全要素生产率，降低了生产成本，会带来投资创造效应，促使企业扩大产出规模，从而进一步增加能源消耗。企业生产成本降低也会导致产品价格下降，由此带来经济增长效应，刺激市场对能源的需求，增加能源消费。当由绿色技术创新产生的能源节约量被能源需求的增加量冲抵或部分冲抵时，就会产生"能源回弹效应"，导致能源消耗增大，进而降低碳排放效率（Chitnis and Sorrell，2015）。此外，由于资源的稀缺性，企业在能源利用效率提升和替换清洁能源之间进行抉择。因此，提出以下研究假设：

H10：绿色金融发展对能源体系现代化转型产生非线性影响，且根据不同维度作用效果可能存在差异。

2. 绿色金融对能源体系现代化转型的作用机制

上述分析表明，绿色金融是促进能源体系现代化转型的重要工具。然而，绿色金融并非直接作用于能源体系现代化转型，本部分将重点分析其中的扩散中介机制。

首先，产业升级是推动能源体系现代化转型的关键因素。深化供给侧结构性改革以推动产业结构优化升级既是中国实现高质量经济发展的关键环节，又是"双碳"目标下能源现代化转型的重要支撑。产业结构升级包括主导产业高级化和内部结构合理化，是推动节能减排和经济增长的重要因素（Freire-González et al.，2017）。绿色金融能够实现资源的合理配置，实现产业结构优化升级。首先，一是对传统能源如化石类能源实现以技术创新为发展核心的发展模式，分级、分层、分质加以利用，充分提高能源综合利用效率（He et al.，2019）。二是推动产业聚集和纵向合作，在行业内部鼓励构建能源深加工体系，同一类能源在不同使用阶段服务于不同的企业，减少能源浪费，使能源产业向精细化、高端化发展（Ji and Zhang，2019）。三是鼓励企业自身进行能源结构绿色转型，由于规模大、技术密集型的企业更有能力承担新能源体系构建的投资成本，政府需要根据行业间能源结构差异有的放矢，通过研发补贴帮助先进企业优先开展新能源的投入使用，从易到难逐步推进行业的能源结构转型（Ainou et al.，2023）。因此，提出以下研究假设：

H11a：绿色金融能够通过引起产业升级，驱动能源体系现代化转型。

其次，绿色金融不但自身直接能够给能源体系低碳转型带来大规模资金流入，而且可以通过价值信号引导，吸引到更多的外部融资，利于管理层将资源用于创新活动（Luong et al.，2017）。对于微观能源企业而言，技术进步可以带来不同程度的竞争优势，从而提高企业的经营绩效（Wilson et al.，2020）。因此，技术进步也被认为是绿色金融对能源体系低碳转型影响的一条重要路径。技术进步影响能源体系低碳转型的逻辑在于，在当前"双碳"政策背景下，政策收紧、市场需求偏好等的变化导致传统能源企业的生产设备和技术工艺丧失了支持生产和创造现金流的功能，削弱企业的生产和盈利能力，给企业经营带来负面冲击（Hou et al.，2020）。研发投入有助于帮助能源企业降低生产成本，开发新产品，形成新的利润增长点，降低能源企业转型风险（Kittner et al.，2017）。因此，提出以下研究假设：

H11b：绿色金融能够通过引起技术进步，驱动能源体系现代化转型。

最后，经济集聚是推动能源体系现代化转型的重要引擎。绿色金融带来了大量金融资源、劳动力、技术、知识、信息的集聚，为实现区域创新创造了独特的条件，同时集聚促进了行业间的非正式交流，不同的思想不断在交流中相互碰撞产生新的火花，各种新思路、新想法、新模式的出现在很大程度上完善了当地市场体系，进而可以提升集聚区经济的整体发展效率（Fabozzi et al.，2022）。生产要素向高生产效率地区集聚，既可以提高整体生产效率，又可以提高能源利用效率。由于自然条件、制度和政策导向等不同，不同区域存在生产效率的差别，而且劳动生产率更高的地区也有更高的能源利用效率（更低的单位GDP能耗）（Lantz et al.，2021）。因此，我国的要素和产品市场存在区域分割，不利于地区间实现人均GDP上的"平衡发展"，也加剧了经济发展和减排的矛盾。因此，提出以下研究假设：

H11c：绿色金融能够通过引起经济集聚，驱动能源体系现代化转型。

基于以上分析，本章的理论机制如图5-1所示。

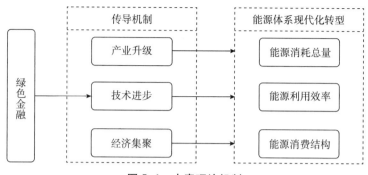

图 5-1　本章理论机制

三、主要事实与特征

（一）中国能源体系发展的主要特点

新中国成立以来，我国逐步建成较为完备的能源工业体系。改革开放后，为适应经济社会快速发展需要，我国推进能源全面、协调、可持续发展，成为世界上最大的能源生产、消费和能源利用效率提升最快的国家。进入新时代，通过不断的新旧能源改革发展，我国逐步形成了全球最大的能源供应体系，建成了以煤炭为主体，以电力为中心，以石油、天然气和可再生能源全面发展的能源供应格局，促进了国民经济和社会的快速发展。

1. 能源生产稳步增长，能源保供成效明显

我国着力增强能源生产保障能力，充分发挥煤炭"压舱石"作用，不断提升油气勘探开发力度，大力发展多元清洁供电体系，有力保障了经济社会稳定发展和持续增长的民生用能需求。原煤、原油、天然气、电力生产增速均实现不同程度增长。2022 年，原煤、原油、天然气、电力生产增速均实现不同程度增长。一次能源生产总量 46.6 亿吨标准煤，同比增长 9.2%（见图 5-2）。但同时，能源安全新旧风险交织，"十四五"时期能源安全保障将进入固根基、扬优势、补短板、强弱项的新阶段。

2013~2022 年，我国不同品种能源占比呈现不同趋势（见图 5-3）。原煤生产占比持续下降，2021 年较 2013 年下降了 8.4 个百分点。但因兜底保供原因，这一趋势在 2022 年发生临时性扭转，2022 年占比较 2021 年回升 2.2 个百分点。这对其他能源品种占比产生了挤压。原油生产总量占比继续下降，2022 年较 2013 年降低 2.1 个百分点。天然气生产占比同比略有下降，总体上看，2022 年

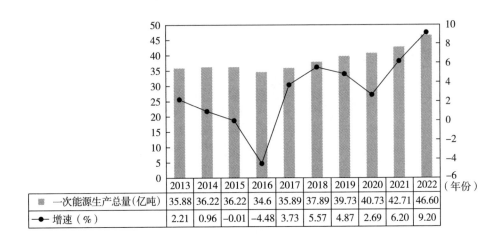

图 5-2　2013~2022 年中国能源生产总量及增速情况

较 2013 年提升 1.6 个百分点。水电、核电、风电等一次电力生产占比略有收窄，但总体趋势在扩大，2022 年较 2013 年提升 6.8 个百分点。2022 年，我国非化石能源发电装机历史性突破 12 亿千瓦，达到 12.7 亿千瓦，同比增长 13.8%，占总装机容量比重上升至 49.6%，比上年提高 2.6 个百分点，延续绿色低碳转型趋势。

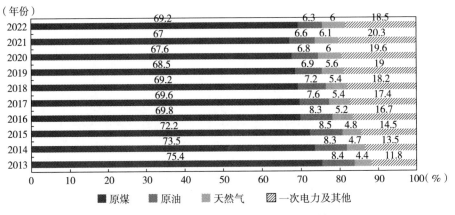

图 5-3　2013~2022 年中国能源生产结构情况

2. 能源消费需求增幅收窄，消费结构向清洁低碳加快转变

初步核算，2022 年全国能源消费总量 54.1 亿吨标准煤，比 2021 年增长 2.9%（见图 5-4）。煤炭消费量增长 4.3%，原油消费量下降 3.1%，天然气消费量下降 1.2%，电力消费量增长 3.6%。煤炭消费量占能源消费总量的 56.2%，比 2021 年上升 0.3 个百分点；天然气、水电、核电、风电、太阳能发电等清洁能源

消费量占能源消费总量的 25.9%，上升 0.4 个百分点。2013 年以来，我国能源消费总量处于低速增长态势，以较低的能源消费增速支撑着经济的中高速发展。

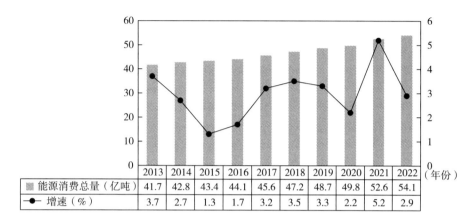

图 5-4　2013~2022 年中国能源消费总量及增速情况

能源消费低碳化趋势不变，低碳能源消费占比稳步提升。从能源品种来看，煤炭需求持续高位运行，足量稳价供应态势良好，2022 年煤炭消费量占能源消费总量的 56.2%，比 2021 年上升 0.3 个百分点（见图 5-5）。2022 年，天然气、水电、核电、风电、太阳能发电等清洁能源消费量占能源消费总量的 25.9%，较 2021 年上升 0.4 个百分点。2013~2022 年来，清洁能源消费占能源消费总量的比重从 2013 年的 15.5% 上升到 2023 年的 25.9%，上升超 10 个百分点，能源消费结构持续向清洁低碳转型。

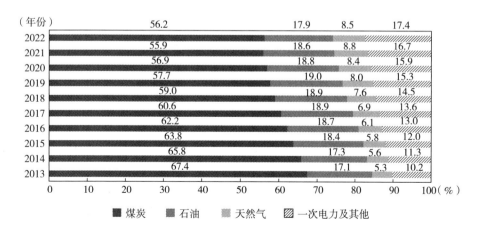

图 5-5　2013~2022 年中国能源消费结构情况

3. 能源利用效率不断提升，万元国内生产总值二氧化碳排放持续下降

我国作为世界第一能源生产大国和世界第一能源消费大国，近年来能源技术创新能力大幅提升，装备国产化和成果产业化水平不断提升，能源技术创新发展取得瞩目成就。具体来看，百万千瓦级煤电机组数量、装机容量居世界首位，年产百万吨级煤炭直接液化技术全球领先，光伏发电装机规模连续位居世界首位，海底可燃冰试采技术全球领先。自主研发建设的世界首个多端柔性直流输电工程在广东南澳示范成功，白鹤滩水电站百万千瓦水轮机模型再次打破世界水电装备制造新纪录，先进晶体硅电池多次打破世界纪录，自主研发的百万千瓦级三代核电"华龙一号"和 CAP1400 的主要技术和安全性能指标均达世界领先水平。总之，我国能源技术创新不断实现新的进展，相关关键技术的突破引领能源行业不断发展。

2022 年，"双碳"目标约束下节能增效工作取得新进展。在能源外部环境挑战不断、国内疫情反复等诸多不利条件下，我国坚持加大节能减排力度，持续完善能源消费强度和总量双控制度，坚决遏制"两高"项目盲目发展。2022 年全国万元国内生产总值能耗比上年下降 0.1%（见图 5-6）。

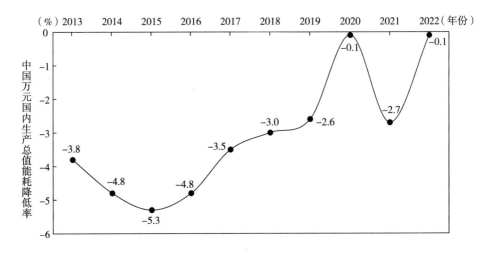

图 5-6　2013~2022 年中国万元国内生产总值能耗降低率情况

2022 年，重点耗能工业企业单位电石综合能耗下降 1.6%，单位合成氨综合能耗下降 0.8%，吨钢综合能耗上升 1.7%，单位电解铝综合能耗下降 0.4%，每千瓦·时火力发电标准煤耗下降 0.2%。全国万元国内生产总值二氧化碳排放下降 0.8%。

（二）中国绿色金融市场的主要特点

完善的顶层设计是中国绿色金融市场发展的基础，同时也是亮点。中国是全球首个拥有较为完善的绿色金融顶层设计的国家。2015年，中共中央、国务院在《生态文明体制改革总体方案》中首次提出了"构建绿色金融体系"总体目标。2016年，中国人民银行、财政部等七部委联合印发了《关于构建绿色金融体系的指导意见》，明确提出构建绿色金融体系的重点任务和具体措施，为绿色金融规范发展提供政策保障。2020年，党的十九届五中全会再次强调"发展绿色金融"。2021年，《中共中央　国务院关于完整准确全面贯彻新发展理念做好碳达峰碳中和工作的意见》，要求积极发展绿色金融，建立健全绿色金融标准体系，为做好金融支持碳达峰、碳中和工作提供了基本遵循。得益于绿色金融体系构建的框架性制度安排，我国已初步形成绿色信贷、绿色债券、绿色保险、绿色基金、绿色信托、碳金融产品等多层次绿色金融产品和市场体系。

1. 绿色信贷成为成熟的绿色金融产品

绿色信贷是中国绿色金融中起步最早、经验最丰富、规模最大、发展最成熟的产品，在推动中国绿色发展、经济高质量发展进程中发挥重要作用。从2007年原银监会发布《节能减排授信工作指导意见》开始，《绿色信贷指引》《能效信贷指引》《绿色信贷统计制度》《绿色信贷实施情况关键评价指标》等一系列涵盖监管要求、数据统计、考核评价、分类指导在内的政策体系持续完善，督促银行业金融机构从战略高度发展绿色金融，在加大对绿色低碳循环经济的支持力度的同时，注重防范环境和社会风险，提升自身的环境和社会表现。截至2022年末，我国本外币绿色贷款余额22.03万亿元，同比增长38.5%，比上年末高5.5个百分点，高于各项贷款增速28.1个百分点，全年增加6.01万亿元（见图5-7）。我国绿色信贷规模多年位居世界第一，资产质量整体良好，近5年不良贷款率均保持在0.7%以下。绿色信贷环境效益逐步显现，2021年中国人民银行创设推出两个新的结构性货币政策工具，鼓励社会资金更多投向绿色低碳领域。一个是碳减排支持工具，以稳步有序、精准直达方式，支持清洁能源、节能环保、碳减排技术三个重点减碳领域的发展，撬动更多社会资金促进碳减排。另一个是支持煤炭清洁高效利用专项再贷款，支持煤的大规模清洁生产、清洁燃烧技术运用等七个领域。两个工具坚持"先立后破"，鼓励"两条腿走路"，在发展清洁能源的同时继续支持煤炭煤电清洁高效利用。对于符合要求的商业银行贷款，中国人民银行按贷款本金一定比例予以低成本资金支持，利率均为1.75%，是人民银行最优惠的利率。2022年人民银行投向具有直接和间接碳减排效益项目的贷款分别为 8.62 万亿元和 6.08 万亿元，合计占绿色贷款的 66.7%，预计可带动年度碳减排 4786 万吨二氧化碳当量。

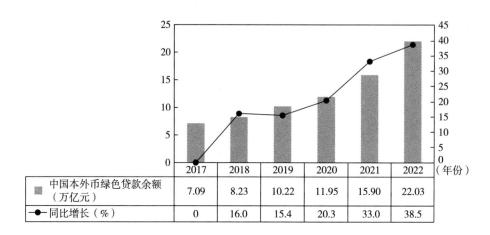

	2017	2018	2019	2020	2021	2022（年份）
▨ 中国本外币绿色贷款余额（万亿元）	7.09	8.23	10.22	11.95	15.90	22.03
●— 同比增长（%）	0	16.0	15.4	20.3	33.0	38.5

图 5-7　2017~2022 年中国本外币绿色贷款余额及增速情况

虽然我国在绿色金融市场已完成"规模赶超"，但还应该清醒意识到，现阶段绿色金融发展仍处于初级阶段，突出表现在绿色金融体系上还存在很大差距，如绿色金融政策体系不完备、碳排放权市场交易平台割据、绿色中介服务体系发展滞后以及绿色金融交易工具缺乏创新、绿色产业环保技术标准复杂导致绿色金融项目的风险性增加等。

2. 绿色债券的政策标准逐步趋同

绿色债券是我国绿色金融的第二大载体。2016 年 1 月，浦发银行发行境内首单绿色金融债券，标志着我国绿色债券发行正式起步。此后，我国绿色债券市场蓬勃发展，每年发行额保持在 2000 亿元以上，2019 年突破 2880 亿元。2022 年，我国境内市场发行绿色债券 668 只，同比增长 6.20%，规模合计 8612.92 亿元，同比增长 42.49%，发行规模占我国总债券市场的比重为 1.42%，同比增长 0.43 个百分点（见图 5-8）。截至 2022 年末，我国绿色债券累计发行规模约 2.63 万亿元，存量规模约 1.54 万亿元。

从结构上看，绿色债券可以划分为绿色金融债、绿色公司债、绿色企业债、绿色债务融资工具、绿色 ABS 等（见图 5-9）。在绿色债券发展初期，以商业银行等金融机构为发行主体的绿色金融债占据主导地位，通过转贷方式对绿色产业提供支持，2016~2018 年分别占发行总额的 75%、60%、58%；随着政策完善以及实体企业认知程度的提升，以实体企业等为发行主体的绿色公司债、企业债、

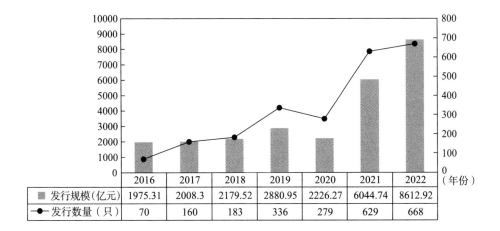

	2016	2017	2018	2019	2020	2021	2022	（年份）
发行规模(亿元)	1975.31	2008.3	2179.52	2880.95	2226.27	6044.74	8612.92	
发行数量（只）	70	160	183	336	279	629	668	

图5-8　2016~2022年中国绿色债券发行情况

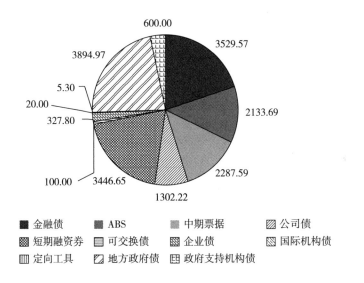

图5-9　2022年中国绿色债券发行结构

债务融资工具等占比迅速提升，而2021年新发行绿色债券中绿色金融债占比仅为5%。2022年绿色金融债重回发行规模首位，占比为38.87%，主要是由于《银行业保险业绿色金融指引》等政策促进绿色金融债发行放量，且金融机构单笔发行规模较大。资产支持证券发行规模次之，占比24.37%。同比来看，绿色金融债和资产支持证券发行规模分别增长199.82%和73.15%，提升较快；其他类型债券发行规模均呈下降趋势。从绿色债券占债券发行总量的比重来看，绿色资产支持证券占比最高，为10.63%。

近年来，我国绿色债券市场的基础性制度不断统一，市场发展更加规范。2021 年新发布的《绿色债券支持项目目录（2021 年版）》，对绿色项目的界定更加科学，国内标准实现了统一，也与国际通行标准和规范进一步趋同。在"双碳"目标下，金融机构已经开始探索绿色债券的创新模式，"碳中和"主体绿色债券、"碳中和"小微金融债券等创新品种不断面世。未来可探索和丰富绿色债券应用场景，进行品种创新，发挥绿色债券在乡村振兴、促进粤港澳大湾区发展等国家战略目标实现中的作用。

3. 绿色保险产品服务日益丰富

保险行业是受气候变化影响最大，也是最早介入应对气候变化领域的金融部门。我国绿色保险发展从负债端和资产端双重发力，在负债端健全环境污染责任保险制度，鼓励绿色保险业务创新，在资产端将绿色投资纳入监管评价范围，激发保险资管公司业务创新的积极性。经过数年发展，绿色保险的覆盖面不断扩大。近年来，绿色保险业务规模持续增长，绿色保险类型也呈现多样化的态势。根据保险业协会的统计，保险资金运用于绿色投资的存量已从 2018 年的 3954 亿元增长至 2020 年的 5615 亿元，年均增长 19.2%，涉及城市轨道交通建设、高铁建设、清洁能源、污水处理、生态农业等多个领域（见图 5-10）。

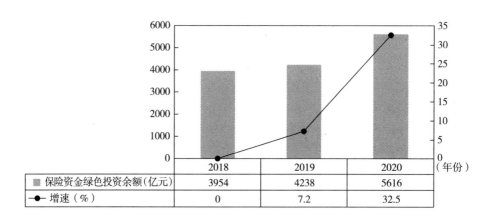

	2018	2019	2020	（年份）
▨ 保险资金绿色投资余额（亿元）	3954	4238	5616	
━●━ 增速（%）	0	7.2	32.5	

图 5-10　2018~2020 年中国保险资金绿色投资余额情况

具体来看，其一，绿色交通保险包括新能源汽车保险和轨道交通建设工程保险两类，而前者伴随着新能源汽车产销量的大幅增长，其围绕车险、电池保险、充电桩保险的各项保费额度也呈现爆发式增长，绿色交通保险 2019 年和 2020 年连续两年的增速都在 50% 以上。其二，环境污染保险，也即环境污染责任保险，是我国绿色保险发展最早的品种之一，在 2020 年之前一直是绿色保险最主要的险种，近年来保额也呈现持续稳定增长的态势。其三，清洁能源保险主要为水电、风电、光伏等清洁能源发电设备提供各类物质损失的保险；为清洁能源行业的产品质量风险和利润波动风险提供保障；为清洁能源产业链企业提供各类日常风险的保障。清洁能源保险的保费规模在绿色保险中排名第三，且在 2019~2020 年保持了较快增长。随着"双碳"目标的继续推进与新能源产业的发展，清洁能源保险的需求也将继续增加。

4. 绿色基金助力"碳中和"，激发绿色产业投资潜力

当前资本市场上可以称为"绿色"基金的大致有以下几类概念基金：环境保护主题基金、纯 ESG 主题基金、ESG 投资基金、ESG 策略基金等。考虑 ESG 投资、ESG 策略两类基金当中较多地纳入了社会和公司治理等因素，且包含了诸多综合性的基金标的，因此本章选取环境保护主题基金与纯 ESG 主题基金两个类别作为分析绿色基金的代表。

2013 年至今，A 股市场"绿色基金"的数量呈现持续增长的趋势，基金规模则受到资本市场波动的影响，2022 年的总规模有所下降。到 2022 年底，环境主题基金共 287 只，总规模为 4480 亿元（见图 5-11）；纯 ESG 主题基金共 71 只，总规模为 438 亿元；两类"绿色基金"总规模接近 5000 亿元。其中，环境保护主题基金在早期聚焦生态环保、美丽中国的概念，其数量平稳增长，整体规模长期保持在 400 亿~500 亿元；而在 2020 年"双碳"目标提出之后，其主要覆盖则延伸至新能源、新能源汽车、碳中和、低碳经济等节能减碳领域，其数量显著增长，规模也随着新能源相关板块的爆发而显著提升。纯 ESG 主题基金在 2019 年之前数量极少，2019 年之后随着资本市场 ESG 投资理念的兴起，纯 ESG 主题基金的数量与规模才开始快速提升。

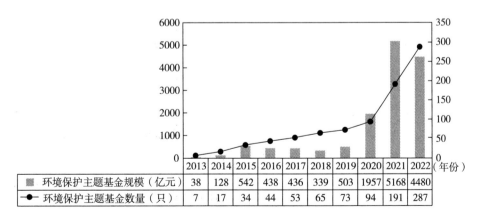

	2013	2014	2015	2016	2017	2018	2019	2020	2021	2022（年份）
环境保护主题基金规模（亿元）	38	128	542	438	436	339	503	1957	5168	4480
环境保护主题基金数量（只）	7	17	34	44	53	65	73	94	191	287

图 5-11 2013~2022 年中国环境保护主题基金的数量与规模变化情况

5. 绿色信托的规模化发展尚待顶层政策引导

信托公司通过引导更多社会资本流向绿色产业，助力传统产业结构优化升级，帮助企业的绿色发展拓宽融资渠道，推动新兴绿色产业蓬勃发展。信托制度灵活的优势，可以为不同发展阶段的绿色产业提供资金支持。信托公司开展涵盖节能环保、清洁能源、循环经济等绿色产业的信托业务，积极参与绿色金融市场建设。此外，信托公司深入绿色产业，除了给予绿色企业发展充分支持外，还参与生态环境修复、大气污染治理、资源循环利用等各类绿色项目，串联产业链上下游，为绿色产业整体发展提供金融整合服务。

2019 年，首部绿色信托自律公约——《绿色信托指引》正式发布，要求信托公司融入国家绿色发展战略，以服务实体经济为中心，推进生态文明建设，为绿色信托的规范化发展指明方向。但绿色信托尚处于起步阶段，相关法律制度和行业规则尚未健全，缺乏具体的绿色信托业务指引和项目评价标准体系。此外，绿色产业的发展对人才的专业性有更高的要求，信托公司服务绿色信托的能力亟须加强。截至 2020 年末，绿色信托资产存续规模为 3593 亿元，同比增长 7.1%（见图 5-12），全年新增资产规模为 1200 亿元；存续项目数量为 888 个，同比增长 6.73%，全年新增项目数量为 360 个。从支持范围来看，超过 60% 的绿色信托资金投向清洁生产和基础设施绿色产业升级。从环境表现来看，2020 年绿色信托累计节约标准煤 250 万吨，减排二氧化碳当量超过 700 万吨。

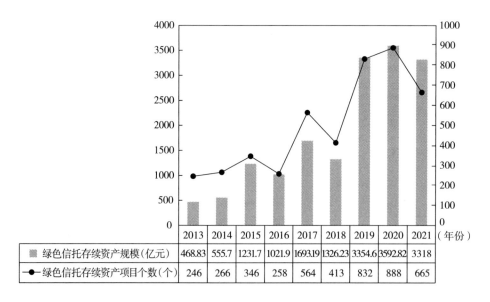

	2013	2014	2015	2016	2017	2018	2019	2020	2021
■ 绿色信托存续资产规模(亿元)	468.83	555.7	1231.7	1021.9	1693.19	1326.23	3354.6	3592.82	3318
● 绿色信托存续资产项目个数(个)	246	266	346	258	564	413	832	888	665

图 5-12　2013~2021 年中国绿色信托发展规模及数量情况

四、实证分析

（一）模型设定

为了检验绿色金融与能源体系现代化转型的关系，本章构建计量模型如下：

$$Y_{it} = \theta_0 + \theta_1 GFI_{it} + \theta_2 GFI_{it}^2 + \theta_3 \times \sum CV_{it} + \mu_i + \tau_t + \varepsilon_{it} \tag{5-1}$$

其中，i 为城市，t 为年份。Y_{it} 为被解释变量，具体的分析中分别用能源消耗总量（$\ln Volume$）、能源利用效率（$Efficiency$）和能源消费结构（$Structure$）来表征。GFI_{it} 表示绿色金融指数，为了考察绿色金融是否与能源体系现代化转型之间存在着非线性的关系，因此本章也加入了核心解释变量的二次项 GFI_{it}^2。μ_i 和 τ_t 分别表示城市和年份固定效应，ε_{it} 表示随机误差项，θ_1 为核心解释变量一次项的系数，θ_2 为核心解释变量二次项的系数，θ_3 为所有控制变量的系数。

（二）变量选取及数据来源

1. 变量选取

（1）被解释变量。本章的被解释变量是能源体系现代化转型程度。结合现有研究成果，现代能源体系构建是一项非常艰巨的系统工程。能源绿色现代化转型的方向包括主导能源的转变、能源利用效率的提升和能源消耗的减少。由于基础数据源的限制，大多数能源转型的研究只聚焦于能源转型单个指标。本章通过整合不同数据库，从能源消耗总量、能源利用效率和能源消费结构三个方面对能源现代化转型综合考量。第一，能源消耗总量数据源自 Chen 等（2022c）的研究，他们通过拼接 DMSP/OLS 和 NPP/VIIRS 两套卫星夜间灯光数据，采用 PSO-BP 粒子群优化神经网络算法，估算了中国 336 个城市的能源消耗总量。第二，参考史丹和李少林（2020）的研究，选取劳动、资本和能源作为投入，地区生产总值作为合意产出，工业二氧化硫、工业烟粉尘和工业废水排放量作为非合意产出，以 SBM-Malmquist-Luenberger 指数法测算各城市的绿色全要素能源效率。第三，能源消耗结构以煤炭消费总量占总能源消费量的比重进行衡量。

（2）核心解释变量。本章的核心解释变量是绿色金融指数。目前，关于城市层面的绿色金融发展水平测量多以绿色信贷衡量，忽略了其他绿色金融产品的作用。为确保研究的全面性以及城市层面数据的可获得性，本文借鉴 Du 等（2023）的研究方法，拟从绿色信贷、绿色投资、绿色保险、绿色债券、绿色支持、绿色基金和绿色权益七个维度选取指标对城市绿色金融发展水平进行综合测度，采用的测度方法为 TOPSIS，具体如表 5-1 所示。

表 5-1　绿色金融指标体系

指数	主要指标	指标定义和次要指标
绿色金融指数	绿色信贷	六大高耗能行业利息支出/行业利息支出总额
	绿色投资	环境污染治理投资/GDP
	绿色保险	环境污染责任保险收入/总保费收入
	绿色债券	绿色债券发行总额/所有债券发行总额
	绿色支持	财政环境保护支出/财政一般预算支出
	绿色基金	绿色基金总市值/所有基金总市值
	绿色权益	碳交易、用能权交易、排污权交易/权益市场交易总额

（3）控制变量。根据已有研究，本章选取了一系列城市层面控制变量，以控制其他潜在因素对实证结果的影响（Li and Lin，2018；Wang et al.，2020；Li et al.，2023）。具体包括：①地区经济发展水平（PGDP）。经济发展是促进能源体系转型的关键因素。本章用地区人均 GDP 表征地区经济发展水平。②产业结构（IS），以第三产业增加值占 GDP 增加值中的份额计算。传统产业结构向绿色产业结构的系统演进过程，导致清洁能源需求的增加。③城市化率（Urban），以城镇人口占总人口的比重衡量。城市扩张可能会通过影响能源供需对能源体系现代化转型产生影响。④人口密度（Density），以地区总人口与行政区域面积计算。⑤基础设施（Infra），以人均道路面积衡量。⑥金融发展（lnFin），以地区年末金融机构贷款余额的对数表征。⑦财政干预（Fiscal），以政府支出总额占 GDP 的份额计算。

2. 数据来源

本章基于 2006～2021 年 281 个地级及以上城市（不含西藏，以及香港、澳门与台湾地区）进行研究，所选指标的原始数据主要源自《中国城市统计年鉴》、《中国城乡建设统计年鉴》、《中国能源统计年鉴》、各地级市统计年鉴与统计公报和中国研究数据服务平台（CNRDS）公布的相关数据。个别缺失值采用线性插值法补齐，并对非比值型的各项指标进行对数处理。所有变量的描述性统计见表 5-2。

表 5-2 描述性统计

变量	定义	观测值	平均值	标准差	最小值	最大值
ln$Volume$	能源消耗总量	4496	13.763	1.286	9.299	17.537
$Efficiency$	能源利用效率	4496	0.318	0.129	0.021	1.177
$Structure$	能源消费结构	4496	0.814	0.147	0.040	0.997
GFI	绿色金融指数	4496	0.309	0.103	0.056	0.650
$PGDP$	人均GDP	4496	44982.220	32172.770	2760.760	233000
IS	产业结构	4496	0.406	0.102	0	0.839
$Urban$	城镇化率	4496	53.989	16	15.279	100
$Density$	人口密度	4496	0.048	0.062	0.001	1.233
$Infra$	基础设施	4496	16.475	7.352	0.390	60.070
lnFin	金融发展	4496	16.159	1.301	12.664	20.598
$Fiscal$	财政干预	4496	0.192	0.132	0.043	2.279

（三）基准回归结果及分析

按照上述基准模型的设定，对绿色金融与能源体系现代化转型之间的关系进行系统分析。考虑到能源体系现代化转型包含多个维度，因此本章依次对能源消耗总量、能源利用效率和能源消耗结构进行实证分析。同时，为进一步验证绿色金融对能源体系现代化转型的非线性效果，本章加入了核心解释变量的二次项，具体结果见表5-3。其中，第（1）、第（2）列是对能源消耗总量的回归结果，在控制各类固定效应和其他变量对能源消耗总量的可能影响后，绿色金融指数的系数通过了1%水平上的显著性检验，初步表明绿色金融发展会减少能源消耗总量。第（2）列加上了绿色金融指数的二次项，结果显示，绿色金融指数一次项和二次项均未通过显著性检验，这说明绿色金融指数对能源消耗总量不存在非线性的关系，即绿色金融总是会显著降低能源消耗总量。第（3）、第（4）列是对能源利用效率的回归结果，第（3）列绿色金融指数的回归系数约为0.1010，且在5%的水平上显著。第（4）列中绿色金融指数一次项通过了1%的显著性检验且系数为负，绿色金融指数二次项通过了1%的显著性检验且系数为正，这说明绿色金融对能源利用效率具有"U"形影响。观察第（5）、第（6）列可得绿色金融与能源消耗结构呈现先增后减的倒"U"形关系。这意味着前期绿色金融指数提高会增加煤炭消耗占比，但这种作用效果存在峰值，跨过拐点之后便有利于能源结构清洁化。综上所述，绿色金融总是会显著降低能源消耗总量，但是对能源利用率具有"U"形影响，对能源消耗结构呈现先增后减的倒"U"形影响，表明绿色金融发展对能源体系现代化转型产业非线性影响，且根据不同维度作用效果可能存在差异，假说 H10 得到验证。

表 5-3　基准回归结果

变量	(1) lnVolume	(2) lnVolume	(3) Efficiency	(4) Efficiency	(5) Structure	(6) Structure
GFI	−0.9371***	0.3175	0.1010**	−0.6796***	−0.2535***	0.6155***
	(0.3336)	(0.8607)	(0.0493)	(0.1319)	(0.0580)	(0.1662)
GFI^2		−1.6290		1.0135***		−1.1284***
		(1.0906)		(0.1807)		(0.1987)
PGDP	−0.0000***	−0.0000***	0.0000***	0.0000***	0.0000	0.0000**
	(0.0000)	(0.0000)	(0.0000)	(0.0000)	(0.0000)	(0.0000)
IS	−0.8790***	−0.8972***	−0.0024	0.0089	−0.0092	−0.0218
	(0.2367)	(0.2353)	(0.0381)	(0.0378)	(0.0315)	(0.0310)
Urban	0.0176***	0.0175***	−0.0001	0.0000	0.0005	0.0004
	(0.0033)	(0.0033)	(0.0005)	(0.0005)	(0.0004)	(0.0004)
Density	−1.0014	−0.9332	0.2176	0.1751	−0.1527	−0.1054
	(0.6648)	(0.6324)	(0.1854)	(0.1607)	(0.1539)	(0.1260)
Infra	0.0137***	0.0135***	−0.0013***	−0.0011***	0.0007*	0.0006
	(0.0024)	(0.0024)	(0.0004)	(0.0004)	(0.0004)	(0.0004)
lnFin	0.1390***	0.1380***	0.0021	0.0027	−0.0039	−0.0045
	(0.0402)	(0.0401)	(0.0066)	(0.0065)	(0.0069)	(0.0068)
Fiscal	0.1423	0.1478	0.0266**	0.0232*	0.0347**	0.0385***
	(0.1024)	(0.1016)	(0.0128)	(0.0125)	(0.0138)	(0.0135)
Constant	11.1172***	10.9273***	0.1913*	0.3094***	0.9074***	0.7759***
	(0.6723)	(0.6693)	(0.1149)	(0.1157)	(0.1129)	(0.1134)
Observations	4496	4496	4496	4496	4496	4496
R^2	0.8951	0.8952	0.6907	0.6934	0.7221	0.7247

注：***、**和*分别表示在1%、5%和10%水平上显著，括号内为t值。

从控制变量来看，结果符合预期。①地方经济发展水平对城市能源消耗总量具有显著的抑制作用，对能源利用效率具有显著的促进作用，可能是地方经济发展水平提高加速了产业升级，提升了能源利用效率，降低了生产过程中的能源消耗总量。②产业结构与能源消耗总量显著负相关，与能源利用效率和能源消费结构无显著关系，表明第三产业占比只发挥减少能源消耗总量的作用。③城镇化率对能源消耗总量具有显著的促进作用，可能是城镇化形成了"规模不经济"，导致了更多的能源消费需求，从而不利于能源体系现代化转型。④城市人口密度与能源体系现代化转型无显著关系。可能的原因是：一方面，人口密集可能加大能源需求；另一方面，人口密集也可能聚集具有较高的文化水平与劳动技能的人才，能够推动资源配置升级和效率提升。⑤基础设施建设对城市能源总量具有显著的促进作用，基础设施的完善将促使人们的出行量增加，导致能源消耗增加。⑥金融发展显著增加了能源消耗总量，是因为传统金融逐利的本质可能导致资本流向高污染企业，对实现能源体系现代化转型产生阻碍。⑦政府干预提升了能源利用效率和煤炭消费占比，表明政府干预有助于提升能源利用效率，但也增加了煤炭消费占比，可能是政府面对经济增速与节能降耗陷入了短时的"两难境地"。

（四）稳健性检验

1. 内生性问题

为确保计量模型不存在严重的内生性问题，本章借鉴 Lee 等（2023）的做法，选取样本城市与最近港口距离的倒数乘以当年国家绿色金融指数作为工具变量。该变量满足相关性与外生性两个条件。本章采用两阶段最小二乘工具变量法（2SLS-IV）进行参数估计。同时，第一阶段 Cragg-Donald Wald F 统计量显著拒绝"弱工具变量"的原假设，说明本市与最近港口距离的倒数乘以当年国家绿色金融指数作为工具变量是有效的。表 5-4 汇报了 2SLS 第二阶段的回归结果，结果显示，绿色金融系数仍然与基准回归一致。因此，利用工具变量法控制潜在的内生性问题后，依然支持绿色金融比例上升会促进能源体系现代化转型的基本结论。

表 5-4　内生性检验

变量	（1） lnVolume	（2） lnVolume	（3） Efficiency	（4） Efficiency	（5） Structure	（6） Structure
GFI	−2.5995 ***	−50.7168	0.6761 **	−8.9390 *	−0.6784 **	1.2710 *
	（2.0970）	（35.9149）	（0.3641）	（7.6629）	（0.3038）	（3.4469）
GFI²		92.2136		18.4268 *		−1.1356 *
		（69.4809）		（14.7525）		（6.6236）
PGDP	−0.0000	−0.0000	0.0000 ***	0.0000	0.0000	0.0000
	（0.0000）	（0.0000）	（0.0000）	（0.0000）	（0.0000）	（0.0000）

续表

变量	(1)	(2)	(3)	(4)	(5)	(6)
	ln*Volume*	ln*Volume*	*Efficiency*	*Efficiency*	*Structure*	*Structure*
IS	0.0916	-3.0577	0.01283	-0.6165	-0.0370	0.0018
	(0.4843)	(2.6641)	(0.0972)	(0.5661)	(0.0916)	(0.2447)
Urban	0.0221 ***	0.0238 **	-0.0022 ***	-0.0019 *	-0.0005	-0.0005
	(0.0030)	(0.0061)	(0.0006)	(0.0012)	(0.007)	(0.0007)
Density	0.8246	-1.1059	0.2925 **	-0.0932	-0.2430 **	-0.2192
	(0.5376)	(2.8802)	(0.1129)	(0.5276)	(0.0978)	(0.1828)
Infra	0.01280 ***	0.0107	-0.0000	-0.0004	0.0031 ***	-0.0031 ***
	(0.0045)	(0.0072)	(0.0008)	(0.0019)	(0.0008)	(0.0009)
ln*Fin*	0.6773 ***	0.6631 ***	-0.0022	-0.0050	-0.0326 ***	-0.0324 ***
	(0.0603)	(0.0994)	(0.0095)	(0.0244)	(0.0096)	(0.0096)
Fiscal	-0.5862 ***	-2.5011 *	-0.0063	-0.3889	0.1499 ***	0.1735
	(0.1805)	(1.4739)	(0.0289)	(0.3108)	(0.0341)	(0.1373)
Constant	2.2746 ***	9.9220 *	0.1681 *	1.6963	1.0891 ***	0.9949 *
	(0.6081)	(5.9816)	(0.0923)	(1.2695)	(0.0984)	(0.5654)
Observations	4496	4496	4496	4496	4496	4496
R^2	0.6789	—	0.1940	—	0.0661	0.0628

注：***、**和*分别表示在1%、5%和10%水平上显著，括号内为t值。

2. 其他稳健性检验

（1）替换被解释变量。本章分别对能源体系现代化转型的各个维度的指标进行了重新测量。①能源消耗总量。借鉴 Lin 和 Huang（2023）的做法，采用城市电力、石油、天然气使用量分别乘以折标准煤系数，最终加总可得城市能源消耗总量数据。对能源消耗总量进行对数处理，实证结果见表5-5第（1）、第（2）列。从结果可以看出，绿色金融指数与能源消耗总量显著负相关，与基准回归结果保持一致。②能源利用效率。本章采用 CCR 模型对能源利用效率重新进行了计算，对计算得到的替换指标进行基准回归检验。结果见表5-5第（3）、第（4）列，替换后，绿色金融指数能够显著提升能源利用效率。加入二次项后，绿色金融与能源效率呈现显著的"U"形关系，结论依旧稳健。③能源消费结构。Li 等（2023）计算了清洁能源占能源消费总量的比重，清洁能源包括水能、核能和电能，能源消费总量包括石油、煤炭、天然气、核电和水电。为保持

研究的一致性，本章用1减去清洁能源占比，并进行基准回归检验。从表5-5第
（5）、第（6）可以看出，绿色金融与能源消费结构为倒"U"形关系，支持了
基准回归的结果是稳健的。

表5-5 替换被解释变量

变量	（1）	（2）	（3）	（4）	（5）	（6）
	ln*Volume*	ln*Volume*	*Efficiency*	*Efficiency*	*Structure*	*Structure*
GFI	−0.8013***	0.5195	0.0371*	−0.6519***	−0.0600*	0.8364***
	（0.2982）	（0.8012）	（0.0596）	（0.1526）	（0.0372）	（0.1305）
*GFI*²		−1.7149		0.8946***		−1.2875***
		（0.9972）		（0.2053）		（0.1874）
PGDP	−0.0000***	−0.0000**	0.0000***	0.0000***	0.0000**	0.0000***
	（0.0000）	（0.0000）	（0.0000）	（0.0000）	（0.0000）	（0.0000）
IS	−0.7872***	−0.8063***	0.0024	0.0124	0.0142	−0.0130
	（0.2048）	（0.2040）	（0.0528）	（0.0523）	（0.0372）	（0.0365）
Urban	−0.7594	−0.6875	0.1028	0.0653	−0.0397**	−0.0225*
	（0.5056）	（0.4693）	（0.1188）	（0.0984）	（0.0187）	（0.0128）
Density	0.0219***	0.0217***	−0.0005	−0.0004	0.0016***	0.0013**
	（0.0024）	（0.0024）	（0.0005）	（0.0005）	（0.0006）	（0.0005）
Infra	0.0113***	0.0110***	−0.0012**	−0.0011*	−0.0003	−0.0004
	（0.0022）	（0.0022）	（0.0006）	（0.0006）	（0.0003）	（0.0003）
ln*Fin*	0.1689***	0.1679***	−0.0048	−0.0043	0.0076	0.0072
	（0.0388）	（0.0387）	（0.0099）	（0.0098）	（0.0053）	（0.0049）
Fiscal	0.2116**	0.2173**	−0.0180	−0.0210	−0.0232***	−0.0228**
	（0.0892）	（0.0888）	（0.0174）	（0.0173）	（0.0090）	（0.0093）
Constant	10.3284***	10.1285***	0.5776***	0.6818***	0.3767***	0.2586***
	（0.6401）	（0.6387）	（0.1660）	（0.1657）	（0.0960）	（0.0907）
Observations	4496	4496	4496	4496	2093	2093
R²	0.9155	0.9156	0.6862	0.6875	0.9417	0.9438

注：***、**和*分别表示在1%、5%和10%水平上显著，括号内为t值。

（2）替换核心解释变量。如前文所述，绿色金融指数由绿色信贷、绿色投
资、绿色保险、绿色债券、绿色支持、绿色基金和绿色权益采用熵值法进行测算
所得。绿色信贷通常被认为是绿色金融活动的最佳指标，因为它是中国绿色金融
中起步最早、经验最丰富、规模最大、发展最成熟的产品。因此，接下来将绿色

金融替换为绿色信贷（Gcredit），并重新估计式（5-1）中的基准回归模型。结果报告于表5-6，绿色信贷与能源消耗总量、能源利用效率和能源消费结构的系数和显著性与基准回归结果基本一致，支持了本章的结论是稳健的。

表5-6 替换解释变量

变量	(1)	(2)	(3)	(4)	(5)	(6)
	$\ln Volume$	$\ln Volume$	$Efficiency$	$Efficiency$	$Structure$	$Structure$
GFI	−0.6626***	2.1773	0.0142**	−1.2015**	−0.2276*	1.1489**
	(0.6778)	(2.7602)	(0.1576)	(0.5232)	(0.1212)	(0.5235)
GFI^2		−25.8860*		11.0810**		−12.5465***
		(25.2963)		(4.7570)		(4.5877)
$PGDP$	−0.0000***	−0.0000***	0.0000***	0.0000***	0.0000	0.0000
	(0.0000)	(0.0000)	(0.0000)	(0.0000)	(0.0000)	(0.0000)
IS	−0.8597***	−0.8690***	0.0017	0.0056	−0.0040	−0.0086
	(0.2372)	(0.2358)	(0.0527)	(0.0524)	(0.0317)	(0.0314)
$Urban$	−1.0459	−1.0224	0.1047	0.0946	−0.1643	−0.1529
	(0.6918)	(0.6800)	(0.1198)	(0.1141)	(0.1611)	(0.1555)
$Density$	0.0176***	0.0176***	−0.0005	−0.0005	0.0005	0.0005
	(0.0034)	(0.0033)	(0.0005)	(0.0005)	(0.0004)	(0.0004)
$Infra$	0.0141***	0.0140***	−0.0012**	−0.0012**	0.0008*	0.0008*
	(0.0024)	(0.0024)	(0.0006)	(0.0006)	(0.0004)	(0.0004)
$\ln Fin$	0.1405***	0.1404***	−0.0049	−0.0048	−0.0034	−0.0035
	(0.0402)	(0.0400)	(0.0099)	(0.0098)	(0.0069)	(0.0069)
$Fiscal$	0.1381	0.1381	−0.0178	−0.0178	0.0336**	0.0336**
	(0.1032)	(0.1031)	(0.0175)	(0.0175)	(0.0136)	(0.0135)
Constant	10.8266***	10.7637***	0.5895***	0.6165***	0.8307***	0.8002***
	(0.6540)	(0.6477)	(0.1651)	(0.1634)	(0.1116)	(0.1116)
Observations	4496	4496	4496	4496	4496	4496
R^2	0.8948	0.8949	0.6862	0.6865	0.7208	0.7214

注：***、**和*分别表示在1%、5%和10%水平上显著，括号内为t值。

（3）缩短样本时间。重大事件的冲击会影响能源的正常运营和现代化转型。由于2008年和2020年分别暴发了金融危机和新冠疫情，因此，本章样本期被缩短至2009~2019年。结果报告于表5-7，绿色信贷与能源消耗总量、能源利用效率和能源消费结构的系数和显著性与基准回归结果基本一致，支持了本章的结论是稳健的。

表 5-7 缩短样本时间

变量	（1）	（2）	（3）	（4）	（5）	（6）
	ln Volume	ln Volume	Efficiency	Efficiency	Structure	Structure
GFI	−0.2587***	1.2972	0.0353***	−0.4254***	−0.1799**	0.5807***
	（0.3616）	（1.0272）	（0.0575）	（0.1593）	（0.0714）	（0.1984）
GFI^2		−2.1839		0.6467***		−1.0675***
		（1.3678）		（0.2364）		（0.2504）
PGDP	−0.0000***	−0.0000***	0.0000***	0.0000***	0.0000	0.0000
	（0.0000）	（0.0000）	（0.0000）	（0.0000）	（0.0000）	（0.0000）
IS	−1.4581***	−1.4915***	−0.0109	−0.0010	−0.0072	−0.0235
	（0.2677）	（0.2691）	（0.0535）	（0.0536）	（0.0484）	（0.0482）
Urban	0.0222***	0.0219***	−0.0005	−0.0004	0.0014**	0.0013**
	（0.0032）	（0.0031）	（0.0005）	（0.0005）	（0.0006）	（0.0006）
Density	−0.5662	−0.5152	0.1532	0.1381	−0.0153	0.0096
	（0.4076）	（0.3732）	（0.1417）	（0.1306）	（0.0801）	（0.0629）
Infra	0.0087***	0.0084***	−0.0009**	−0.0008**	0.0009	0.0007
	（0.0028）	（0.0028）	（0.0004）	（0.0004）	（0.0006）	（0.0006）
ln Fin	0.0919**	0.0909**	0.0150**	0.0153**	−0.0082	−0.0087
	（0.0466）	（0.0463）	（0.0075）	（0.0074）	（0.0084）	（0.0083）
Fiscal	0.2624***	0.2655***	0.0070	0.0061	0.0491***	0.0506***
	（0.0909）	（0.0908）	（0.0119）	（0.0118）	（0.0158）	（0.0155）
Constant	11.7089***	11.4971***	0.0501	0.1128	0.8936***	0.7900***
	（0.7951）	（0.7859）	（0.1355）	（0.1352）	（0.1432）	（0.1433）
Observations	3091	3091	3091	3091	3091	3091
R^2	0.9167	0.9168	0.7361	0.7370	0.7769	0.7786

注：***、**和*分别表示在1%、5%和10%水平上显著，括号内为t值。

（五）机制分析

按照前文的理论假设，本章将从产业升级、技术进步以及经济集聚三个方面展开机制检验。参照曾国安等（2023）的做法，采用四段式中介机制进行检验。

相较于常见的三段式中介机制检验模型，四段式增加了将中介变量作为被解释变量单独对被解释变量回归的步骤，有效避免了三段式存在的明显因果推断缺陷（江艇，2022）。四段式中介机制模型构建如下：

$$M_{it} = \theta_0 + \theta_1 GFI_{it} + \theta_2 GFI_{it}^2 + \theta_3 \times \sum CV_{i,t} + \mu_i + \tau_t + \varepsilon_{it} \qquad (5-2)$$

$$Y_{it} = \theta_0 + \theta_1 M_{i,t} + \theta_2 \times \sum CV_{i,t-1} + \mu_i + \tau_t + \varepsilon_{it} \qquad (5-3)$$

$$Y_{it} = \theta_0 + \theta_1 M_{it} + \theta_2 GFI_{it} + \theta_3 GFI_{it}^2 + \theta_4 \times \sum CV_{i,t} + \mu_i + \tau_t + \varepsilon_{i,t} \qquad (5-4)$$

其中，M_{it} 代表中介机制。其他变量与式（5-1）保持一致，本部分不再赘述。式（5-2）~式（5-4）与式（5-1）共同构成了四段式中介机制检验模型。

（1）产业升级机制。绿色金融通过资源合理配置引导产业升级，能源体系现代化转型。计算公式为：产业升级（IU）= 1×第一产业占比+2×第二产业占比+3×第三产业占比。表5-8第（1）、第（2）列为以产业结构作为被解释变量的回归结果，第（1）列中产业结构下的绿色金融回归系数在1%的显著性水平下为正，表明绿色金融促进了产业升级。第（2）列的回归结果中，绿色金融的一次项显著为负，二次项显著为正，表明绿色金融与产业升级存在显著的"U"形关系。从第（3）至第（5）列的结果可以看出，产业升级未通过显著性检验。因此，绿色金融无法通过产业升级来促进能源消耗总量的减少。从第（6）~（8）列的结果可以看出，产业升级系数显著为正，表明产业升级显著提升能源利用效率。从第（9）至第（11）列的结果可以看出，产业升级系数显著为负，表明产业升级显著降低煤炭能源消耗占比。以上结果表明，绿色金融能够促进产业升级，从而有利于能源体系现代化转型，H11a 得证。

（2）技术进步机制。绿色金融可能出于多种原因鼓励技术进步，从而提升能源利用效率和研发清洁能源。本章采用绿色专利申请数量加1的对数衡量技术进步水平（TP）。表5-8第（1）、第（2）列为以技术进步作为被解释变量的回归结果，第（1）列中技术进步下的绿色金融回归系数在1%的显著性水平下为正，表明绿色金融促进了技术进步。第（2）列的回归结果中，绿色金融的一次项显著为负，二次项显著为正，表明绿色金融与技术进步存在显著的"U"形关系。从第（3）至第（5）列的结果可以看出，技术进步系数显著为负，表明技术进步显著减少能源消耗总量。从第（6）至第（8）列的结果可以看出，技术进步系数显著为正，表明技术进步显著提升能源利用效率。从第（9）、第（11）列的结果可以看出，技术进步系数显著为负，表明技术进步显著降低煤炭能源消耗占比。以上结果表明，绿色金融能够促进技术进步，从而有利于能源体系现代化转型，H11b 得证。

表5-8 机制检验的回归结果

变量	(1)	(2)	(3)	(4)	(5)	(6)	(7)	(8)	(9)	(10)	(11)
	M	M	lnVolume	lnVolume	lnVolume	Efficiency	Efficiency	Efficiency	Structure	Structure	Structure
GFI	0.0894***	-0.2957**		-0.8475**	0.0243		0.1045**	-0.6940***		-0.2488***	0.6030***
	(0.0225)	(0.1243)		(0.3319)	(0.8622)		(0.0494)	(0.1322)		(0.0581)	(0.1664)
GFI²		0.5000***			-1.1332			1.0380***			-1.1071***
		(0.1674)			(1.0955)			(0.1816)			(0.1996)
IU			0.0417	0.0524	0.0644	0.0191*	0.0181*	0.0120*	-0.0189***	-0.0162***	-0.0093
			(0.0638)	(0.0641)	(0.0647)	(0.0098)	(0.0098)	(0.0099)	(0.0059)	(0.0059)	(0.0059)
GFI	3.4228***	-12.1564***		-0.8473**	0.0106		0.0841*	-0.6292***		-0.2374***	0.5695***
	(0.7460)	(3.1403)		(0.3328)	(0.8552)		(0.0487)	(0.1278)		(0.0579)	(0.1672)
GFI²		20.2279***			-1.1183			0.9297***			-1.0518***
		(4.7320)			(1.0814)			(0.1740)			(0.2006)
TP			-0.0277***	-0.0262***	-0.0252***	0.0051***	0.0050***	0.0041***	-0.0051***	-0.0047***	-0.0038***
			(0.0060)	(0.0059)	(0.0059)	(0.0016)	(0.0016)	(0.0016)	(0.0014)	(0.0014)	(0.0014)
GFI	0.7277***	-2.9802***		-0.7504**	-0.4371		0.0691	-0.5689***		-0.2166***	0.4865***
	(0.1529)	(0.8129)		(0.3307)	(0.8643)		(0.0488)	(0.1276)		(0.0573)	(0.1650)
GFI²		4.8143***			-0.4100			0.8347***			-0.9200***
		(1.2125)			(1.0979)			(0.1743)			(0.1957)
EA			-0.2672***	-0.2565***	-0.2532***	0.0449***	0.0439***	0.0371***	-0.0538***	-0.0507***	-0.0433***
			(0.0539)	(0.0531)	(0.0539)	(0.0082)	(0.0082)	(0.0082)	(0.0069)	(0.0070)	(0.0073)
控制变量	Yes	Yes	Yes	Yes	Yes	Yes	Yes	Yes	Yes	Yes	Yes
个体固定	Yes	Yes	Yes	Yes	Yes	Yes	Yes	Yes	Yes	Yes	Yes
时间固定	Yes	Yes	Yes	Yes	Yes	Yes	Yes	Yes	Yes	Yes	Yes
Observations	4496	4496	4496	4496	4496	4496	4496	4496	4496	4496	4496

注：***，**和*分别表示在1%、5%和10%水平上显著，括号内为t值。

（3）经济集聚机制。绿色金融带来了大量金融资源、劳动力、技术、知识、信息的集聚，为能源体系现代化转型创造了独特的条件。本章采用单位行政区域面积 GDP 衡量经济集聚（*EA*）。表5-8第（1）、第（2）列为以经济集聚作为被解释变量的回归结果，第（1）列中经济集聚下的绿色金融回归系数在1%的显著性水平上为正，表明绿色金融促进了经济集聚。第（2）列的回归结果中，绿色金融的一次项显著为负，二次项显著为正，表明绿色金融与经济集聚存在显著的"U"形关系。从第（3）至第（5）列的结果可以看出，经济集聚系数显著为负，表明经济集聚显著减少能源消耗总量。从第（6）至第（8）列的结果可以看出，经济集聚系数显著为正，表明经济集聚显著提升能源利用效率。从第（9）至第（11）列的结果可以看出，经济集聚系数显著为负，表明经济集聚显著降低煤炭能源消耗占比。以上结果表明，绿色金融能够促进经济集聚，从而有利于能源体系现代化转型，H11c 得证。

（六）异质性分析

在前一部分的检验中，基于全样本视角考察了绿色金融对能源体系现代化转型的影响，并经过多重稳健性检验确证了两者间的影响效应。但值得注意的是，在不同政策环境和市场属性差异下，绿色金融传递至能源体系现代化转型的效果可能不同，对这类情况的探讨有助于形成差异化的政策导向。为实现上述目的，本章将全样本对经济发展水平（*PGDP*）、市场化程度（*MI*）和政府环境偏好（*GEP*）进行异质性检验。

1. 地方发展水平异质性

金融产生、存在的环境、系统、背景就是金融的生态体系，它揭示了金融业与其生存和发展的内外部环境之间的运行规律和趋势，也在一定程度上反映了金融业通过自身调节机制与经济社会相互影响、相互作用的动态平衡过程（Zhang et al.，2023）。从地域来看，宏观经济发展水平较高以及金融体系较为健全的地区对绿色金融发展具有较强的支撑作用。宏观经济发展水平较高，使绿色金融的杠杆作用更大，以点带面带动全域绿色发展的效果更加显著。金融体系较为健全，则能够更好地整合绿色信贷、绿色债券、绿色保险等多元化金融服务，充分发挥各类金融工具的市场带动作用。而部分地方金融生态水平较低的城市，虽然在省级、市级层面已发布多项绿色金融综合性指导政策、专项指导政策，但是一方面受限于宏观经济发展水平，其城镇化进程相对滞后，产业发展相对缓慢，绿色金融作用空间有限；另一方面政策丰富度不足，部分城市存在绿色金融政策制定资源不足、政策工具缺乏创新、政策实施效果不佳等问题，直接反映在绿色金融的综合性政策或专项政策数量有限，对市场的引导较为乏力（Hao et al.，2020）。基于表 5-9 的结果显示，在经济发展水平较高的地区，绿色金融更有利于推动能源体系现代化转型，与预期一致。

表 5-9　地方发展水平结果

变量	（1）ln Volume	（2）ln Volume	（3）Efficiency	（4）Efficiency	（5）Structure	（6）Structure
GFI	0.8775**	−1.1215	−0.0703	−0.1324	0.0636	0.2926
	(0.4397)	(1.1125)	(0.0739)	(0.1578)	(0.0764)	(0.2074)
GFI^2		3.0497*		0.1214		−0.3647
		(1.6658)		(0.2542)		(0.2873)
GFI×PGDP	−0.2218***	−0.1354	0.0209***	−0.0828***	−0.0388***	0.0130
	(0.0399)	(0.1405)	(0.0078)	(0.0226)	(0.0074)	(0.0265)
GFI^2×PGDP		−0.1849		0.1431***		−0.0650*
		(0.1900)		(0.0360)		(0.0374)
PGDP	0.0000***	0.0000**	0.0000**	0.0000***	0.0000***	0.0000*
	(0.0000)	(0.0000)	(0.0000)	(0.0000)	(0.0000)	(0.0000)
IS	−0.8727***	−0.8605***	−0.0030	0.0164	−0.0081	−0.0205
	(0.2217)	(0.2198)	(0.0379)	(0.0382)	(0.0307)	(0.0308)
Urban	0.0167***	0.0166***	0.0000	0.0002	0.0004	0.0003
	(0.0032)	(0.0032)	(0.0005)	(0.0005)	(0.0004)	(0.0004)
Density	−0.5898	−0.5347	0.1787	0.1005	−0.0808	−0.0409
	(0.4045)	(0.3853)	(0.1636)	(0.1194)	(0.1074)	(0.0846)
Infra	0.0118***	0.0119***	−0.0011***	−0.0011***	0.0004	0.0004
	(0.0023)	(0.0023)	(0.0004)	(0.0004)	(0.0004)	(0.0004)
ln Fin	0.1206***	0.1177***	0.0038	0.0044	−0.0071	−0.0071
	(0.0396)	(0.0396)	(0.0065)	(0.0065)	(0.0069)	(0.0069)
Fiscal	0.1943*	0.2021**	0.0217*	0.0160	0.0438***	0.0464***
	(0.0998)	(0.1010)	(0.0130)	(0.0127)	(0.0135)	(0.0133)
Constant	10.8226***	11.1494***	0.2191*	0.2063*	0.8559***	0.8318***
	(0.6570)	(0.6649)	(0.1147)	(0.1164)	(0.1114)	(0.1166)
Observations	4496	4496	4496	4496	4496	4496
R^2	0.8963	0.8965	0.6918	0.6954	0.7251	0.7262

注：***、**和*分别表示在1%、5%和10%水平上显著，括号内为t值。

2. 市场化程度异质性

横向来看，各地在促进区域绿色金融发展过程中均从组织、政策、市场等多个维度推进相关工作，但侧重点有所不同，同时部分地区政策与市场协同发展的程度差别较大，尤其中西部的部分地区市场表现排名与政策表现排名有一定差距，多表现为市级相关政策推动方面较为积极，发布了数量更多、覆盖面更广的绿色金融综合性指导政策、专项指导政策，但受制于市场效能有限，市场的整体排名相对滞后。不过从全国来看，也有地区的政策对市场的引领与带动作用较为显著，以北京市为例，在政策引导下，市场反应积极，市场的整体表现位列第一位（Zhou et al.，2023）。表5-10的结果显示，在市场化水平较高的地区，绿色金融更有利于推动能源体系现代化转型。

表 5-10　市场化水平结果

变量	(1) ln Volume	(2) ln Volume	(3) Efficiency	(4) Efficiency	(5) Structure	(6) Structure
GFI	1.4316**	1.0067	-0.3211***	0.2665	0.2156*	0.4146
	(0.6372)	(1.8732)	(0.1072)	(0.3085)	(0.1219)	(0.3533)
GFI^2		1.1157		-0.8923		-0.5456
		(3.2022)		(0.6162)		(0.5899)
GFI×MI	-0.1489***	-0.2119	0.0265***	-0.0633***	-0.0295***	0.0063
	(0.0403)	(0.1434)	(0.0064)	(0.0230)	(0.0072)	(0.0261)
GFI^2×MI		0.0506		0.1362***		-0.0310
		(0.2376)		(0.0457)		(0.0423)
MI	0.0649***	0.0798***	-0.0227***	-0.0093**	0.0109***	0.0028
	(0.0198)	(0.0280)	(0.0032)	(0.0039)	(0.0038)	(0.0054)
PGDP	-0.0000**	-0.0000**	0.0000***	0.0000***	0.0000**	0.0000**
	(0.0000)	(0.0000)	(0.0000)	(0.0000)	(0.0000)	(0.0000)
IS	-0.8980***	-0.8783***	0.0032	0.0213	-0.0126	-0.0234
	(0.2337)	(0.2352)	(0.0377)	(0.0379)	(0.0313)	(0.0313)
Urban	0.0177***	0.0179***	-0.0002	-0.0000	0.0005	0.0004
	(0.0033)	(0.0033)	(0.0005)	(0.0005)	(0.0004)	(0.0004)

变量	（1）	（2）	（3）	（4）	（5）	（6）
	ln Volume	ln Volume	Efficiency	Efficiency	Structure	Structure
Density	−0.8997	−0.9565	0.1922	0.1535	−0.1338	−0.1031
	（0.6022）	（0.6474）	（0.1704）	（0.1486）	（0.1425）	（0.1248）
Infra	0.0129***	0.0129***	−0.0011***	−0.0011***	0.0006	0.0006
	（0.0023）	（0.0023）	（0.0004）	（0.0004）	（0.0004）	（0.0004）
ln Fin	0.1390***	0.1403***	0.0021	0.0034	−0.0038	−0.0046
	（0.0402）	（0.0404）	（0.0066）	（0.0065）	（0.0069）	（0.0069）
Fiscal	0.1542	0.1499	0.0242*	0.0195	0.0370***	0.0394***
	（0.1020）	（0.1029）	（0.0126）	（0.0123）	（0.0140）	（0.0135）
Constant	10.1955***	10.1690***	0.4731***	0.3566***	0.7451***	0.7629***
	（0.7094）	（0.7489）	（0.1192）	（0.1245）	（0.1237）	（0.1353）
Observations	4496	4496	4496	4496	4496	4496
R^2	0.8956	0.8957	0.6948	0.6971	0.7237	0.7249

注：***、**和*分别表示在1%、5%和10%水平上显著，括号内为t值。

3. 地方政府环境偏好

地方政府环境偏好是指地方政府在其绩效考核中对环境质量的认可程度。作为推动低碳经济发展的主导力量，政府机构的主要职能是利用环境监管政策工具，刺激相关企业进行低碳技术创新，调整能源消费结构，促进该领域生产效率的提高，实现低碳经济发展。然而，由于分散式管理体制将环境管理事务的主体转移到地方政府，不一致的政府偏好将导致不同的环境监管结果，从而对促进区域能源系统变革产生不同的影响（Ye et al.，2021）。一方面，中国地方官员的晋升激励机制是基于经济发展水平的。在GDP绩效理念的考核和激励下，地方政府会追求经济增长的短期效果，采取相对宽松的环境政策。另一方面，有远见的政府会考虑环境治理的跨期正外部性，即增加对环境保护的投入，提高环境税费的比例。环境规制的"创新补偿效应"可以被充分利用（Li et al.，2023）。为了探究地方政府的环境偏好如何影响绿色金融与能源体系现代化转型之间的联系，本章采用政府工作报告环保词频数据衡量政府环境偏好的强度。回归结果如表5-11所示，在地方政府环境偏好较高的地区，绿色金融更有利于推动能源体系现代化转型。

表 5-11　政府环境偏好结果

变量	(1) lnVolume	(2) lnVolume	(3) Efficiency	(4) Efficiency	(5) Structure	(6) Structure
GFI	-1.2014***	4.1937***	0.2250***	-1.0365***	-0.1820**	0.8150***
	(0.3919)	(1.0576)	(0.0664)	(0.1802)	(0.0718)	(0.2110)
GFI²		-8.6723***		1.8284***		-1.3532***
		(1.4829)		(0.2967)		(0.2839)
GFI×GEP	62.9905	-1390.1041***	-32.1000***	128.3380***	-23.6869**	-67.9432
	(59.5393)	(243.9837)	(8.8814)	(39.5962)	(9.5461)	(42.8877)
GFI²×GEP		2503.5366***		-277.8473***		78.0359
		(407.8141)		(73.3986)		(68.3668)
GEP	0.0951	180.5015***	8.9700***	-10.6394**	5.6013*	10.7088
	(18.8477)	(35.9676)	(2.5618)	(4.8689)	(3.2884)	(6.5406)
PGDP	-0.0000**	-0.0000***	0.0000***	0.0000***	0.0000*	0.0000**
	(0.0000)	(0.0000)	(0.0000)	(0.0000)	(0.0000)	(0.0000)
IS	-0.8601***	-0.8143***	-0.0029	0.0023	-0.0064	-0.0178
	(0.2426)	(0.2419)	(0.0372)	(0.0371)	(0.0319)	(0.0316)
Urban	0.0163***	0.0163***	-0.0000	0.0001	0.0004	0.0003
	(0.0034)	(0.0034)	(0.0005)	(0.0005)	(0.0004)	(0.0004)
Density	-0.9275	-0.7723	0.2031	0.1498	-0.1649	-0.1150
	(0.6289)	(0.5489)	(0.1777)	(0.1470)	(0.1623)	(0.1333)
Infra	0.0135***	0.0131***	-0.0012***	-0.0010**	0.0007	0.0006
	(0.0024)	(0.0024)	(0.0004)	(0.0004)	(0.0004)	(0.0004)
lnFin	0.1381***	0.1408***	0.0006	0.0009	-0.0011	-0.0017
	(0.0408)	(0.0406)	(0.0066)	(0.0065)	(0.0070)	(0.0069)
Fiscal	0.1355	0.1150	0.0267**	0.0260**	0.0340**	0.0372***
	(0.1021)	(0.1040)	(0.0129)	(0.0128)	(0.0141)	(0.0138)
Constant	11.2194***	10.4322***	0.1752	0.3599***	0.8494***	0.7031***
	(0.6840)	(0.6894)	(0.1154)	(0.1177)	(0.1160)	(0.1183)
Observations	4413	4413	4413	4413	4413	4413
R²	0.8941	0.8953	0.6936	0.6976	0.7262	0.7288

注：***、**和*分别表示在1%、5%和10%水平上显著，括号内为t值。

五、结论与政策建议

（一）研究结论

基于 2006~2021 年中国 281 个城市的数据，本章分析了绿色金融与能源体系现代化转型之间的关系。与以往研究不同的是，本章从能源消耗总量、能源利用效率和能源消费结构多个维度考察能源现代化转型的效果。然后，采用中介效应模型检验产业升级、技术进步和经济集聚是否是绿色金融对能源体系现代化转型影响的传导渠道。此外，还基于政策环境和市场特征差异进行了调节效应分析。研究发现：绿色金融能够显著降低能源消耗总量，与能源利用效率为"U"形关系，与能源消费结构为倒"U"形关系。总体来看，绿色金融能够有助于能源体系现代化转型。在经过包括内生性处理在内的稳健性检验后，结论仍然可靠。机制分析进一步揭示了绿色金融通过产业升级、技术进步和经济集聚共同推动了能源体系现代化转型。调节效应表明，在经济发展水平高、市场化程度高以及政府环境偏好强的地区，绿色金融更有利于推动能源体系现代化转型。

（二）政策建议

本章研究结论有助于为绿色金融的发展和加快能源体系现代化转型进程提供理论参考和政策启示。其主要政策含义如下：

第一，鼓励创新绿色金融产品服务，为能源现代化转型赋能。尽管我国绿色金融市场取得了显著进展，但我国目前的绿色融资框架规模不足以满足企业扩大绿色能源基础设施投资的需求。鉴于绿色金融是能源体系现代化转型重要推动力，以及中国目前对化石燃料的依赖，如果中国要实现碳峰值和碳中和目标，绿色金融市场需要继续增长。

第二，全面认识绿色金融的能源现代化转型效应，为绿色金融规范发展提供准确依据。绿色金融并不是越多越好，深入研究气候和环境因素与金融风险的内在联系与潜在传导路径，引导金融机构识别、评估和管理好自身环境和气候相关风险。同时，深入开展转型金融标准研究，为金融支持能源体系现代化转型提供标准依据。

第三，不断完善绿色金融激励约束机制，以实现产业升级、技术进步和经济集聚作用的叠加，共同助力能源体系现代化转型。探索绿色金融支持资金投入大、研究难度高的战略性清洁低碳能源技术研发和示范项目。采取"揭榜挂帅"等方式组织重大关键技术攻关，完善支持首台（套）先进重大能源技术装备示范应用的政策，推动能源领域重大技术装备推广应用。强化国有能源企业节能低碳相关考核，推动企业加大能源技术创新投入，推广应用新技术，提升技术水平。

第四，制定符合地方发展需求的地方绿色金融决策，形成"自上而下"政策驱动与"自下而上"市场化发展相结合的绿色金融发展路径。建议各省市制定符合地方能源体系现代化转型发展需求的地方绿色金融标准，在国家及绿色金融改革创新试验区绿色企业、绿色项目、绿色投融资等标准前提下，各省市根据地方产业政策、生态条件、区域特征等，对绿色金融标准进行有限度的调整和细化，为财税激励措施的执行提供参考依据。通过出台相关专项规定，依据各省份的财政情况制定合理的财税激励措施，明确奖励方式、奖励范围、奖励条件等，引导金融机构进行绿色投融资。

参考文献

［1］Adewuyi O B, Kiptoo M K, Afolayan A F, et al. Challenges and Prospects of Nigeria's Sustainable Energy Transition with Lessons from other Countries' Experiences ［J］. Energy Reports, 2020, 6：993-1009.

［2］Ainou F Z, Ali M, Sadiq M. Green Energy Security Assessment in Morocco：Green Finance as a Step Toward Sustainable Energy Transition ［J］. Environmental Science and Pollution Research, 2023, 30（22）：61411-61429.

［3］Campiglio E. Beyond Carbon Pricing：The Role of Banking and Monetary Policy in Financing the Transition to a Low-carbon Economy ［J］. Ecological Economics, 2016, 121：220-230.

［4］Chang K, Liu L, Luo D, et al. The Impact of Green Technology Innovation on Carbon Dioxide Emissions：The Role of Local Environmental Regulations ［J］. Journal of Environmental Management, 2023, 340：117990.

［5］Chen C, Dietz T, Fefferman N H, et al. Extreme Events, Energy Security and Equality through Micro-and Macro-levels：Concepts, Challenges and Methods ［J］. Energy Research & Social Science, 2022, 85：102401.

［6］Cheng Z, Kai Z, Zhu S. Does Green Finance Regulation Improve Renewable Energy Utilization? Evidence from Energy Consumption Efficiency ［J］. Renewable Energy, 2023, 208：63-75.

［7］Chen H, Shi Y, Zhao X. Investment in Renewable Energy Resources, Sustainable Financial Inclusion and Energy Efficiency：A Case of US Economy ［J］. Resources Policy, 2022, 77：102680.

［8］Chen J, Liu J, Qi J, et al. City-and County-level Spatio-temporal Energy Consumption and Efficiency Datasets for China from 1997 to 2017 ［J］. Scientific Data, 2022, 9（1）：101.

［9］Chen Y, Zhang Y, Wang M. Green Credit, Financial Regulation and Corporate Green Innovation：Evidence from China ［J］. Finance Research Letters, 2024, 59：104768.

［10］Chitnis M, Sorrell S. Living up to Expectations：Estimating Direct and Indirect Rebound Effects for UK Households ［J］. Energy Economics, 2015, 52：S100-S116.

［11］Du J, Shen Z, Song M, et al. The Role of Green Financing in Facilitating Renewable Energy Transition in China：Perspectives from Energy Governance, Environmental Regulation, and Market Reforms ［J］. Energy Economics, 2023, 120：106595.

［12］Fabozzi F J, Focardi S, Ponta L, et al. The Economic Theory of Qualitative Green Growth ［J］. Structural Change and Economic Dynamics, 2022, 61：242-254.

［13］Fang G, Chen G, Yang K, et al. Can Green Tax Policy Promote China's Energy Transformation? —A Nonlinear Analysis from Production and Consumption Perspectives ［J］. Energy, 2023, 269：126818.

［14］Fan H, Peng Y, Wang H, et al. Greening through Finance? ［J］. Journal of Development Economics, 2021, 152：102683.

［15］Fan W, Hao Y. An Empirical Research on the Relationship Amongst Renewable Energy Consumption, Economic Growth and Foreign Direct Investment in China ［J］. Renewable Energy, 2020, 146：598-609.

［16］Freire-González J, Vivanco D F, Puig-Ventosa I. Economic Structure and Energy Savings from Energy Efficiency in Households ［J］. Ecological Economics, 2017, 131：12-20.

［17］Gaies B, Kaabia O, Ayadi R, et al. Financial Development and Energy Consumption：Is the MENA Region Different? ［J］. Energy Policy, 2019, 135：111000.

［18］Hao Y, Ye B, Gao M, et al. How Does Ecology of Finance Affect Financial Constraints? Empirical Evidence from Chinese Listed Energy and Pollution-intensive Companies ［J］. Journal of Cleaner Production, 2020, 246：119061.

［19］He L, Liu R, Zhong Z, et al. Can Green Financial Development Promote

Renewable Energy Investment Efficiency? A Consideration of Bank Credit [J]. Renewable Energy, 2019, 143: 974-984.

[20] Hou R, Liu B, Sun Y, et al. Recent Advances in Dual-carbon Based Electrochemical Energy Storage Devices [J]. Nano Energy, 2020, 72: 104728.

[21] Huang H, Mbanyele W, Wang F, et al. Climbing the Quality Ladder of Green Innovation: Does Green Finance Matter? [J]. Technological Forecasting and Social Change, 2022, 184: 122007.

[22] Huang Y, Ahmad M, Ali S, et al. Does Eco-innovation Promote Cleaner Energy? Analyzing the Role of Energy Price and Human Capital [J]. Energy, 2022, 239: 122268.

[23] Ibrahim M, Vo X V. Exploring the Relationships among Innovation, Financial Sector Development and Environmental Pollution in Selected Industrialized Countries [J]. Journal of Environmental Management, 2021, 284: 112057.

[24] Jin Y, Gao X, Wang M. The Financing Efficiency of Listed Energy Conservation and Environmental Protection Firms: Evidence and Implications for Green Finance in China [J]. Energy Policy, 2021, 153: 112254.

[25] Ji Q, Zhang D. How Much Does Financial Development Contribute to Renewable Energy Growth and Upgrading of Energy Structure in China? [J]. Energy Policy, 2019, 128: 114-124.

[26] Khan I, Hou F, Zakari A, et al. The Dynamic Links among Energy Transitions, Energy Consumption, and Sustainable Economic Growth: A Novel Framework for IEA Countries [J]. Energy, 2021, 222: 119935.

[27] Kim J, Park K. Financial Development and Deployment of Renewable Energy Technologies [J]. Energy Economics, 2016, 59: 238-250.

[28] Kittner N, Lill F, Kammen D M. Energy Storage Deployment and Innovation for the Clean Energy Transition [J]. Nature Energy, 2017, 2 (9): 1-6.

[29] Lantz T L, Ioppolo G, Yigitcanlar T, et al. Understanding the Correlation Between Energy Transition and Urbanization [J]. Environmental Innovation and Societal Transitions, 2021, 40: 73-86.

[30] Lee C C, Wang F, Lou R, et al. How Does Green Finance Drive the Decarbonization of the Economy? Empirical Evidence from China [J]. Renewable Energy, 2023, 204: 671-684.

[31] Li G, Wu H, Jiang J, et al. Digital Finance and the Low-carbon Energy

Transition (LCET) from the Perspective of Capital-biased Technical Progress [J]. Energy Economics, 2023, 120: 106623.

[32] Li K, Lin B. How to Promote Energy Efficiency Through Technological Progress in China? [J]. Energy, 2018, 143: 812-821.

[33] Lin B, Bai R. Nexus between Green Finance Development and Green Technological Innovation: A Potential Way to Achieve the Renewable Energy Transition [J]. Renewable Energy, 2023, 218: 119295.

[34] Lin B, Huang C. How Will Promoting the Digital Economy Affect Electricity Intensity? [J]. Energy Policy, 2023, 173: 113341.

[35] Li-Ying J, Sofka W, Tuertscher P. Managing Innovation Ecosystems around Big Science Organizations [J]. Technovation, 2022, 116: 102523.

[36] Luong H, Moshirian F, Nguyen L, et al. How Do Foreign Institutional Investors Enhance Firm Innovation? [J]. Journal of Financial and Quantitative Analysis, 2017, 52 (4): 1449-1490.

[37] Luo S, Zhang S. How R&D Expenditure Intermediate as a New Determinants for Low Carbon Energy Transition in Belt and Road Initiative Economies [J]. Renewable Energy, 2022, 197: 101-109.

[38] Ma Q, Tariq M, Mahmood H, et al. The Nexus between Digital Economy and Carbon Dioxide Emissions in China: The Moderating Role of Investments in Research and Development [J]. Technology in Society, 2022, 68: 101910.

[39] Midilli A, Dincer I, Ay M. Green Energy Strategies for Sustainable Development [J]. Energy Policy, 2006, 34 (18): 3623-3633.

[40] Paroussos L, Fragkiadakis K, Fragkos P. Macro-economic Analysis of Green Growth Policies: The Role of Finance and Technical Progress in Italian Green Growth [J]. Climatic Change, 2020, 160 (4): 591-608.

[41] Qu C, Shao J, Shi Z. Does Financial Agglomeration Promote the Increase of Energy Efficiency in China? [J]. Energy Policy, 2020, 146: 111810.

[42] Razzaq A, Sharif A, Ozturk I, et al. Dynamic and Threshold Effects of Energy Transition and Environmental Governance on Green Growth in COP26 Framework [J]. Renewable and Sustainable Energy Reviews, 2023, 179: 113296.

[43] Sadorsky P. The Impact of Financial Development on Energy Consumption in Emerging Economies [J]. Energy Policy, 2010, 38 (5): 2528-2535.

[44] Shahbaz M, Wang J, Dong K, et al. The Impact of Digital Economy on Ener-

gy Transition across the Globe: The Mediating Role of Government Governance [J]. Renewable and Sustainable Energy Reviews, 2022, 166: 112620.

[45] Shah W U H, Hao G, Yan H, et al. The Impact of Trade, Financial Development and Government Integrity on Energy Efficiency: An Analysis from G7-Countries [J]. Energy, 2022, 255: 124507.

[46] Shao X, Zhong Y, Liu W, et al. Modeling the Effect of Green Technology Innovation and Renewable Energy on Carbon Neutrality in N-11 Countries? Evidence from Advance Panel Estimations [J]. Journal of Environmental Management, 2021, 296: 113189.

[47] Shen Y, Su Z W, Malik M Y, et al. Does Green Investment, Financial Development and Natural Resources Rent Limit Carbon Emissions? A Provincial Panel Analysis of China [J]. Science of the Total Environment, 2021, 755: 142538.

[48] Song L, Fu Y, Zhou P, et al. Measuring National Energy Performance Via Energy Trilemma Index: A Stochastic Multicriteria Acceptability Analysis [J]. Energy Economics, 2017, 66: 313-319.

[49] Song M, Xie Q, Shen Z. Impact of Green Credit on High-efficiency Utilization of Energy in China Considering Environmental Constraints [J]. Energy Policy, 2021, 153: 112267.

[50] Steffen B. Estimating the Cost of Capital for Renewable Energy Projects [J]. Energy Economics, 2020, 88: 104783.

[51] Stringer T, Joanis M. Assessing Energy Transition Costs: Sub-national Challenges in Canada [J]. Energy Policy, 2022, 164: 112879.

[52] Sweerts B, Dalla Longa F, van der Zwaan B. Financial De-risking to Unlock Africa's Renewable Energy Potential [J]. Renewable and Sustainable Energy Reviews, 2019, 102: 75-82.

[53] Tanaka K, Managi S. Industrial Agglomeration Effect for Energy Efficiency in Japanese Production Plants [J]. Energy Policy, 2021, 156: 112442.

[54] Ullah S, Adebayo T S, Irfan M, et al. Environmental Quality and Energy Transition Prospects for G-7 Economies: The Prominence of Environment-related ICT Innovations, Financial and Human Development [J]. Journal of Environmental Management, 2023, 342: 118120.

[55] Ullah S, Luo R, Nadeem M, et al. Advancing Sustainable Growth and Energy Transition in the United States through the Lens of Green Energy Innovations, Natural

Resources and Environmental Policy [J]. Resources Policy, 2023, 85: 103848.

[56] Usman A, Ozturk I, Ullah S, et al. Does ICT Have Symmetric or Asymmetric Effects on CO_2 Emissions? Evidence from Selected Asian Economies [J]. Technology in Society, 2021, 67: 101692.

[57] Wang B, Wang J, Dong K, et al. Is the Digital Economy Conducive to the Development of Renewable Energy in Asia? [J]. Energy Policy, 2023, 173: 113381.

[58] Wang Z, Xia C, Xia Y. Dynamic Relationship between Environmental Regulation and Energy Consumption Structure in China under Spatiotemporal Heterogeneity [J]. Science of the Total Environment, 2020, 738: 140364.

[59] Wan Y, Sheng N, Wei X, et al. Study on the Spatial Spillover Effect and Path Mechanism of Green Finance Development on China's Energy Structure Transformation [J]. Journal of Cleaner Production, 2023, 415: 137820.

[60] Wilson C, Grubler A, Bento N, et al. Granular Technologies to Accelerate Decarbonization [J]. Science, 2020, 368 (6486): 36-39.

[61] Xia Y H, Luo L Y, Ji K W, et al. The Impact of Green Finance and Local Regulations on Industrial Green Innovation Efficiency in China [J]. Environmental Science and Pollution Research, 2024, 31 (2): 1980-1994.

[62] Xie X, Huo J, Zou H. Green Process Innovation, Green Product Innovation, and Corporate Financial Performance: A Content Analysis Method [J]. Journal of Business Research, 2019, 101: 697-706.

[63] Xiong S, Ma X, Ji J. The Impact of Industrial Structure Efficiency on Provincial Industrial Energy Efficiency in China [J]. Journal of Cleaner Production, 2019, 215: 952-962.

[64] Ye F, Quan Y, He Y, et al. The Impact of Government Preferences and Environmental Regulations on Green Development of China's Marine Economy [J]. Environmental Impact Assessment Review, 2021, 87: 106522.

[65] Zhang H, Zhang G, Qi Y, et al. The Impact of City Financial Ecology on Firm Financing Efficiency: Evidence from China's Strategic Emerging Industries [J]. PloS One, 2023, 18 (8): e0288229.

[66] Zhao J, Jiang Q, Dong X, et al. Assessing Energy Poverty and Its Effect on CO_2 Emissions: The Case of China [J]. Energy Economics, 2021, 97: 105191.

[67] Zhou C, Sun Z, Qi S, et al. Green Credit Guideline and Enterprise Export Green-sophistication [J]. Journal of Environmental Management, 2023, 336: 117648.

［68］范英，衣博文．能源转型的规律、驱动机制与中国路径［J］.管理世界，2021（8）：95-105.

［69］郝宇．新型能源体系的重要意义和构建路径［J］.人民论坛，2022（21）：34-37.

［70］江艇．因果推断经验研究中的中介效应与调节效应［J］.中国工业经济，2022（5）：100-120.

［71］史丹，李少林．排污权交易制度与能源利用效率——对地级及以上城市的测度与实证［J］.中国工业经济，2020（9）：5-23.

［72］曾国安，苏诗琴，彭爽．企业杠杆行为与技术创新［J］.中国工业经济，2023（8）：155-173.

第六章　高水平对外开放推进中国式现代化：基于新能源产业贸易网络视角[*]

一、问题的提出

改革开放以来，中国不断扩大对外开放圈，融入全球化进程，创造了举世瞩目的经济成绩，成为仅次于美国的世界第二大经济体。经济实力的大幅跃升离不开高水平对外开放，中国已成为140多个国家和地区的主要贸易伙伴，货物进出口总额年均增长5.6%，连续多年居世界第一；吸引外资和对外投资均居世界前列（国家发展和改革委员会，2023）。中国的对外开放进程助力创造了经济增长奇迹，推动了社会主义市场经济体制不断完善，并促进了全方位、深层次改革，为中国式现代化奠定了良好的物质和制度基础。进入新时代，面向全面建设社会主义现代化国家的奋斗目标，高水平的对外开放是必由之路（刘洪愧，2023；钱学锋和方明朋，2023；朱福林，2023）。那么，如何通过高水平对外开放推进中国式现代化？高水平对外开放的内涵是什么？这成为理论界与决策层关注的重要问题。

2023年，全球经济在疫情后同步修复，但走向却加剧分化。全球贸易由于出现"逆全球化"趋势，全球产业链从传统地追求效率及成本变成了安全、稳定和韧性。作为世界第二大经济体，中国对能源资源的需求巨大，两大重要战略物资——石油和天然气的供给一直依赖国际市场，能源对外依存度长期居高不下。因此，构建好安全、可持续的能源贸易网络，确保战略性能源资源安全，成为中国式现代化推进过程中的关键一环。长期以来，中国通过各种对外开放措施，努力维护化石能源贸易顺畅，提高能源利用效率，保障现代化建设所需的石

---

[*]　作者信息：胡晓晓，经济学博士，中北大学经济与管理学院讲师。

油、天然气等矿产资源安全。另外，随着应对气候变化成为全球共识，各国就减少化石能源消费达成了共识，共同推进能源转型。根据国际可再生能源署发布的报告，截至 2022 年，全球太阳能的累计装机容量为 1053GW，风电累计装机容量为 899GW，可再生能源（非水能）在全球能源消费中占比已上升至 7.5%，较上年增加约 1%。风能和太阳能发电量增长至创纪录的 12%，满足了净电力需求增长的 84%（BP，2023）。

作为全球最大的温室气体排放国，中国积极推进新能源产业发展，保障国家的能源安全。不但提出了"双碳"目标，而且还制定实施了一系列旨在鼓励和支持可再生能源发展的政策，促进可再生能源产业发展。截至 2023 年，风电装机容量约 4.4 亿千瓦，同比增长 20.7%；太阳能发电装机容量约 6.1 亿千瓦，同比增长 55.2%。同时，中国还建成了全球规模最大的电力供应系统和清洁发电体系，其中，水电、风电、光伏、生物质发电和在建核电规模多年都位居世界第一（国家能源局，2024）。2012~2022 年，中国非化石能源消费比重由 9.7% 上升至17.5%，能效提升速度居世界前列。中国新能源产业蓬勃发展，风电和光伏产业国际贸易额也呈上升趋势，已成为经济发展的新动能（Goldman Sachs，2023）。对中国而言，推进高水平对外开放，借助国际国内两个市场、两种资源，充分发挥新能源产业的发展优势，实现创新资源的有效配置，扩展高水平对外开放的边界，对推进中国式现代化进程具有重要意义。

二、文献回顾与理论分析

（一）文献回顾

2019 年，党中央首次提出了"促进更高水平对外开放"的时代要求，众多学者对高水平对外开放的内涵进行了解读和定义。综合来看，高水平对外开放具备以下特征：第一，对外开放层次高（施建军等，2018；张二震等，2023），"量""质"并举，以"质"取胜（林发勤等，2023）。第二，对外开放范围广（王霞和苏诗洁，2023），不仅全方位参与全球资源配置，涵盖资金、技术、市场、人才等各个领域，还要扩大开放合作的"朋友圈"，构筑开放包容的产业链、供应链和价值链。第三，对外开放安全性高（钱学峰和方明朋，2023），通过内向安全、外向安全及系统安全保障自身产业链、供应链和价值链安全。第四，对外开放程度深（何曜，2023），积极推进同各国的产业、产能合作，构筑互利共赢的产业链、供应链、价值链。

国内外学者对于高水平对外开放的研究主要是从贸易视角切入，细致考察了全球对外开放的贸易格局、影响效应、发展路径等内容，新能源产业贸易网络在新兴产业和能源转型背景下被纳入高水平对外开放研究体系中。与传统能源相比，可再生能源贸易网络展现出更高的网络依赖程度，对化石能源贸易的依赖关系产生了替代作用（种照辉等，2022），投资清洁能源技术可以减少全球液化天然气贸易（Najm et al.，2020）。同时，国际贸易网络中聚集程度更高、距离更近的国家群体对风电技术的扩散产生负向影响，而作为贸易中介的国家群体则产生正向影响（Zhang and Duan，2020）。在贸易格局层面，太阳能贸易和风能贸易是主要的研究对象。在贸易网络结构中，"核心—边缘"结构变动加剧，亚洲逐渐占据更重要的地位。此外，中国、美国、德国三国还在光伏产业上中游贸易中承担重要的"中介"职能，中国、美国、日本、德国、英国、法国六国以及中国香港地区在光伏产业贸易中具有较高的接近中心性，贸易联系的自由度高（丁嘉铖等，2023）。值得注意的是，竞争加剧和政策氛围趋紧导致国际新能源市场动荡，贸易保护主义开始渗透到新能源产业（杨丹辉，2012）。部分学者从安全性、风险等角度讨论了光伏产业贸易发展。如以中国光伏产业遭遇贸易限制措施为例，探讨了战略性新兴产业遭遇贸易限制措施冲击效应的原因和主要表征，发现贸易保护主义措施对中国光伏产业的出口目的国格局产生了显著影响，引发贸易格局的演变（胡绪华等，2015；朱向东等，2019；王静仪，2014；韩玉军和李雅菲，2013）；基于复杂网络分析发现国际热泵贸易格局在全球、社区和国家三个层面上呈现出一定的稳定性特征，但同时也受到多种因素的影响，如技术缺乏、化石能源价格等（Liu et al.，2017）。

新能源产业兼具技术密集、新兴战略、复合多元、地缘博弈等多种属性，对高水平对外开放的影响路径和效应具有复杂多元的特点，主要表现为以下四个方面：①新能源产业提高对外开放层次。作为技术密集型和新兴战略性产业，新能源产业贸易不仅可以促进先进技术的引进、消化、吸收再创新，有助于改善贸易结构，增加高技术、高附加值产品的比重（国务院发展研究中心课题组，2018），也可以促进中国对外开放的规模，进而提升中国高水平对外开放质量，深化对外开放层次。②新能源产业贸易扩大对外开放范围。一方面，新能源产业贸易涉及要素丰富，有助于在全球范围内吸引、聚集、整合和配置高端要素，达到商品与要素一同开放。另一方面，新能源产业贸易进一步将能源产业链延伸及拓展至全球，深化和发展与发达经济体的多元化合作，扩大开放合作的"朋友圈"（项松林和苏立平，2023）。③新能源产业贸易保障对外开放产业链安全。新能源产业构建多元化能源供应链，减少对传统能源的进口依赖，推进国内安全的构建，同时也保障了对外开放产业链要素安全性（刘华军，2022）。此外，新能源产业的发展是低碳转型路径中经济社会发展的重要动能，推动经济系统长期稳定运转，保障了整体的系统安全。④新能源产业贸易加深对外开放程度。以新能源贸易网络加强各国的多边贸易，构建互利共赢的经贸合作关系，来应对当今世界"小院高墙"（朱大鹏，2023）、"脱钩断链"等保护主义政策，推动形成更加公正、合理和有效的国际贸易秩序，推进高水平对外开放。

综上所述，对新能源贸易网络的探究多数停留在宏观层面，仍有较大的拓展空间。①较多研究太阳能光伏贸易，而对新能源贸易体系的综合研究较少；②主要研究了新能源贸易的安全、韧性等，对新能源贸易推进高水平对外开放研究较少，缺乏对理论机制和路径的探析；③以固定时间节点研究较多，而采用长时间尺度动态研究较少。因此，本章采用社会网络分析模型、核心—边缘模型、CONCOR 模型，以中国风电产业为例，分析了 2013～2022 年中国高水平对外开放下新能源产业贸易网络结构发展的趋势与特征。

（二）理论分析

由于新能源产业具有技术密集、新兴战略、复合多元、地缘博弈等多种属性，新能源产业贸易的发展，对高水平对外开放的影响路径和效应必然具有复杂多元的特点，并通过发展动力及发展环境两个维度不断推进中国式现代化进程（朱福林，2023；王德蓉，2023）。从发展动力来看，高水平对外开放推动技术进步，打牢创新基础，助推中国式现代化。一方面，利用国际市场，参与国际竞争促使企业不断进行技术创新，以保持竞争优势；另一方面，作为最大的发展中国家可通过"干中学"效应并利用外资带来的"技术溢出效应"等多种途径来实现技术进步（Gereffi，1999；Groossman and Helpman，2002），提升生产效率。从发展环境来看，高水平对外开放有利于营造全球共同发展的国际环境。高水平对外开放统筹发展与安全，不仅对自身中长期发展具有决定性影响，也有利于营造稳定安全的内外环境（谢伏瞻等，2020），在发展过程中把握自身发展与世界繁荣，构建人类命运共同体。总的来说，新能源产业贸易的蓬勃发展能够推动高水平对外开放，加速中国式现代化进程，其影响机理见图 6-1。

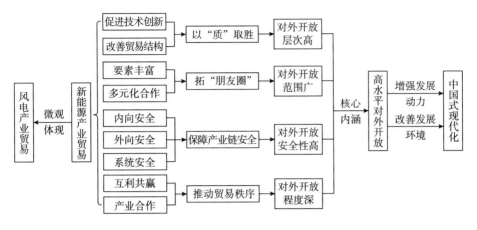

图 6-1　影响机理示意图

三、主要事实与特征

（一）全球新能源产业发展成熟，风电产业贸易潜力巨大

在过去的一个世纪中，能源贸易市场大部分是化石能源。20 世纪伊始，全球能源贸易市场由煤炭占据绝对霸权；到 20 世纪下半叶，石油逐步取代煤炭成为新的主导能源（朱雄关，2020；Ji et al.，2019）。但随着全球碳中和目标逐步推进与能源转型的加速，新能源产业贸易在整体能源贸易中的重要性日益增加，能源贸易市场结构越发多样。

根据 2022 年国际可再生能源署（IRENA）和国际能源署（IEA）的预测，到 2030 年，新能源的市场占比将超过石油、煤炭和天然气，甚至在 2050 年市场占比率超过 70%，成为能源市场支柱。在各种新能源类型中，到 2050 年风能成为全球能源系统的中心支柱，并且风力发电量将超过其他任何能源，风电是未来最具潜力的领域（IRENA，2023；IEA，2022）。具体而言，IEA 的 2050 年净零排放路线图提出了一个全球发电组合：其中风能将占据 35% 的份额，太阳能占据 33%，水力发电占据 12%，核能占据 8%，生物能占据 5%，氢能占据 2%，具有碳捕获利用和储存的化石燃料占据 2%；同样地，IRENA 的《世界能源转型展望》报告也提出一个 1.5℃ 路径路线图，其中风能和太阳能发电组合占据全球总发电量的 2/3 以上。然而，全球风能理事会在《2022 年全球风电报告》（GWEC，2023）中指出，按照目前安装速度，到 2030 年的 1.5℃ 净零路径所需风能容量将不足 2/3。未来，依据全球风能理事会发布的《2022 年全球风电报告》（GWEC，2023），全球风能市场预计将以平均每年 6.6% 的速度增长，并将在 2026 年达到 128.8GW。同时，从行业投资视角，国际能源机构表明（IEA，2023），2022 年风力发电投资增长了 20%，投资额达到创纪录的 1850 亿美元，并有望在 2023 年实现大幅增长。在中国，根据《2030 年前碳达峰行动方案》等政策规划，到 2030 年中国风电总装机容量将达到 15 亿千瓦以上，其中海上风电装机容量达到 5 亿千瓦以上。

　　全球风电产业始于 40 年前，在丹麦萌芽并首先在欧洲壮大。全球及中国风电产业均先后经历四个发展阶段，目前均已步入成熟期，如图 6-2 所示。此外，从《清洁能源消纳行动计划（2018—2020 年）》中的能源利用率目标来看，中国光伏和风电实际利用率均已达到政策目标（黄栋等，2021），"弃风弃光"问题已得到较大程度的解决。

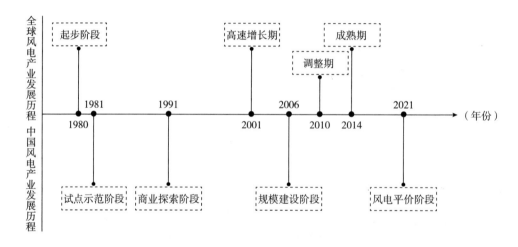

图 6-2　全球及中国风电产业发展进程

　　同时，经过 40 年发展，风电产业链逐步完善。依据全球风能理事会（GWEC）发布的《2022 年全球风电报告》中对风电产业链的简要描述，风电产业链大致可分为上游原料生产、中游零部件生产及组装以及下游建设运维。如图 6-3 所示，风电产业链上游主要生产碳纤维、玻璃纤维、环氧树脂等，中游主要生产叶片、主轴等零部件并进行整机组装，下游负责设备安装、运维。

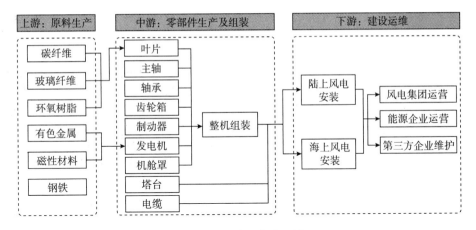

图 6-3　全球风电产业链

（二）中国新能源产业稳步发展，风电产业贸易独具优势

目前中国正大力发展新能源，且成为全球新能源领域的重要参与者。中国风电产业贸易进出口近十年呈现新态势、新特点，在全球范围内独具优势，助力中国新能源产业稳步发展。

1. 中国是全球重要风电设备供应国

在全球风电市场中，中国长期保持净出口国的地位。中国风电贸易进口额整体呈现先上升后下降趋势，2018 年达到进口额峰值 1 亿美元，2022 年为 306 万美元；中国风电贸易出口额整体呈现上升趋势，在 2021 年达到峰值 14.37 亿美元，2022 年为 9.98 亿美元（见图 6-4）。2013~2022 年中国风电设备累计出口额占比 6.87%，年平均出口额占比 7.91%，是全球重要的风电设备供应国。

2. 中国风电设备进口额低，进口国较单一

2013~2022 年，中国风电设备进口量呈现出先上升后下降的趋势，大致可分为三个阶段。第一阶段为调整期（2013~2015 年），进口额从 2013 年的 1000 万美元下降至 2015 年的 150 万美元（见图 6-5），平均每年降低 47.6%。第二阶段为急速扩张期（2016~2018 年），进口额从 2016 年的 170 万美元迅速增加至 2018 年的 1 亿美元，增长率一度达 2990%，达到近十年的峰值。第三阶段为成熟期（2019 年至今），中国风电设备制造业在逐步完善，进口额降至 300 万美元，平均每年降低 39.6%。

从中国风电设备的进口国家来看，中国在风电贸易中的进口国较少，且具有集中性以及阶段性。2013~2022 年，中国风电设备进口国共 21 个，主要为丹麦、法国、德国、美国和日本。这五个国家近十年进口总额占比分别为 78.9%、8.0%、

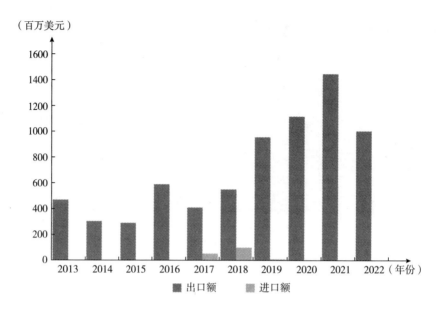

图 6-4 2013~2022 年中国风力设备进出口额

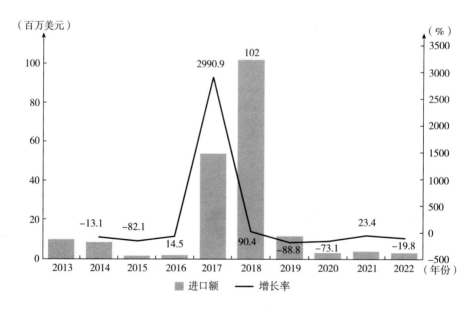

图 6-5 2013~2022 年中国风力设备进口额及其增长率

5.9%、5.4% 和 0.9%，累计占比高达 99%。2013~2016 年，主要进口国为德国与丹麦，其中德国在 2013 年和 2016 年进口额占比均超过了 80%，丹麦在 2014 年进口额占比接近 100%（见图 6-6）；2017~2019 年，以丹麦为主要进口国，且 2018 年中国对丹麦的风电设备进口额突破近十年进口额记录，达到近 1 亿美元；2020~2022 年，以美国为主要进口国，每年进口额占比在 50% 上下浮动，但进口额远远小于 2017~2019 年的丹麦。

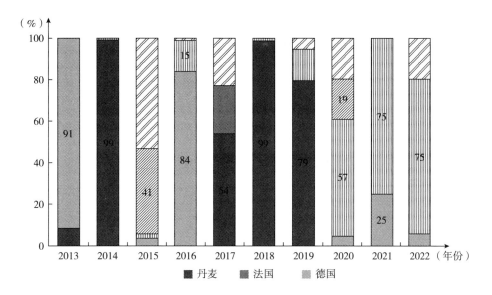

图 6-6　2013~2022 年中国风电设备进口额的各国占比

3. 中国风电设备出口额高，出口国分布广

2013~2022 年，中国风电设备进口量存在一定波动性，但整体呈现上升趋势，大致可分为两个阶段。第一阶段为波动期（2013~2017 年），出口额在 4 亿美元上下波动，其中 2016 年波动较大，增长率达 102.1%（见图 6-7）。第二阶段为稳步增长期（2018~2022 年），出口额从 2018 年的 5.5 亿美元稳步增加至 2021 年的 14.3 亿美元。虽 2022 年出口额呈现出 30.5% 的下降，但相较于 2018 年仍呈现出稳步上升趋势。

相较于中国风电设备进口集中于丹麦、法国、德国、美国和日本等 21 个国家，中国风电设备出口国却呈现截然不同的多样性，高达 175 个出口国。同时，2013~2022 年出口额均高于进口额，2022 年净出口额达到峰值 11 亿美元，年均净出口达 6.9 亿美元。在 2013~2022 年中国风电设备出口的 175 个国家中，澳大利亚、越南、巴基斯坦、美国和南非出口总额占比相对较高，分别为 17.00%、13.02%、5.22%、5.09% 和 4.96%。同时，中国出口的风电设备遍及各个大洲，其中大洋洲以澳大利亚为近十年中国主要出口国，几乎历年出口额均位于前五，占比最高达 36.4%（见图 6-8）；亚洲近十年也为中国主要出口洲，主要出口国

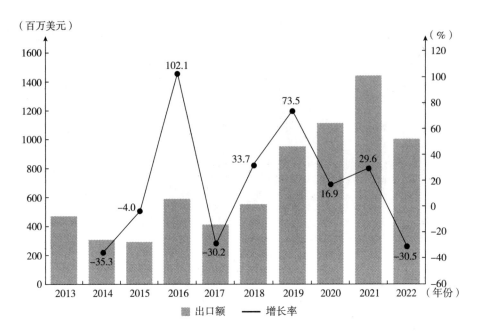

图 6-7　2013~2022 年中国风力设备出口额及其增长率

		2013	2014	2015	2016	2017	2018	2019	2020	2021	2022（年份）
大洋洲	澳大利亚	12.2%	7.7%			25.7%	27.6%	36.4%	20.1%	7.2%	15.7%
北美洲	美国			10.1%		22.6%	11.9%		12.7%		
	墨西哥					5.9%	18.4%				
	加拿大										
非洲	南非	21.5%	14.1%		20.4%						
	埃塞俄比亚	11.4%	33.9%								
	肯尼亚				14.2%						
南美洲	智利			10.48		9.7%			7.3%	4.0%	
	阿根廷						6.6%	15.3%			
	巴西										6.6%
欧洲	瑞典	6.6%						6.9%		5.3%	
	法国						7.01%				
	意大利										
	英国										
	波兰										
亚洲	越南								7.0%	49.5%	10.3%
	巴基斯坦			39.2%	27.0%	18.4%					
	日本									5.6%	
	泰国			15.1%	9.4%						
	土耳其		7.7%								
其他国家		21.7%	18.1%	12.2%	9.8%		9.7%	17.9%	23.1%	18.9%	34.9%

图 6-8　2013~2022 年中国风电设备出口额的各国占比

为越南、巴基斯坦、日本和泰国，且2021年对越南出口额占比达到近十年最高的49.5%，出口额为7.1亿美元；非洲在2013~2016年为主要出口目的地，其间出口额占比几乎均大于30%，以南非、埃塞俄比亚和肯尼亚为主要出口国；南美洲在2017~2022年出口额占比在10%上下浮动，以智利、阿根廷为主要出口国。欧洲出口额占比较低，以瑞典为主要出口国。

总体而言，中国风电设备出口额在全球市场中的占比一直保持在较高水平，约为全球第四位，远高于全球第三十三名的进口额，对外依存度低。这不仅反映了中国风电设备技术的先进性和质量，也更展示了中国在全球风电市场具备较强的竞争力和影响力，是高水平对外开放的重要体现。

四、研究模型及数据来源

（一）模型选取

本章旨在通过研究中国风电设备国际贸易的规模、流向、地位和作用等内容，揭示中国风电设备高水平对外开放中的特征与风险，选取社会网络模型、核心—边缘模型、CONCOR模型三个模型分析新能源产业贸易网络特征。其中，社会网络模型适合分析复杂网络中节点之间的关系和互动，能揭示网络结构、关键节点以及信息传播路径，对于理解新能源产业贸易中的合作与竞争关系至关重要；核心—边缘模型则能够揭示贸易网络中的核心和边缘结构，分析资源和权力的分配与流动，有助于理解贸易中的不平等现象以及资源和权力的分布情况；CONCOR模型则擅长识别和分析贸易模式、趋势以及集群，通过因子分析和聚类分析，能够揭示出贸易参与者在某些方面的相似性，为参与者和政策制定者提供有针对性的市场进入、合作和竞争策略。综合来看，这三个模型各具优势，从微观到宏观，共建全面的分析框架，为新能源产业贸易研究提供了深入且系统的理解，如图6-9所示。这三个模型也是学者分析贸易网络特征比较通用的方法。

本章以风电产业为例，首先运用社会网络模型构建全球风电产业贸易网络，选取部分整体指标和节点指标分析风电行业全球贸易格局的结构特征及关键节点国家的动态演化特征；其次运用核心—边缘模型定量分析贸易网络中各国的核心程度，进一步结合时序特性进行动态演化特征剖析；最后运用CONCOR模型将全球风电行业贸易网络划分为不同板块，分析各个板块成员国及其关联，并探究其空间聚类格局。

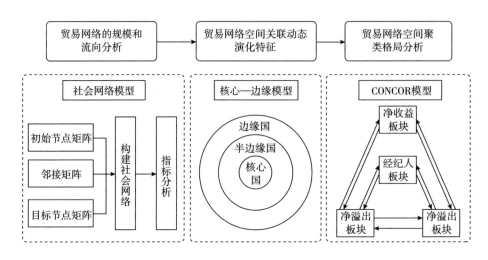

图 6-9 研究模型

（二）模型构建

1. 社会网络模型

参考 Gao 等（2022）、Cai 等（2023）、Di 等（2022）的做法，本章对风电产业贸易网络进行如下构建：

ⅰ）定义产品出口国为初始节点，采用矩阵 $V_i = [v_i]$ 表示；

ⅱ）定义产品进口国为目标节点，采用矩阵 $V_j = [v_i]$ 表示；

ⅲ）定义边权重为交易国之间各环节的产品贸易量，采用矩阵 $W = [w_{ij}]$ 表示；

ⅳ）定义各国之间的邻接矩阵为 $A = [a_{ij}]$，考虑贸易网络参与国家众多，对邻接矩阵进行疏密处理（刘华军等，2015），具体表达式如式（6-1）所示。

$$A = a_{ij} = \begin{cases} 1, & \text{若 } w_{ij} \geq \overline{w_i} \\ 0, & \text{若 } w_{ij} < \overline{w_i} \end{cases}, \text{ 其中 } \overline{w_i} = \frac{1}{n}\sum_{j=1}^{n} w_{ij} \tag{6-1}$$

综上所述，采用 V_i、V_j、A 共同构成全球风电产业的有向加权贸易网络，记作 $E = (V_i \ V_j \ W \ A)$。

（1）节点指标。出强度（Out-strength）在网络分析中表示某节点指向网络其余节点的权重之和（王芳等，2021）。在本章中，某节点国家的出强度表示该国出口其余节点国家的风电设备总和。该指标主要表现为一国的风电产品供给能力，具体表达式如式（6-2）所示。

$$s_i^{out} = \sum_{j=1}^{n} w_{ij} \tag{6-2}$$

入强度（In-strength）在网络分析中表示某节点被网络其余节点指向的权重之和（王芳等，2021）。在本章中，某节点国家的入强度表示该国进口其余节点国家的出口风电设备总和。该指标主要表现为一国的风电产品消耗能力，具体表达式如式（6-3）所示。

$$s_i^{in} = \sum_{j=1}^{n} w_{ji} \tag{6-3}$$

中介中间度（又称中心中间度，Betweenness Centrality）在网络分析中表示某节点对资源的控制程度，具体而言，若某节点位于许多节点的最短路径上，则该节点的中间中心度较高（Zhou，2016），具体表达式如式（6-4）所示。

$$B_i = \sum_{t=1}^{n} \sum_{s=1}^{n} \frac{g_{sit}}{g_{st}}, \qquad s \neq i \neq t \tag{6-4}$$

（2）整体指标。网络密度（Density）表征网络结构的紧密程度。该值越大，表明全球风电产业之间的联系越紧密，网络结构对风电产业贸易额影响也越大（李庭竹和杜德斌，2023），计算公式如式（6-5）所示。

$$D = \frac{M}{N[N \times (N-1)]} \tag{6-5}$$

其中，N 表示网络中的节点数，M 表示网络关系数。

本章所使用的整体和节点指标及其具体含义汇总如表6-1所示。

表6-1　社会网络模型相关指标具体含义

	相关指标	具体含义
节点指标	出强度	一国风电产品的供给能力
	入强度	一国风电产品的消耗能力
	中介中间度	一国对资源的控制程度
整体指标	网络密度	各国风电产业联系的紧密程度

2. 核心—边缘模型

Borgatti 和 Everett（1999）提出了基于模块度优化的核心—边缘模型（Corer/Periphery Structures）计算方法。该方法的基本思想是通过最大化网络模块度来识别核心—边缘结构。模块度是一种衡量网络中社团内部连接紧密程度和社团之间连接稀疏程度的指标，其值越大表示网络中社团的划分越明显。计算过程首先需要将构建好的有向加权贸易网络转化为0~1网络矩阵，若节点之间存在连接，则对应的矩阵元素值为1；若节点之间没有连接，则对应的矩阵元素值为0。使用优化算法不断调整网络中的连接关系，以最大化模块度值。

通过计算风电能源贸易网络中各节点的核心—边缘度，可以进一步分析核心—边缘群组成员的结构关系，区分贸易节点的等级属性，并结合国家间的产业发展水平及贸易发展程度进行定性分析。本章中核心区域通常是风能资源优越、风电设备制造水平较高、贸易较发达的国家，而风电设备制造水平和贸易往来落后的区域为边缘区域。半边缘区处于核心区域外围，同核心区域间建立了相应水平经济往来，受到核心辐射影响，呈现资源集约利用的特征。资源前沿区域虽然处于边缘，但其拥有丰富的资源和经济发展潜力，可能会出现新的增长势头并且发展为次一级核心区域（汪宇明，2002）。根据核心—边缘理论，贸易的不平等在核心—边缘间蔓延，核心区的发展会扩散至边缘，以加强核心区的贸易统治地位（李光勤等，2022；明庆忠和邱腾扬，2006）。然而核心与边缘区结构、区域间的经济空间结构不断发生变化，最终形成区域空间一体化。

3. CONCOR 模型

CONCOR 模型基于社会网络模型，用于研究网络中节点存在的聚类特征（孙中瑞等，2022）。一方面，该模型能从网络内部结构状态揭示网络特征的新维度，进而更好地分析各个国家在贸易网络中的作用和地位。另一方面，该模型能够对网络进行板块切分，依据不同板块属性反映板块内部节点的连接方式和网络关系，即反映各个国家之间的贸易关系。

从概念上看，依据板块的外部接收、发出关系数量以及板块内部节点数等指标可将板块划分为双向溢出板块、净受益板块、净溢出板块以及经纪人板块（胡绪华和李新，2023；刘英恒太和杨丽娜，2021；丁存振，2021；刘煜和刘跃军，2021）。双向溢出板块的成员主要向其自身成员和其他板块的成员发送链接，但接收到的外部链接相对较少；净受益板块的成员不仅从外部成员处获取链接，还从其自身成员处获取链接，显示出较大的内部关系比例，而外部关系比例相对较小；净溢出板块的成员主要向其他板块发送链接，但对内部成员发送的链接较少，且接收到的外部链接也较少；经纪人板块的成员同时对外部关系进行发送和接收，而内部成员之间的联系相对较少（Zhang et al.，2020），板块具体属性分类见表6-2。

表6-2 CONCOR 模型的板块属性分类依据

位置内部关系比例	板块接收关系比例	
	≈ 0	>0
$\geqslant \dfrac{n_k-1}{n-1}$	双向溢出板块	净收益板块

位置内部关系比例	板块接收关系比例	
	≈ 0	>0
$<\dfrac{n_k-1}{n-1}$	净溢出板块	经纪人板块

注：n_k 表示板块 k 内成员数，n 表示整个网络关系中的成员数。

从经济含义上看，双向溢出板块表明这些地区或国家在新能源产业贸易中具有较高的竞争力和影响力，能够与其他地区或国家建立紧密的贸易联系，共同推动新能源产业的发展；净受益板块表明这些地区或国家在新能源产业贸易中处于相对劣势地位，需要从其他地区或国家获得技术和市场支持，以促进自身的发展；净溢出板块表明自身对外溢出效应大于从其他板块获得溢出效应的地区或国家；经纪人板块在新能源产业贸易中起到桥梁和纽带的作用（齐玮等，2022），能够促进不同地区或国家之间的贸易合作和技术交流，推动整个产业的协同发展。

（三）数据来源

为了确保研究模型的一致性、可比性以及综合分析的需要，本章所使用的三个模型数据均来源于 UN Comtrade 数据库的风力发电机组贸易数据。目前，国际上对风力发电产品的范围界定及分类尚未形成统一口径，因此，考虑数据的适用性与可得性，本文依据 HS 编码对全球风力发电产品的数据进行收集、整理、归纳，发现 HS 编码为 850300、850231 的产品涉及风力发电设备。其中，HS 编码为 850231 的产品为风力发电机组（装有火花点火式或压燃式活塞内燃机的除外），含发电机、风轮（叶片、轮毂和加固件）、塔架（基础环、上支架和上横梁）、机舱、尾翼、传动装置（齿轮箱和增速箱）等全产业链产品，能够有效表征全球风电贸易；HS 编码为 850300 的产品为电动机和发电机（编码前四位为8501 或 8502）的零部件，下属细分门类 85030030 专指风力发电机组零部件，同时包含细分门类 85030010（玩具用电动机等微电动机零部件）、85030090（飞机发动机用交流发电机定子、电动机定子、燃料电池用双极板、交流发电机零件、其他电动机及发电机组零件）。但由于 UN Comtrade 数据库中仅公布 6 位 HS 编码产品贸易数据，故 HS 编码为 85030030 专指风力发电机组零部件的全球贸易数据不可得。考虑到研究数据的准确性和针对性，本章仅采用 HS 编码为 850231 的风力发电机组贸易数据。通过这种方式，既能够避免使用 HS 编码为 850231 和

850300 两种商品贸易数据所带来的失真和干扰，又保证了贸易数据中风电产品的全面性。

五、中国风电产业贸易网络分析

（一）中国风电产业贸易发展状况

本章对全球风电贸易网络中中国的出强度、入强度及其差额进行计算，进而对中国风电产业贸易发展进行剖析。其中，出强度表征一国风电设备出口量，入强度表征一国风电设备进口量；若一国出强度大于入强度，则该国存在贸易顺差，反之存在贸易逆差。

1. 中国风电产业贸易规模

近年来，中国一直处于净溢出国家的行列，风电设备出口量逐渐增大，带动风电产业贸易的发展，贸易顺差额逐渐增大，排名稳居第五位，出强度远远高于入强度，供给能力较强。2022 年中国风电产业贸易顺差额达到 2.69 亿美元，对其他国家风电贸易产业的影响较大，依赖性较小。在进口方面，中国风电设备的进口量呈现出先上升后下降的趋势；在出口方面，中国风电设备的出口量呈现出稳步增长的趋势。尽管在某些年份中，出口额有所波动，但整体上呈现上升的趋势，具体见表 6-3。

表 6-3　2013~2022 年中国风电产业的出强度、入强度及其差额

单位：亿美元

年份	出强度	入强度	差额
2013	0.53	0.01	0.53
2014	0.14	0.01	0.13
2015	0.22	0.00	0.22
2016	0.99	0.00	0.98
2017	1.46	0.24	1.23
2018	0.84	0.14	0.70
2019	1.24	0.02	1.23
2020	1.31	0.00	1.31
2021	1.05	0.01	1.04
2022	2.70	0.00	2.69

2. 中国风电产业贸易流向

2013~2022 年，中国风电设备进口国家相对集中，主要集中在丹麦、法国、德国、美国和日本等少数几个国家。其中，丹麦是中国最大的风电设备进口来源国，特别是在 2017~2019 年，丹麦几乎占据了中国风电设备进口的全部份额。然而，到了 2020~2022 年，美国的地位逐渐上升，成为中国的另一大风电设备进口来源国。在出口国家方面，2013~2015 年间中国主要出口国为南非、埃塞俄比亚、巴基斯坦等发展中国家；2016~2018 年，中国主要出口国为巴基斯坦、南非、墨西哥、澳大利亚、美国等，其中发展中国家占多数，发达国家占少数；2019~2022 年，中国出口国总数大幅上升，其中发达国家数量也同比上升。从出口国分布情况不难看出，随着中国风电设备生产能力的提升，其出口市场不仅包括新兴经济体市场，也包括传统的发达国家市场。这种多元化的市场策略使中国的风电设备企业在不同的市场中寻找到更多的机会和发展空间。

（二）中国风电产业贸易网络空间关联动态演化特征

本章根据中介中心度、核心度指标，通过对比具体数据以及动态排名变化，来分析中国风电产业贸易空间关联个体和整体演化特征，以及中国在风电产业空间关联中的地位。

1. 中国在全球风电产业贸易网络中的中介作用和控制力

中心度衡量的是某一节点在网络中的位置，测度某一节点在网络中所处位置的重要性程度、是否居于主导地位。本章根据中介中心度指标得到 2013~2022 年中国风电产业贸易网络的动态演变情况，如图 6-10 所示。2013~2022 年，中国风电产业贸易网络中介中心值呈现大体上升的趋势，约增加了 1.2 倍。具体而言，2020 年，中国风电产业贸易网络中介中心度跌至近十年内最低值，在之后的两年，中国风电产业贸易网络中介中心度开始大幅度上升，在 2022 年成为近十年全球最高，在全球风电产业贸易网络中有着举足轻重的地位。

为了更准确地分析中国在全球风电产业贸易网络的演化情况，本章以 2013 年、2016 年、2019 年和 2022 年全球风电产业的双边贸易数据为基础，得到了贸易网络结构拓扑图（见图 6-11），其中点的大小表示该节点在整个网络中的控制力大小，节点之间连线的粗细表示各国之间的贸易密切程度。中国一直处于贸易网络中的核心位置，在全球风电产业贸易网络中的控制力始终较大。除此之外，中国与其他国家的贸易密切程度有较大程度的增强，网络密度有明显的上升，网络结构也日益多元化，澳大利亚成为与我国有密切贸易往来的国家之一。

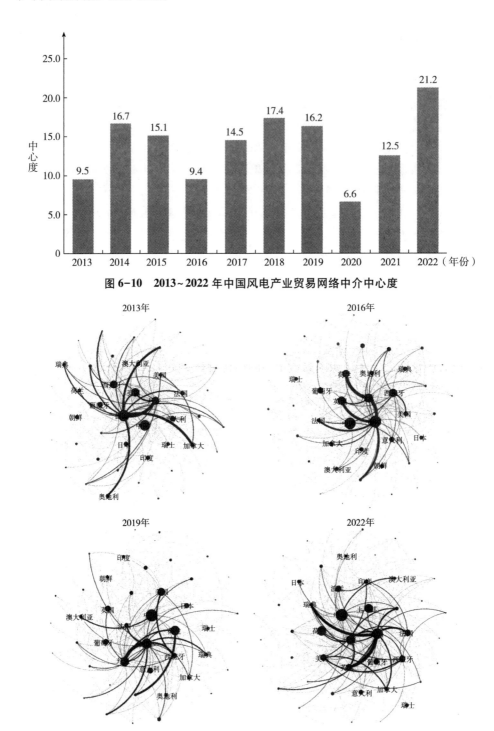

图 6-10　2013~2022 年中国风电产业贸易网络中介中心度

图 6-11　2013 年、2016 年、2019 年及 2022 年全球贸易网络结构拓扑

从全球各国中介中心度的横向对比来看，中国具有较高的中介中心度，近十年来多次排名第一，对风电产业的资源具有较强的支配力和控制力，在贸易网络中处于枢纽地位。从全球各国中介中心度的纵向对比来看，中国在亚洲区域扮演着中介角色，拥有较高的控制权。从全球来看，每个洲域都有各自的中介国家。除中国外，亚洲区域的中介角色还包括日本；美国在美洲区域扮演"桥梁"角色；欧洲扮演中介角色的国家则呈现集中趋势，德国居首，集中于丹麦、荷兰和英国等国家，在全球风电产业贸易网络中都有较强的控制力和影响力。从时间轴来看，英国和意大利等国家中介作用的影响程度有所下降，中国和荷兰等国家的控制力呈上升趋势。

2. 中国在风电产业贸易网络的领导地位及核心度

（1）核心—边缘国家的动态演化。参考王敏和朱泽燕（2019）的相关研究，将计算出核心度大于 0.1 的视为网络结构中的核心国家，核心度在 0.01~0.1 的为半边缘国家，低于 0.01 的则为边缘国家。根据核心度进一步可得 2013~2022 年风电产业所形成的贸易网络结构，如表 6-4 所示。可以发现，从整体来看，核心国家的数量有所波动，风力发电产业在研究期内都呈现出边缘国家数量少，核心国家次之，半边缘国家数量多的结构特征。具体来看，2013~2022 年风力发电产业所形成的贸易网络中，核心—边缘结构特征明显，但是随着新兴技术的变革与创新，结构中核心国家的数量日益减少，由 16 个减少为 13 个，说明风电设备的核心制造技术始终掌握在少数核心国家手中，中国、德国、丹麦、英国、澳大利亚始终是重要的贸易核心国。究其原因，首先，风能资源禀赋是风力发电贸易网络形成演化的决定性要素，其差异决定了风力发电贸易网络节点国家性质，与各国的地理位置相关，呈现出不同的空间分布特征。始终处于核心节点的中国、德国、丹麦等国家由于其优越的地理位置，拥有丰富的风能资源，可以直接带动风力发电贸易网络格局的形成。其次，经济发展水平是一国进行生产与贸易的基础，它推动了风力发电贸易网络的形成演变。当经济发展水平较高时，一国会倾向于发展风能资源等清洁能源来改善该国的自然环境。经济发展水平的提高会促使一国的科技水平提高，进而提高该国风力发电设备的生产效率和制造水平，促进国际贸易，从而促进该国的经济增长。因此，德国、英国等发达国家和中国等经济水平发展较高的发展中国家作为风力发电设备的出口大国，对风力发电产业贸易网络的形成具有关键作用，在风力发电贸易网络中处于核心国。除此之外，风力发电设备生产技术掌握在少数核心国家手中。风力发电设备进出口大多以整机的形式，对生产企业的技术要求较高，产业链整合的趋势形成等原因使整机厂商逐渐融合。根据风力发电产业新增的装机市场份额现实，市场份额逐渐集中于风机大厂，其中一部分属于欧洲，另一部分属于中国。中国风力发电产业发展迅速，开拓亚洲风电产业具有欧美国家所欠缺的地理临近度优势，因此在亚洲区域具有较大影响力。

表6-4　2013~2022年全球风电产业贸易网络中核心、半边缘、边缘国家及其数量

单位：个

年份	核心国数量	半边缘国数量	边缘国数量	部分核心国家名称（核心度排名前五）
2013	16	22	12	澳大利亚、加拿大、瑞士、中国、德国
2014	16	23	11	澳大利亚、奥地利、中国、德国、丹麦
2015	18	19	13	澳大利亚、奥地利、中国、德国、丹麦
2016	17	18	15	澳大利亚、奥地利、中国、德国、丹麦
2017	19	20	11	澳大利亚、奥地利、中国、捷克、德国
2018	15	24	11	中国、德国、丹麦、西班牙、爱沙尼亚
2019	14	21	15	澳大利亚、中国、德国、丹麦、西班牙
2020	15	20	15	中国、德国、丹麦、西班牙、爱沙尼亚
2021	17	23	10	澳大利亚、比利时、中国、德国、丹麦
2022	13	29	8	中国、德国、丹麦、西班牙、法国

（2）中国风力发电产业贸易网络核心—边缘结构特征。由上述分析过程可看出，2013~2022年中国在风力发电产业贸易网络中始终位于核心国家之列，总体地位比较稳定。为对中国的风力发电产业核心度进行进一步研究，本章绘制了中国在风力发电产业贸易网络中的核心度变化趋势曲线，如图6-12所示。由图6-12可知，中国在风力发电产业贸易网络中的核心度一直有波动。2013~2020年核心度呈现出总体上升的趋势，在2019年时到达近十年中的最高点，核心度达到0.496，可见在风力发电领域，中国风电贸易的发展会扩散至半边缘、边缘国家，以加强核心区的贸易统治地位，核心区与边缘区的经济空间结构也会不断发生变化，进而出现一体化的趋势。究其原因，中国一直重视可再生能源的发展，而风力发电是可再生能源发展的重要领域之一。通过不断发展风力发电产业，中国的风力发电设备制造水平不断提升，风力发电专利的申请数量不断增加，中国逐步在全球风力发电领域中处于领导者的地位，占据国际市场一席之地。2019~2021年中国在风力发电产业贸易核心度大幅度下降，在2021年降到0.382。究其原因，主要是由于2020年暴发新冠疫情，在一定程度上限制了我国

在风力发电设备的出口，致使中国在风力发电产业贸易网络的核心度下降。2021 年后，我国经济形势好转，我国在风力发电产业的出口也在逐步恢复。同时，中国提出加快建设以国内大循环为主体、国内国际双循环相互促进的新发展格局，建设更高水平开放型经济新体制，畅通经济循环，实施更大范围、更宽领域、更深层次的全面开放，进一步恢复了中国在风力发电产业贸易网络的核心度。

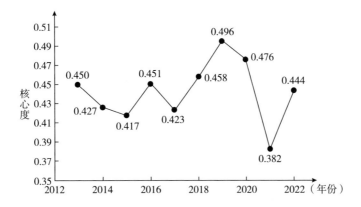

图 6-12　2013~2022 年中国产业贸易的核心度变化趋势

（三）中国风电产业贸易网络空间聚类格局

本章根据全球风电产业贸易网络中的空间聚类结果以及中国在板块中的位置变化，进一步分析中国与其他板块的板块效益，说明中国风电产业贸易空间聚类特征和格局，得出中国风电产业贸易的作用。

1. 中国风电产业贸易空间聚类特征

根据 CONCOR 模型对贸易空间进行板块划分，并采用前文所述的板块属性划分标准，对 2013~2022 年各板块的发出、接收关系进行测算，分析其溢出效应并进一步对其进行板块属性划分。在风电产业贸易网络模型中，四种类型的板块不一定同时存在，且各板块具体的含义取决于当年的贸易关系情况及其网络性质。

以 2020 年的风电网络为例，对其进行溢出效益测度，结果见表 6-5。2020年的风电贸易网络共存在 333 个关联关系，其中四大板块各自内部的关联关系共171 个。

表 6-5 2020 年四大板块接收、发出关系数及其对应类型

	关系矩阵				接收关系数合计（个）		发出关系数合计（个）		期望内部关系比例（%）	实际内部关系比例（%）	板块类型
	板块一	板块二	板块三	板块四	板块内	板块外	板块内	板块外			
板块一	0	0	0	0	0	36	0	0	20.4	—	净收益板块
板块二	4	1	5	3	1	17	1	12	8.2	7.7	经纪人板块
板块三	7	4	40	28	40	78	40	39	26.5	50.6	双向溢出板块
板块四	25	13	73	130	130	31	130	111	38.8	53.9	净溢出板块

四大板块关联关系如图 6-13 所示。其中，板块一内部关系数为 0，外部关系数为 36，存在较多溢出效益，期望内部关系比例高于实际，属于"净受益板块"。部分国家位于贸易网络中心，资源禀赋差异大，依赖其他板块资源。板块二内部关系数为 1，外部关系数相近，期望内部关系比例略高于实际，为"经纪人板块"，位于板块边缘，促进风电产业沟通。板块三内部与外部关系紧密，实际内部关系比例高于期望，为"双向溢出板块"。板块四内部关系紧密，外部溢

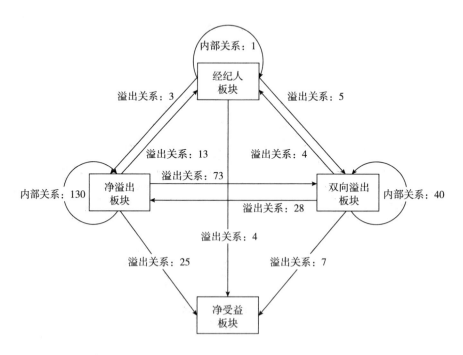

图 6-13 2020 年全球风电产业贸易网络四大板块关联关系

出不明显，实际内部关系比例高于期望，为"净溢出板块"，其中包含中国。这表明，2020年中国在全球风电产业链中扮演着重要的供应角色，为全球风电市场的发展提供了大量的组件。这种出口导向型的贸易模式使中国在风电产业贸易中呈现出净溢出的特点。

根据上述分析，可得2013~2022年中国在全球风电产业贸易网络的空间聚类结果如表6-6所示。中国在2013~2017年一直稳定位于板块四，2018~2022年则短暂地退出、加入各个板块，给板块所包含的国家数量带来了一定程度的波动。上述波动反映出全球风电产业贸易格局的聚类特征在2013~2022年处于变动之中，中国与亚洲其他各国风电产业贸易网络形式及贸易联盟在波动中不断增强。

表6-6 2013~2022年中国所属板块划分及属性

年份	板块划分	板块属性
2013	板块四	净溢出板块
2014	板块四	净溢出板块
2015	板块四	双向溢出板块
2016	板块四	净溢出板块
2017	板块四	净溢出板块
2018	板块一	净溢出板块
2019	板块三	净溢出板块
2020	板块四	净溢出板块
2021	板块二	净溢出板块
2022	板块一	净溢出板块

2. 中国风电产业贸易空间关联性

为了进一步量化分析中国所属板块与各板块之间的空间关联效益，选取时间节点2013年、2016年、2019年及2022年，对全球风电产业网络模型各板块构建密度矩阵，并以该年份网络整体密度为阈值，计算得出像矩阵，结果见表6-7。

表 6-7 2013 年、2016 年、2019 年、2022 年四大板块密度矩阵及像矩阵

2013 年	密度矩阵				像矩阵			
	板块一	板块二	板块三	板块四	板块一	板块二	板块三	板块四
板块一	0	0	0	0	0	0	0	0
板块二	0.067	0.122	0.14	0.081	0	0	0	0
板块三	0.052	0.087	0.095	0.2	0	0	0	1
板块四	0.167	0.2	0.329	0.417	1	1	1	1

2016 年	密度矩阵				像矩阵			
	板块一	板块二	板块三	板块四	板块一	板块二	板块三	板块四
板块一	0	0	0	0	0	0	0	0
板块二	0.025	0.083	0.045	0.054	0	0	0	0
板块三	0.082	0.114	0.199	0.182	0	0	1	1
板块四	0.129	0.446	0.338	0.291	0	1	1	1

2019 年	密度矩阵				像矩阵			
	板块一	板块二	板块三	板块四	板块一	板块二	板块三	板块四
板块一	0	0	0	0	0	0	0	0
板块二	0.028	0.033	0.048	0.028	0	0	0	0
板块三	0.131	0.262	0.368	0.325	0	1	1	1
板块四	0.093	0.083	0.234	0.118	0	0	1	0

2022 年	密度矩阵				像矩阵			
	板块一	板块二	板块三	板块四	板块一	板块二	板块三	板块四
板块一	0.454	0.366	0.125	0.226	1	1	0	1
板块二	0.237	0.143	0.041	0.077	1	0	0	0
板块三	0.036	0	0	0.033	0	0	0	0
板块四	0.038	0.077	0.055	0.09	0	0	0	0

在 2022 年的风电产业关联网络的矩阵中，中国处于第一板块，第一板块和第二板块之间存在双向溢出关联关系，说明中国在风电产业贸易中具有较高的竞争力和影响力，可以与其他国家建立更加紧密的贸易联系，共同推动风电产业的发展；第四板块对第一板块具有单向关联关系，如图 6-14 所示。在 2019 年的风电产业关联网络的结构组成上与 2022 年高度相似，也存在双向溢出关联关系（第三板块和第四板块）、单向关联关系（第二板块对第三板块）及内部关联关系（第三板块），此时中国处于第三板块，与第三板块和第四板块所包含的国家也有密切的贸易联系。相较于 2019 年与 2022 年的关联网络，2016 年的结构特点体现在两个板块内部的关联关系（板块三、板块四）。2013 年的网络结构则更为特殊，存在板块一、板块二对板块四的单向关联关系，板块四和板块三之间的双

向关联关系以及板块四之间的内部关联关系。中国在 2013 年和 2016 年都处于第四板块，与各板块所包含的国家都有密切的贸易联系。板块关联关系结构的动态变化反映出随着时间推进，中国由经纪人板块移动到双向溢出板块，风电产业得到进一步发展，与各国的贸易联系更加紧密。究其原因，中国风电设备得到改进和创新，使出口额得到较大提升。同时，中国推进高水平对外开放，依托我国大规模的市场优势，凭借国内大循环来吸引全球风力产业的资源要素，增强国内国际风电市场的资源联动效应，从而提升风电贸易投资合作质量和水平，推动建立与其他国家的贸易联系，实现互利共赢。

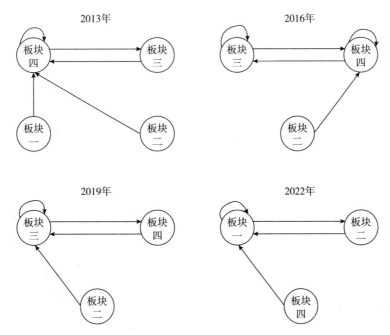

图 6-14 2013 年、2016 年、2019 年及 2022 年风电贸易网络板块关联关系

六、结论与政策建议

（一）研究结论

本章首先分析了中国高水平对外开放的内涵和特征，其次从理论上分析了新能源产业贸易在质量发展、范围扩大、安全稳定、互利共赢四个方面影响高水平开放的传导机理，进而对中国式现代化产生影响，再次系统全面分析了高水平对

外开放下新能源产业进出口贸易、技术发展水平、供应链风险等方面的特征事实，最后采用社会网络分析模型、核心—边缘模型、CONCOR 模型以中国风电产业为例，分析了 2013~2022 年中国高水平对外开放下新能源产业贸易网络结构发展趋势及特征，得到的主要结论如下：

（1）中国风电产业总贸易量可观，贸易对象多元，但进出口失衡。2022 年，中国风电贸易出口额达到 9.98 亿美元，主要包括澳大利亚、越南、巴西、日本等国家，达到全球第三；进口额为 0.03 亿美元，主要包括丹麦、美国、德国、法国等国家。中国风电贸易的进出口失衡明显，出口导向的对外开放政策在高水平对外开放的要义下是否仍存在现实意义，亟须考证；中国风电产业贸易有越来越集中于发达国家和地区的发展趋势，但需要注意可能因地缘政治而导致的断供、断链等风险。

（2）中国在风电产业海外供应链中心度上的优势显著，这增强了其风电设备出口的竞争力。高中心度不仅提升了出口的恢复概率和速度，也增强了疫情后投入品的稳定性。随着风电行业竞争的加剧，这一优势将进一步促进中国风电设备的出口增长，巩固其在全球市场的领先地位。

（3）中国在全球风力发电产业贸易网络中始终位于核心国家之列，贸易控制力较强，总体地位比较稳定。中国节点中心性明显高于其他国家，在网络中的重要性凸显。且中国在风电产业的进出口贸易中综合实力增强，与风电贸易网络中的所有节点均有关联，中介中心值呈现大体上升的趋势，控制力持续提升。然而，在全球能源转型和可再生能源领域竞争激烈的背景下，高度的控制力也可能引发其他国家的警惕。

（4）中国在全球风电产业贸易中属于净溢出板块，互利共赢地推动了风电产业的发展。净溢出板块内部双向联系高于外部板块的单向联系，即板块内部国家的资源较丰富，自足能力较强，双向贸易往来更为紧密，这意味着中国在风电产业贸易中具有较高的竞争力和影响力，与板块内国家建立了比较紧密的贸易联系。然而，这种内外有别的贸易模式表明中国在全球能源贸易环境日益复杂多变的背景下，需要更加灵活地调整贸易策略，平衡好国内外及板块内外市场的需求与供给。同时，中国也应积极寻求与其他国家的深层次合作，共同应对全球性的能源和环境挑战，推动全球能源产业的可持续发展。

（二）政策建议

（1）坚持推进和完善多边贸易机制，构建平等开放的贸易环境，加强与其他发展中国家在新能源全产业链上的贸易合作交流。开发潜在贸易机会，积极推进区域经济一体化和贸易自由化，提升新能源产品贸易效率，避免因地缘政治而导致的断供、断链风险。要充分发挥政府的引导和激励作用，引导新能源产业向差异化、专业化、精细化方向发展，发展壮大新能源产业市场。坚持旗帜鲜明地主张自由贸易和真正的多边主义，反对单边主义、保护主义，反对将经贸问题政治化、武器化、泛安全化，推动建设开放型世界经济。提升国际新能源产业经济循环质量和水平，进一步吸引和利用外资、提升贸易投资合作质量和水平，更好地吸引全球新能源资源要素，形成参与国际新能源市场经济合作和竞争新优势。

（2）不断更新新能源核心技术，增强新能源全产业链的供应能力，以内循环推动双循环发展，维护全球新能源产业链贸易网络稳定性；持续推出符合需求的新产品，降低新能源成本，提高产品质量，增强产品的竞争力。要加快建设新能源产业强国，发展新能源产业数字贸易，以数字化、绿色化为方向，进一步提升在全球新能源网络的分工地位，向全球新能源产业价值链中高端迈进。同时，要注意维护国家经济安全，加快打造对外开放新高地，建设更高水平开放型经济新体制，加快构建新发展格局。要积极营造市场化、法治化、国际化一流风电产业营商环境，顺应经济全球化，依托我国超大规模市场优势，实行更加积极主动的开放战略。

（3）用足用好中国式现代化和确保能源安全相关政策，推动新能源产业的法制化和标准化，进一步挖掘与新能源产业贸易发展水平和规模匹配的市场潜能。增强国内大循环内生动力和可靠性，提高国际竞争力，增强对国际循环的吸引力、推动力。坚定奉行互利共赢的开放战略，不断加大高水平对外开放力度，完善开放型经济新体制的顶层设计，深化贸易投资领域体制机制改革，对标高标准国际贸易和投资通行规则，稳步扩大规则、规制、管理、标准等制度型开放，增强国内国际两个市场两种资源联动效应。统筹好发展和安全，坚持以开放促发展强安全，着力提升产业链供应链韧性和安全水平，在高水平对外开放中增强综合实力。

参考文献

［1］国家发展和改革委员会．新时代十年我国经济体制改革取得历史性成就［EB/OL］．（2023-12-22）［2024-01-12］．https：//www.ndrc.gov.cn/wsdwhfz/202312/t20231222_1362866_ext.html.

［2］刘洪愧．对外开放与中国式现代化：理论分析与经验总结［J］.北京师范大学学报（社会科学版），2023（5）：5-14.

［3］钱学锋，方明朋．中国式现代化的开放逻辑与高质量实现路径［J］.宏

观质量研究，2023，11（5）：43-58.

[4] 朱福林. 对外开放与中国式现代化——内在逻辑、重点议题及战略抉择 [J]. 财经问题研究，2023（12）：3-16.

[5] 国家能源局. 能源安全保障有力 [EB/OL].（2022-12-26）[2024-01-12]. https：//www. nea. gov. cn/2022-12/26/c_1310686245. htm.

[6] British Petroleum. BP Statistical Review of World Energy 2022 [R]. United Kingdom：BP，2023.

[7] 国家能源局. 国家能源局发布 2023 年全国电力工业统计数据 [EB/OL].（2024-01-26）[2024-02-20]. https：//www. nea. gov. cn/2024-01/26/c_1310762246. htm.

[8] 中华人民共和国中央人民政府.《新时代的中国能源发展》白皮书 [EB/OL].（2020-12-21）[2024-01-12]. https：//www. gov. cn/zhengce/2020-12/21/content_5571916. htm.

[9] 中华人民共和国中央人民政府. 我国可再生能源装机 10 年增长约 3 倍 [EB/OL].（2023-09-07）[2024-01-12]. https：//www. gov. cn/lianbo/bumen/202309/content_6902639. htm.

[10] Goldman Sachs. Asia Economics Analyst Sizing the "New Three" in the Chinese Economy [R]. New York：Goldman Sachs，2023.

[11] 施建军，夏传信，赵青霞，等. 中国开放型经济面临的挑战与创新 [J]. 管理世界，2018，34（12）：13-18+193.

[12] 张二震，戴翔，张雨. 现代化建设新时期高水平开放与高质量发展：理论分析与实践路径 [J]. 华南师范大学学报（社会科学版），2023（5）：177-188+245.

[13] 林发勤，张倩倩，刘梦珣. 以高水平对外开放推进贸易强国建设的逻辑分析与路径探索 [J]. 国际贸易，2023（6）：36-42.

[14] 王霞，苏诗洁. 中欧班列助力高水平对外开放的成效、问题及对策 [J]. 统计与管理，2023，38（8）：119-128.

[15] 郎昆. 供应链安全的定义、测算和国际比较 [EB/OL].（2022-11-09）[2024-01-11]. http：//langkunprc. com/.

[16] 何曜. 聚焦自贸区（港）战略提升，建设更高水平开放型经济新体制 [J]. 世界经济研究，2023（9）：127-133.

[17] 种照辉，姜信洁，何则. 国际能源贸易依赖网络特征及替代关系研究：化石能源与可再生能源 [J]. 地理研究，2022，41（12）：3214-3228.

［18］Najm S，Matsumoto K. Does Renewable Energy Substitute LNG International Trade in the Energy Transition？［J］. Energy Economics，2020，92：104964.

［19］Zhang G，Duan H. How Does International Trade Network Affect Multinational Diffusion of Wind Power Technology？［J］. Journal of Cleaner Production，2020，276：123245.

［20］丁嘉铖，孔德明，肖宸瑄，等. 产业链视角下全球光伏产业贸易格局演变特征研究［J］. 世界地理研究，2024，33（7）：1-19.

［21］杨丹辉. 新能源产业贸易、国际分工与竞争态势［J］. 重庆社会科学，2012（11）：84-90.

［22］胡绪华，陈丽珍，蒋苏月. 战略性新兴产业遭遇贸易限制措施的冲击与防范——以太阳能电池产业为例［J］. 经济问题探索，2015（2）：133-139.

［23］朱向东，贺灿飞，朱晟君. 贸易保护如何改变中国光伏出口目的国格局？［J］. 地理研究，2019，38（11）：2565-2577.

［24］王静仪. 我国遭受反倾销调查的贸易效应探析——基于欧盟对我国光伏产品反倾销调查的案例分析［J］. 价格理论与实践，2014（12）：115-117.

［25］韩玉军，李雅菲. 美欧对华光伏产品反倾销的成因与影响［J］. 国际贸易，2013（7）：18-22.

［26］Liu N，An H，Hao X，et al. The Stability of the International Heat Pump Trade Pattern Based on Complex Networks Analysis［J］. Applied Energy，2017，196：100-117.

［27］国务院发展研究中心课题组. 未来15年国际经济格局变化和中国战略选择［J］. 管理世界，2018，34（12）：1-12.

［28］项松林，苏立平. 扩大高水平对外开放的理论思考［J］. 财经问题研究，2023（5）：3-13.

［29］刘华军，石印，郭立祥，等. 新时代的中国能源革命：历程、成就与展望［J］. 管理世界，2022，38（7）：6-24.

［30］朱大鹏. 推进中国式现代化的系统工程论析［J］. 马克思主义研究，2023（4）：31-39.

［31］王德蓉. 以高水平对外开放拓展中国式现代化发展空间的实现路径［J］. 经济社会体制比较，2023（6）：1-9.

［32］Grossman G M，Helpman E. Integration versus Outsourcing in Industry Equilibrium［J］. The Quarterly Journal of Economics，2002，117（1）：85-120.

［33］Gereffi G. International Trade and Industrial Upgrading in the Apparel Commodity Chain［J］. Journal of International Economics, 1999, 48（1）：37-70.

［34］谢伏瞻, 刘伟, 王国刚, 等. 奋进新时代　开启新征程——学习贯彻党的十九届五中全会精神笔谈（上）［J］. 经济研究, 2020, 55（12）：4-45.

［35］朱雄关. 能源命运共同体：全球能源治理的中国方案［J］. 思想战线, 2020, 46（1）：140-148.

［36］Ji Q, Zhang H Y, Zhang D. The Impact of OPEC on East Asian Oil Import Security：A Multidimensional Analysis［J］. Energy Policy, 2019, 126：99-107.

［37］Guo K, Luan L, Cai X, et al. Energy Trade Stability of China：Policy Options with Increasing Climate Risks［J］. Energy Policy, 2023, 184：113858.

［38］British Petroleum. BP Energy Outlook 2022［R］. United Kingdom：BP, 2023.

［39］International Energy Agency. Electricity Market Report［R］. OECD, 2020.

［40］International Renewable Energy Agency. World Energy Transitions Outlook 2023：1.5℃ Pathway［R］. Abu Dhabi：IREA, 2023.

［41］Global Wind Energy Council. GWEC Global Wind Report 2022［R］. Belgium：GWEC, 2023.

［42］International Energy Agency. World Energy Investment 2022［R］. Paris：IEA, 2022.

［43］于宏源. 能源转型的市场嬗变、大国竞合和中国引领［J］. 人民论坛·学术前沿, 2022（13）：34-44.

［44］International Energy Agency. Renewables 2023：Analysis and Forecast to 2028［R］. Paris：IEA, 2024.

［45］国家发展和改革委员会. 关于印发《清洁能源消纳行动计划（2018-2020 年）》的通知［EB/OL］.（2018-10-30）［2024-01-12］. https：//www. ndrc. gov. cn/xxgk/zcfb/ghxwj/201812/t20181204_960958. html.

［46］黄栋, 杨子杰, 王文倩. 新发展格局下新能源产业发展历程、内生逻辑与展望［J］. 新疆师范大学学报（哲学社会科学版）, 2021, 42（6）：134-144.

［47］左芝鲤, 成金华, 詹成, 等. 全球锂产业链贸易格局演化及脆弱性分析［J］. 资源科学, 2024, 46（1）：114-129.

［48］程云洁, 刘旭. 全球光伏组件贸易网络结构动态演变及驱动机制［J］. 资源科学, 2023, 45（12）：2322-2340.

［49］马飞. 贸易网络、市场可达性与企业全球价值链地位攀升［J］. 统计与决策, 2024, 40（2）：165-170.

［50］万多, 许月艳. 中国蔬菜出口贸易格局演变及其影响因素研究——基

于社会网络方法 [J]. 经济问题, 2024 (3): 23-29.

[51] 任卓然, 徐青文, 贺灿飞. 新冠肺炎疫情时期中国出口韧性及出口贸易格局研究 [J]. 地理科学, 2023, 43 (12): 2196-2215.

[52] Gao Z, Geng Y, Xiao S. Mapping the Global Anthropogenic Chromium Cycle: Implications for Resource Efficiency and Potential Supply Risk [J]. Environmental Science & Technology, 2022, 56 (15): 10904-10915.

[53] Cai W, Geng Y, Li M, et al. Mapping the Global Flows of Steel Scraps: An Alloy Elements Recovery Perspective [J]. Environmental Research Letters, 2023, 18 (9): 094048.

[54] Di J, Wen Z, Jiang M, et al. Patterns and Features of Embodied Environmental Flow Networks in the International Trade of Metal Resources: A Study of Aluminum [J]. Resources Policy, 2022, 77: 102767.

[55] 刘华军, 刘传明, 孙亚男. 中国能源消费的空间关联网络结构特征及其效应研究 [J]. 中国工业经济, 2015 (5): 83-95.

[56] 王芳, 田明华, 尹润生, 等. 全球木质林产品贸易网络演化与供需大国关系 [J]. 资源科学, 2021, 43 (5): 1008-1024.

[57] Zhou M, Wu G, Xu H. Structure and Formation of Top Networks in International Trade, 2001-2010 [J]. Social Networks, 2016, 44: 9-21.

[58] 李庭竹, 杜德斌. 全球集成电路贸易网络结构演化及中国对外依赖分析 [J]. 中国科技论坛, 2023 (3): 93-103.

[59] Borgatti S, Everett M. Models of Core/Periphery Structures [J]. Social Networks, 1999, 21: 375-395.

[60] 汪宇明. 核心—边缘理论在区域旅游规划中的运用 [J]. 经济地理, 2002 (3): 372-375.

[61] 李光勤, 金玉萍, 何仁伟. 基于社会网络分析的 ICT 出口贸易网络结构特征及影响因素 [J]. 地理科学, 2022, 42 (3): 446-455.

[62] 明庆忠, 邱膑扬. 旅游地规划空间组织的理论研究 [J]. 云南师范大学学报 (哲学社会科学版), 2006 (3): 137-143.

[63] 孙中瑞, 樊杰, 孙勇, 等. 中国绿色科技创新效率空间关联网络结构特征及影响因素 [J]. 经济地理, 2022, 42 (3): 33-43.

[64] 胡绪华, 李新. 流空间视角下高端生产性服务业劳动力的空间分布效应及其网络结构特征分析 [J]. 软科学, 2024 (2): 1-13.

[65] 刘英恒太, 杨丽娜. 中国数字经济产出的空间关联网络结构与影响因

素研究［J］. 技术经济，2021，40（9）：137-145.

　　［66］丁存振. 价格支持政策改革背景下中国玉米市场空间关联［J］. 地理学报，2021，76（10）：2585-2604.

　　［67］刘煜，刘跃军. 中国生态福利绩效测度与空间关联网络特征分析［J］. 统计与决策，2021，37（24）：52-57.

　　［68］Zhang W，Zhuang X，Wang J，et al. Connectedness and Systemic Risk Spillovers Analysis of Chinese Sectors Based on Tail Risk Network［J］. The North American Journal of Economics and Finance，2020，54：101248.

　　［69］齐玮，董文静，高歌. 双碳目标下全球风电设备贸易网络格局演变分析［J］. 工业技术经济，2022，41（8）：109-115.

　　［70］王敏，朱泽燕. 中国与"一带一路"沿线国家经贸合作的社会网络分析［J］. 统计与决策，2019，35（14）：124-127.

第七章　中国式现代化的共同富裕目标：基于政策推动视角[*]

一、问题的提出

共同富裕是一个综合性的发展目标，旨在通过有效的经济和社会政策实现社会的全面和谐与长期稳定。共同富裕作为一个多维度的社会经济概念，主要涵盖以下几方面内容：第一，财富分配的公平性。共同富裕强调在社会发展的过程中，应当有意识地促进财富的公平分配。这不仅包括金钱收入的分配，也包括教育、医疗、住房等社会资源的均等可及（郭晗和任保平，2022）。第二，经济增长与社会福祉的协调。共同富裕不单单追求经济的快速增长，更注重经济增长与社会福祉、民生改善的协调发展。它倡导在经济发展的同时，提高全民的生活质量。最后，缩小社会差距。共同富裕的目的是减少社会各阶层之间的差距，这包括城乡差距、区域差距以及不同社会群体之间的差距，以实现更加均衡的社会发展。第四，可持续发展。共同富裕还与可持续发展紧密相连，意味着在追求经济和社会发展的同时，需要考虑到环境保护和生态平衡，确保当前的发展不会损害后代的利益（周文和肖玉飞，2021），在确保代内公平的同时，也要顾及代际公平。

共同富裕是建设中国特色社会主义现代化目标的重要体现。首先，中国经历了快速的经济增长，但这一过程中也产生了一系列社会问题，如收入差距扩大、区域发展不均衡等。共同富裕作为一种发展目标，旨在解决这些问题，推动更加均衡和包容性的发展（韩保江和李志斌，2022）。其次，共同富裕体现了社会主义理念中的公平正义原则，即不仅追求经济增长，也注重财富的公平分配。这种理念强调通过合理的社会制度和政策，实现社会各成员的共同进步。最后，共同

---

[*] 作者信息：刘琨，北京师范大学经济与工商管理学院博士研究生。

富裕不仅关注当前的经济和社会发展，也强调环境保护和可持续资源利用（韩文龙，2021）。这与全球可持续发展目标相契合，反映了中国在全球环境中的责任感和远见。因此，共同富裕不仅是经济增长的目标，也是社会政策的导向，体现了中国式现代化的特色和深远意义（李莹洁，2022）。

在中国如火如荼的脱贫攻坚阶段，国家通过精准识别、精准施策、精准扶贫等手段实现了精准脱贫，使全国 14 个片区涉及 22 个省份的 832 个贫困县全部摘帽，彻底地解决了困扰中国几千年的农村绝对贫困问题，使这些地区与全国人民同步进入小康社会。实践证明，精准帮扶是中国在脱贫攻坚期的一项重要创举。精准帮扶政策作为实现共同富裕的有效手段，关键在于它针对性强、效果显著，为社会的整体进步和公平打下了坚实的基础。精准帮扶能有效消除发展不平衡和促进社会公平。精准帮扶通过直接解决低收入群体的生活和发展问题，有效减少了社会不公平现象，是实现共同富裕的首要步骤。精准帮扶也旨在确保社会资源更加公平地惠及所有人，特别是最需要帮助的人群。这有助于减少社会不平等，提升整个社会的公平感（左停和金菁，2018）。进一步考虑，精准帮扶还能促进经济和社会的全面发展。它有助于激发落后地区的经济潜力，通过提供教育、培训、医疗等基础服务，为落后地区居民提供了改善生活和自我发展的机会（王郅强和王凡凡，2020）。因此，精准帮扶的各类措施可以消除发展不平衡、促进社会公平、促进经济和社会的全面发展，实现共同富裕，这与中国式现代化目标高度一致。

精准帮扶政策是由政府主导，需要政府持续提供大量帮扶资金。根据国家统计局数据，2001~2020 年，中央专项帮扶资金从 100.02 亿元增长至 1460.95 亿元，省级专项帮扶资金从 21.31 亿元增长至 1089.10 亿元。这些帮扶资金主要流向帮扶地区，用于帮助低收入人口提高收入和改善生活状况，以及推动帮扶县增强经济发展能力。研究发现，在 2011~2020 年帮扶县 GDP 的名义增长率达到 123.56%，明显高于同期全国平均水平的 108.22%，这意味着帮扶县的经济增长速度大于非帮扶县。可见，精准帮扶可能有助于促进帮扶地区的经济增长，继而缩小帮扶地区与非帮扶地区间的经济差距。那么，我国精准帮扶是否促进了中国广大帮扶地区的经济增长？是否有效缩小了帮扶地区与非帮扶地区的经济差距？是否激发了帮扶地区经济增长潜力？对这些问题的探索具有理论意义和现实意义。

从现有文献来看，发展帮扶与经济增长之间的因果关系已有不少探讨，学者大多认为经济增长通过"涓滴效应"带动低收入人口增收，成为推动帮扶的关键因素之一（Kouadio and Gakpa，2022；Santos et al.，2019；Sehrawat and Giri，

2018）。然而，也有学者提出质疑，通过实证研究证明了经济增长不一定能促进帮扶，而要取决于经济发展水平、劳动生产率、居民收入差距等前提条件（Ivanic and Martin，2018；Moore and Donaldson，2016；Ridderstaat et al.，2022）。理论上，发展帮扶与经济增长之间的因果关系是双向的。发展帮扶也能利用公共政策工具影响劳动力、资本、技术等生产要素的分配和积累，从而影响地区经济增长。在已有的政策帮扶研究方面，学者探讨了集中连片特困地区、"互联网+"、基础设施建设等措施对经济增长的影响（Wu et al.，2023；Yin et al.，2021；Zhou et al.，2022b）。但是，现有文献对政策帮扶能否影响经济增长的实证研究显得不足：这不仅是因为仅仅讨论了特定措施对经济增长的影响，未能讨论整体的政策帮扶对经济增长的影响；也在于选取的样本不全面，在时间上未能覆盖完整的政策实施时间，在空间上也只包含了局部地区；再就是鲜有研究从帮扶县视角讨论政策帮扶对经济增长的影响，以及剖析其中的影响机制和异质性。

鉴于此，本章集中探究精准帮扶对经济增长的影响。一是如何定量测度精准帮扶；二是将帮扶县制度视为一次准自然实验，并利用计量经济模型进行定量分析，因为帮扶县是精准帮扶的主要对象，使用帮扶县制度表征精准帮扶政策；三是基于2007~2020年中国县域面板数据，使用双重差分法（DID）探究精准帮扶能否影响经济增长，以及这种影响是否随着时间推进发生动态变化；四是进一步分析产业结构升级、推动金融发展、刺激消费、积累人力资本、完善基础设施和提高财政支出的机制作用。本章的边际贡献：一是利用包含精准帮扶政策与帮扶县政策的组合框架，解释了精准帮扶对经济增长的影响；二是使用了更加全面的样本，该样本覆盖了精准帮扶的完整实施时间和来自中西部22个省份的1574个县域，提高了研究结论的可靠性；三是不仅分析了精准帮扶对经济增长的影响，同时也进一步讨论了该影响的时间动态性、传导机制和异质性，有助于深化对精准帮扶的理解。

二、理论分析与研究假设

对于落后地区的发展问题，Zhou 和 Huang（2023）、Wang 等（2021）基于空间发展理论和区域发展理论，提出"空间发展陷阱"是地区经济落后的根源所在。"空间发展陷阱"主要表现为，落后地区因自然条件恶劣和区位劣势而形成的自然资源、产业、金融和人力资本等领域的资本稀缺，导致生产资源投入不足和经济效率低下。中国政府认识到这一点，自精准帮扶启动以来，便通过一系列帮扶举措向落后地区引入了规模空前的公共投资，投资规模和范围远超过去的任何政策。就投资规模而言，据相关数据统计，2013 年国家实施精准帮扶以来，用于专项帮扶的中央和省级财政资金总和高达 1.12 万亿元。就投资范围而言，帮扶资金用于产业、金融、教育、就业、居民兜底保障等多个领域，全面促进落后地区的经济与社会发展。另外，Zhou 和 Liu（2022）进一步阐明了精准帮扶不仅能加大对落后地区的财政资金投入和提高资金使用的精准性，也还发挥着资金带动作用，带动了大量非政府财政资金之外的企业资金投入落后地区，推动公共投资发挥有效作用。因此，在精准帮扶效应的刺激下，巨量公共投资被持续投入落后地区，用于提升其经济发展能力。基于宏观经济学的视角，学者大多认为一定程度地扩大公共投资可以使经济落后的国家或地区提高劳动生产率，加强基础设施建设和促进居民消费，最终推动经济增长。Chen 等（2017）在实证研究中发现政府的公共投资对重债穷国、中低收入、中等收入和中高收入经济体的经济增长有积极影响。Çebi 和 Özdemir（2021）同样认为政府公共投资具有明显的乘数效应，有利于促进实际 GDP 增长，尤其是低增长时期的实际 GDP 增长。在与本章类似的研究中，Park 等（2002）发现中国在 1986~1995 年的帮扶项目通过公共投资显著促进了落后地区的经济增长。基于此，本章提出以下假设：

H12：中国的精准帮扶政策能促进落后地区的经济增长，从而缩小其与其他地区间的差距。

Abiad 等（2016）发现增加的公共投资短期内和长期内均能提高经济产出，并且长期内的影响更为突出。该结论意味着随着时间的推移，公共投资对经济产出的影响会不断累积和扩大，其基本原理是公共投资提高了基础设施和固定资产的存量，但这种积累不会对经济产出产生即时影响，而是随着时间的推移转变为生产潜力。因此，精准帮扶投入落后地区的公共投资同样会首先转化为生产潜力，其对经济增长的影响可能会随着时间的推移而增大。另外，精准帮扶的公共投资规模一直呈上升趋势。2013~2020 年，中央与省级的帮扶资金从 602.43 亿元增长至 2550.05 亿元。随着公共投资规模的不断扩大，精准帮扶对经济增长的正向效应也应该逐渐增大。

H13：中国精准帮扶政策对落后地区经济增长的积极影响会随着时间推进得以增强。

由上述分析可知，精准帮扶包含了一系列涉及经济与社会发展的措施。其中，产业帮扶、金融帮扶、消费帮扶、教育帮扶、基础设施帮扶和财政帮扶与经济增长密切相关，是精准帮扶影响经济增长的潜在途径，如图 7-1 所示。

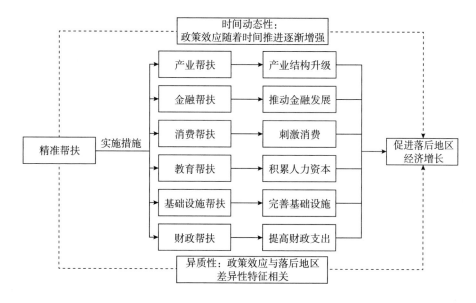

图7-1　中国精准帮扶对落后地区经济增长的影响机制

（1）产业帮扶。由于产业是经济发展的基础，产业薄弱是地区经济落后的首要原因，具体表现为产业单一、产业效益低、产业不稳定等问题。因此，我国确立了产业帮扶在各项措施中的核心地位。依托落后地区的地理环境、资源禀赋、经济水平等现实条件，产业帮扶以市场需求为导向，发挥政府的政策引导作用和农民合作组织、企业等市场主体作用，投入资本、信息、技术等先进要素，打造了一批类型丰富、经济效益高、长期稳定的特色产业体系。同时，用于产业帮扶的资金占财政专项帮扶资金的70%以上，涉及种植业、养殖业、农产品加工业、光伏发电、乡村旅游、电商等多类产业。本质上，产业帮扶通过促进优质特色农业、加工业和生产性服务业深度融合，实现落后地区的产业结构升级，从而带动经济快速发展。

（2）金融帮扶。从金融发展角度来看，落后地区普遍缺乏金融资本，又因"金融排斥"难以获取高效融资。为了解决落后地区的金融难题，我国实施金融帮扶措施，发动政策性、商业性金融机构为落后地区的政府、企业、农户提供信用贷款，帮助落后地区推动金融发展。Ang（2008）和Calderón与Liu（2003）认为金融是现代经济体系的重要组成部分，促进金融发展是实现经济增长的必要条件。

（3）消费帮扶。Liu等（2019a）强调消费是地区经济收入的主要来源之一，而落后地区缺乏充足的消费来改善经济。为了通过刺激消费促进落后地区的经济发展，中国实施了消费帮扶措施，鼓励社会各界消费来自落后地区的产品与服务，从而推动低收入人口增收和落后地区产业可持续发展。另外，中国还着力完善落后地区的物流建设和电商渠道，进一步增强了消费帮扶对落后地区经济增长的积极影响。

（4）教育帮扶。除了物质资本匮乏，落后地区还存在人力资本匮乏的问题，如人口受教育程度低、劳动力素质低、人才匮乏。Wang 和 Yao（2003）提出人力资本是发展的根本动力，只有积累足够的人力资本才能真正取得长足发展，为经济增长提供持续动力。为此，中国高度重视教育帮扶，不断向落后地区输送教育资金、教育基础设施和师资力量。教育帮扶通过提高所有适龄学生的受教育程度，帮助落后地区积累人力资本（Liu et al.，2021）。

（5）基础设施帮扶。Kong 等（2021）发现基础设施如交通设施、通信设施、物流设施落后等是阻碍落后地区经济发展的重要因素。因此，在基础设施帮扶措施中，政府投入大量资金用于完善落后地区的基础设施，这有利于改善当地的生产和生活条件，推动经济增长。

（6）财政帮扶。由于政策帮扶的相关措施均由政府实施，政府需要增加大量财政支出。然而，落后地区因财政收入不高，政府无法独自承担高额的财政支出。在此情况下，财政帮扶措施要求中央和省级政府向落后地区提供财政资金援助，用于增加落后地区的财政支出。Wu 等（2010）实证研究发现，政府财政支出与经济增长之间存在显著的正相关关系，增加政府财政支出可以推动地区经济增长。

结合以上六个层面的分析，本章提出以下假设：

H14：精准帮扶政策主要通过产业结构升级、推动金融发展、刺激消费、积累人力资本、完善基础设施和提高财政支出的途径促进落后地区经济增长。

我国 832 个帮扶县广泛分布于中西部地区，涉及 22 个省份，具有迥异的自然条件、经济水平和文化属性等特征（Zhou and Huang，2023）。由于这些特征与经济社会发展息息相关，精准帮扶对经济增长的影响可能会随着这些特征的变化而产生异质性。因此，本章提出以下假设：

H15：精准帮扶政策对落后地区经济增长的影响因落后地区特征差异而不同。

三、帮扶政策演变与发展历程

首先，本章梳理我国帮扶政策的演变历程，并从中突出精准帮扶政策的特点。其次，使用帮扶县制度来量化精准帮扶，并进一步阐述帮扶县识别制度的由来与发展。最后，在帮扶县识别制度的基础上，将帮扶县与非帮扶县作为研究对象进行计量分析，对帮扶县与非帮扶县的经济进行比较有助于深入了解两者的发展情况并为后续结果分析提供支撑。

（一）我国帮扶政策演变

贫富分化是人类社会的一个顽疾，消除贫富差距是国际社会一直以来致力于实现的目标。2000 年，189 个国家签署了《联合国千年宣言》，确立了八个千年发展目标（MDGs），其首要目标就是在 1990～2015 年将全球贫困人口减少一半。2015 年，193 个国家正式通过了《2030 年可持续发展议程》并确立了 17 个可持续发展目标（SDGs），首要目标是在 2030 年之前消除贫困。在众多国家和地区的联合努力下，全球帮扶事业取得了显著成就。根据世界银行统计数据，生活在国际低收入标准（基于 2017 年购买力平价的每天 2.15 美元）以下的人口比重由 1990 年的 37.8% 下降至 2019 年的 8.4%。其中，我国是全球帮扶事业的主要力量。过去 40 年，我国的低收入人口减少量接近 8 亿，几乎贡献了同时期全球减少量的 3/4。

作为发展中国家，我国长期存在农村发展滞后、城乡差距大的结构性矛盾。因此，在改革开放以后，我国在坚持以经济发展为中心的同时，也在大力开展农村帮扶行动，连续推出了一系列帮扶政策。我国在 1978～2015 年减少了超过 7 亿低收入人口，成为首个实现"将贫困人口减少一半"千年发展目标的国家（Liu et al.，2019b）。2012 年，党的十八大提出了全面建成小康社会新目标，将农村帮扶视为核心任务。随后，又在 2013 年宣布实施精准帮扶政策，将其上升至国家基本战略方针。经过多年的努力，中国终于在 2020 年底彻底消除了农村绝对贫困人口，提前实现了 2030 年可持续发展目标中的消除贫困的目标。

自改革开放以来，我国帮扶事业经历了四个阶段：第一个阶段，农村经济改革驱动式帮扶（1978～1985 年）。改革开放背景下的农村家庭联产承包制和农产品交易市场化改革，极大地刺激了农民生产经营积极性，促使农村经济总量和农民人均收入快速增长。第二个阶段，大规模开发式帮扶（1986～2000 年）。随着改革开放的深入和沿海贸易的兴起，地区差距逐渐显现。东部地区发展迅速，而中西部地区发展缓慢且面临严重的经济落后问题。因此，我国开始使用政策手段针对中西部地区展开大规模帮扶，实施了帮扶县、东西部协作帮扶、定点帮扶等政策。第三个阶段，全面巩固式帮扶（2001～2012 年）。进入 21 世纪，为了进一步巩固帮扶成果，我国将帮扶重点从县域推进至村域，推出了免除农业税、实施最低生活保障、新农村建设等政策。第四个阶段，精准帮扶（2013～2020 年）。事实上，前三个帮扶阶段都取得了巨大成就，但仍然不能彻底消除低收入人口和激发落后地区的经济动力。于是，我国提出精准帮扶政策，将彻底消除低收入人口和增强落后地区的经济发展上升至国家战略。在此期间，我国政府动用大量资源，大力实施了一系列前所未有的帮扶措施（Liu et al.，2019b）。

与过去的帮扶政策相比，精准帮扶有三大亮点：第一，精准帮扶强调精准性。它的精准性被总结为"六个精准"，即帮扶对象精准、措施到户精准、项目安排精准、资金使用精准、因村派人精准和帮扶成效精准。第二，精准帮扶解决多维难题，不仅关注收入问题，也关注与教育、医疗、住房等领域的多种问题。第三，除了关注个人帮扶，精准帮扶也关注地区帮扶，尤其是地区经济帮扶。在上述要求下，我国出台了一系列针对落后地区的帮扶措施，如产业帮扶、就业帮扶、教育帮扶等。

（二）帮扶县识别制度演变

为了确保帮扶措施的顺利实施，中国将精准帮扶视为一项重大政治任务和民生工程，通过调动各级政府力量，形成"中央—省—市—县—乡镇—村"六级政府联合参与的帮扶体系。其中，县级政府[①]是帮扶体系的核心节点，扮演着连接上下级政府的重要角色。它既要配合省级和市级政府的政策要求，又要安排乡镇级政府和村民委员会进行政策落实。此外，中国的低收入人口分布极其不均衡，超过80%的低收入人口分布在中西部地区，形成空间集聚现象。因此，基于政府体系和低收入人口分布，我国在精准帮扶政策中设计了一项帮扶县制度，从全国县域中评选出一部分发展落后的县域作为重点帮扶对象。帮扶县制度既能提高帮扶效率，也能降低非必要成本。

帮扶县制度始于1986年，此后经历了三次调整。1986年，我国首次确定了331个国家重点扶持帮扶县。1994年，对帮扶县进行了首次调整，将其数量增加至592个。2001年，取消了东部地区帮扶县名额并调整至中西部地区，帮扶县数量保持不变。2011年，在原有帮扶县基础上新增了14个集中连片帮扶地区，有680个县域分布其中。除去重合部分，592个帮扶县和14个集中连片帮扶地区共涉及832个县域。随着政策帮扶的实施，这832个县域被设定为最终的帮扶县。从分布区域来看，832个帮扶县分布在中西部22个省份，并且大多地处山地、高原地带，面临资源匮乏、生态环境脆弱、生计资本短缺等困境。

（三）帮扶县与非帮扶县经济对比

为了比较帮扶与非帮扶地区的经济发展状况，本章以数据样本中的817个帮

---

① 中国的县级行政区包含八种类型：市辖区、县级市、县、自治县、旗、自治旗、特区和林区。因为这些行政区具有相同的行政等级以及为了简化表达，这里统一使用"县"来表示。

扶县和757个非帮扶县为研究对象，从GDP、人均GDP、产业结构、农村居民人均收入四个方面进行对比分析。

GDP代表了地区经济总量，利用帮扶县平均GDP、非帮扶县平均GDP、帮扶县与非帮扶县平均GDP差值（非帮扶县平均GDP－帮扶县平均GDP）、帮扶县与非帮扶县平均GDP比值（帮扶县平均GDP/非帮扶县平均GDP）来反映帮扶地区、非帮扶地区的经济总量以及它们之间的绝对、相对差距，如图7-2所示。其中，2007~2020年帮扶县和非帮扶县平均GDP均呈现稳步上升趋势，经济总量稳步增长。然而，它们之间的绝对差距在逐渐扩大，因为帮扶县与非帮扶县平均GDP差值总体上在逐渐增长，2007~2013年的增长速度较快，由41亿元增长至98亿元，而2013~2020年的增长速度明显放缓，由约98亿元增长至约118亿元，直至2019年和2020年转为负增长。与绝对差距不同的是，帮扶与非帮扶地区之间的相对差距在逐渐缩小，因为帮扶县与非帮扶县平均GDP比值在逐渐增大，由2007年的36.71%增长至2020年的47.25%，自2012年起其增长速度较为明显，尤其是2019年和2020年的增长幅度最大。总体上看，帮扶地区与非帮扶地区在经济总量方面的绝对差距在扩大，相对差距在缩小，并且帮扶地区仍然显著落后于非帮扶地区。

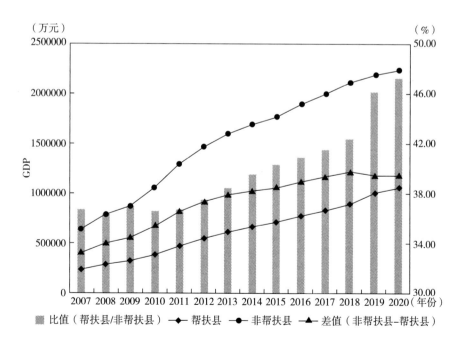

图7-2　2007~2020年帮扶县与非帮扶县GDP比较

　　人均 GDP 代表了地区人均经济总量，能一定程度体现地区经济发展水平。与上文 GDP 的描述方式类似，我们利用帮扶县平均人均 GDP、非帮扶县平均人均 GDP、帮扶县与非帮扶县平均人均 GDP 差值（非帮扶县平均人均 GDP－帮扶县平均人均 GDP）、帮扶县与非帮扶县平均人均 GDP 比值（帮扶县平均人均 GDP／非帮扶县平均人均 GDP）来反映帮扶地区、非帮扶地区的人均经济总量以及它们之间的绝对、相对差距，如图 7-3 所示。其中，2007～2020 年帮扶县和非帮扶县平均人均 GDP 均呈现稳步上升趋势，经济水平稳步增长。它们之间的绝对差距先扩大后缩小，因为帮扶县与非帮扶县平均人均 GDP 差值在 2007～2014 年呈现增大趋势，由 8824 元增长至 23000 元，而在 2014～2020 年呈现减小趋势，由 23000 元减少至 19256 元。与绝对差距相似的是，帮扶与非帮扶地区之间的相对差距也是先扩大后缩小，因为帮扶县与非帮扶县平均人均 GDP 比值在 2007～2011 年呈现小幅减小趋势，由 45.2％减小至 43.8％，而在 2011～2020 年呈现大幅增长趋势，由 43.8％增长至 64.25％。因此，帮扶地区与非帮扶地区在人均经济总量方面的绝对差距和相对差距均表现出先扩大后缩小的特点，已然呈现差距不断缩小的发展态势。

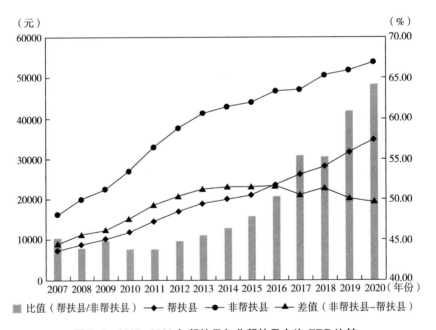

图 7-3　2007～2020 年帮扶县与非帮扶县人均 GDP 比较

　　产业结构代表了地区经济发展方式和效率，产业结构的高级化程度越高，则经济发展方式越先进，经济发展效率也越高。本章采用第二、第三产业增加值占

GDP 的比重表示产业结构高级化，并且采用帮扶县产业结构高级化、非帮扶县产业结构高级化、帮扶县与非帮扶县产业结构高级化差值（非帮扶县产业结构高级化-帮扶县产业结构高级化）、帮扶县与非帮扶县产业结构高级化比值（帮扶县产业结构高级化/非帮扶县产业结构高级化）来反映帮扶地区、非帮扶地区的经济发展方式和效率以及它们之间的绝对、相对差距，如图 7-4 所示。帮扶县与非帮扶县产业结构高级化的变化趋势一致，总体呈现稳定增长的特点，表明帮扶地区和非帮扶地区产业结构持续得到优化升级。与此同时，帮扶地区和非帮扶地区之间的绝对差距和相对差距均在不断减小。帮扶县与非帮扶县产业结构高级化差值由 2007 年的 8.51% 下降至 2020 年的 5.99%，帮扶县与非帮扶县产业结构高级化比值由 2007 年的 89.29% 上升至 2020 年的 92.91%。由此可见，帮扶地区与非帮扶地区之间在产业结构高级化方面的差距并不突出，并且在逐步缩小。

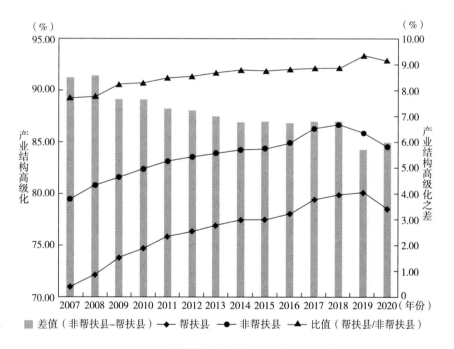

图 7-4 2007~2020 年帮扶县与非帮扶县产业结构高级化比较

城乡居民人均可支配收入代表了地区居民的整体收入水平和生活水平。由于政策帮扶的实施对象是农村居民，为了更加贴近研究主题，本章将农村居民人均可支配收入作为分析指标。接下来，本章采用帮扶县农村居民人均可支配收入、非帮扶县农村居民人均可支配收入、帮扶县与非帮扶县农村居民人均可支配收入差值（非帮扶县农村居民人均可支配收入-帮扶县农村居民人均可支配收入）、帮扶县与非帮扶县农村居民人均可支配收入比值（帮扶县农村居民人均可支配收入/非帮扶县农村居民人均可支配收入）来反映帮扶地区、非帮扶地区的居民生活水平以及它们之间的绝对、相对差距，如图7-5所示。首先，帮扶县和非帮扶县的农村居民人均可支配收入在2007~2020年稳定增长，农村居民生活水平不断提高。然而，它们之间的绝对差距却在逐渐扩大，帮扶县与非帮扶县农村居民人均可支配收入差值由2007年约1878元增长至2020年约5450元。与绝对差距不同，它们之间的相对差距在逐渐缩小，帮扶县与非帮扶县农村居民人均可支配收入比值由2007年的56.04%上升至2020年的69.48%。虽然相对差距得到了明显的缩小，但比值仍仅有69.48%，帮扶县与非帮扶县之间还存在较大的差距。因此，帮扶地区与非帮扶地区在农村居民生活水平方面的绝对差距在逐步扩大，相对差距在逐步缩小，并且帮扶地区仍然明显落后于非帮扶地区。

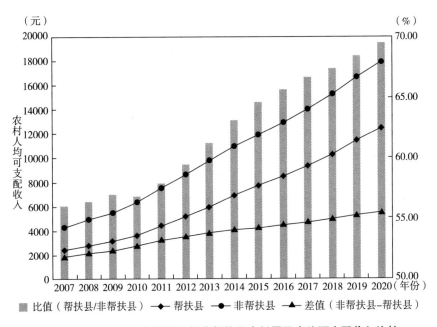

图7-5 2007~2020年帮扶县与非帮扶县农村居民人均可支配收入比较

四、实证分析

（一）模型设定

DID模型已经被广泛运用于评估特定政策的因果效应。它通过比较处理组和对照组在政策实施前后的差异，评估政策净效应（Dong et al.，2022；Zhang et al.，2021）。DID 模型的优点是可以消除不可控制因素引起的内生性问题（Zhou et al.，2022a）。按照随机实验的思路，处理组和对照组的选择是完全随机的，它们除了政策实施有差异，其他部分均保持一致。如此，在政策实施后，处理组和对照组之间的差异即为政策净效应。然而，现实中处理组和对照组的选择不是完全随机的，类似于准自然实验（Shao et al.，2017）。因此，DID 模型适当放松了外生性假设，要求处理组和对照组在政策实施前不存在显著差异，即满足平行趋势假设（Yang et al.，2021）。综上所述，DID 模型可以有效评估政策帮扶对经济增长的影响。

如前文所言，帮扶县是精准帮扶的主要对象，获得了大部分的帮扶资源。因此，我们利用帮扶县制度表示精准帮扶政策，并将帮扶县制度视为一次准自然实验。帮扶县制度的提出时间是 2011 年，以及帮扶县名单的公布时间是 2012 年，共涉及 832 个帮扶县。因此，本章将 2012 年确定为帮扶县制度的实施时间，并且将帮扶县和非帮扶县分别作为处理组和对照组。相应地，构建的基准面板 DID 模型如下所示：

$$Y_{it}=\alpha_0+\alpha_1 TREAT_i\times TIME_t+\sum \alpha_j X_{it}+\eta_i+\varrho_t+\varepsilon_{it} \tag{7-1}$$

其中，i 和 t 分别表示特定的县域和年份；被解释变量 Y_{it} 表示人均实际 GDP 的对数。人均实际 GDP 的对数用于度量经济增长。它以 2007 年为基准年，变量符号为 $\ln PGDP$（Shahbaz et al.，2017；Wang et al.，2020；Yang，2019）；$TREAT_i$ 是区域虚拟变量，若县域 i 是帮扶县则 $TREAT_i$ 等于 1，否则 $TREAT_i$ 等于 0；$TIME_t$ 是时间虚拟变量，若在年份 t 实施了帮扶县政策则 $TIME_t$ 等于 1，否则 $TIME_t$ 等于 0；交互项 $TREAT_i\times TIME_t$ 是核心解释变量，检验精准帮扶政策能否影响经济增长；X_{it} 是一系列控制变量，其具体内容见"数据及来源"部分；η_i 和 ϱ_t 分别表示区域固定效应和时间固定效应；ε_{it} 是随机误差项。

（二）数据来源

经济增长是宏观经济学领域的重要内容，有关其影响因素的讨论一直在持续，产生了如新古典增长理论、内生增长理论等成果（Acs et al.，2018；Irshad and Chafoor，2023；Li et al.，2019）。从现有文献可以看出，经济增长是多种因素相互作用的结果（Alsamara，2022；Ruiz，2018；Zheng and Walsh，2019）。因此，基于文献和我国实际国情，本章选取以下与经济增长相关的控制变量。

（1）人口密度。在经济增长文献中，劳动力是决定经济增长的核心因素之一（Gómez-Puig et al.，2022；Inglesi-Lotz，2016）。根据 Olczyk 和 Kuc-Czarnecka（2022）、Samargandi 等（2015）研究，劳动力规模可以通过总人口来表示。本章将总人口与土地面积相结合，使用人口密度表示劳动力规模。人口密度的测算方法为每平方千米土地面积内的人口。

（2）产业结构。产业结构升级是实现经济增长和转型的必要条件，能有效促进资本积累、全要素劳动生产率提升和技术创新（Feng et al.，2017；Lin，2011）。相较于发达国家，发展中国家的产业结构升级起到的作用更明显。例如，自改革开放以来，我国不断提高制造业和服务业的产值比重，实现了经济腾飞（Zhao and Tang，2018），学者通常使用产业增加值占 GDP 的比重表示产业结构（Yang et al.，2020）。因此，本章使用第二产业和第三产业增加值之和占 GDP 的比重表示产业结构。

（3）财政支出。许多实证研究发现，财政支出与经济增长之间存在长期相关性，但关于这种相关性是正相关还是负相关仍存在争议（Afonso and Furceri，2010；Wu et al.，2010）。财政支出可能通过增加政府消费和完善收入分配增强经济活力，也可能会抑制私人部门投资而扭曲资源配置（Abu-Bader and Abu-Qarn，2003）。因此，本章将财政支出表示为政府一般预算支出与 GDP 的比值。

（4）金融贷款。金融是现代经济体系的重要组成部分。发展金融有助于减少交易成本和信息不对称，从而促进资本优化配置和技术进步，刺激经济增长（Ang，2008；Calderón and Liu，2003；Le and Nguyen，2019）。因为金融贷款是金融体系发挥功能的主要手段，本章使用金融贷款表示金融发展。金融贷款的测算方式为金融机构贷款额与 GDP 的比值。

（5）金融储蓄。除了金融贷款，金融储蓄也是金融体系的组成部分，它为资本积累和投资提供了基础（Shahbaz et al.，2017；Wang et al.，2020）。同时，我国是高储蓄率国家，居民储蓄在金融储蓄中占据重要地位。因此，本章将金融储蓄表示为居民储蓄与 GDP 的比值。

（6）居民消费。居民消费是 GDP 的来源之一，刺激居民消费是促进经济增长的常用措施（Kaytaz and Gul，2014；Sun et al.，2015）。在我国，社会消费品零售总额是反映居民消费的常用指标。本章采用社会消费品零售总额与 GDP 的比值表示居民消费。

（7）人力资本。人力资本积累的作用是增强劳动力的知识技能，这有利于提升劳动生产率和促进技术进步，从而对经济增长产生积极影响（Wang and Yao，2003）。由于人力资本与教育发展相关，本章使用每万人中学学生的数量衡量人力资本（de Mendonça and Baca，2022）。

（8）公共基础设施。近 30 年来，我国在交通、电信、能源、医疗、教育等领域的基础设施建设进步显著。完善的公共基础设施有利于降低生产成本和吸引外部投资，促进经济发展（Démurger，2001；Kong et al.，2021）。受限于数据来源，本章使用每万人拥有的医疗机构的床位数衡量公共基础设施。

（9）固定资产投资。在经济增长理论中，投资是决定经济增长的因素之一。根据 Jian 等（2021）和 Yang 等（2020）的研究，本章利用固定资产投资与 GDP 的比值衡量投资情况。

本章的样本是 2007~2020 年中国 1574 个县域的面板数据，具有以下特点：第一，样本时间覆盖了帮扶县政策的全部实施时间。考虑到帮扶县政策的实施时间是 2012 年，本章将样本的初始时间设定为 2007 年，以确保政策实施之前的样本量充足。又因为帮扶县政策的截止时间是 2020 年，本章将样本的结束时间设定为 2020 年。第二，由于我国东部地区 9 个省份没有帮扶县，为了减少样本偏差，本章排除东部地区的县域。第三，由于数据可获得性，选取的 1574 个县域来自中西部地区的 22 个省份，包括 817 个帮扶县和 757 个非帮扶县。样本数据收集于《中国县域统计年鉴》《中国区域经济统计年鉴》和 CSMAR 数据库，变量的描述性统计如表 7-1 所示。

表 7-1　变量的描述性统计

变量	变量定义	数量	平均值	标准差	最小值	最大值
ln$PGDP$	实际人均 GDP（元/人）	22036	9.72	0.70	7.60	12.77
ln$POPD$	人口密度（人/平方千米）	22036	4.74	1.61	-2.15	8.05
$INDUS$	产业结构（%）	22036	0.77	0.12	11.12	99.82
$GOVE$	财政支出（%）	22036	0.34	0.33	2.39	412.13
$FINC$	金融贷款（%）	22036	0.60	0.40	1.20	740.48
$FINS$	金融储蓄（%）	22036	0.74	0.39	2.76	564.87
$HOUC$	居民消费（%）	22036	0.31	0.15	1.14	202.71
ln$HUMC$	人力资本（-）	22036	6.17	0.36	2.41	7.89
ln$PUBI$	公共基础设施（个/万人）	22036	3.44	0.53	-0.50	5.96
$FIXA$	固定资产投资（%）	22036	0.99	0.61	4.44	598.80

注："ln"表示对数，用于消除变量异质性。

（三）平行趋势检验

使用 DID 模型的前提是满足平行趋势假设。具体来讲，处理组和对照组的被解释变量在帮扶县制度实施之前具有相似的时间趋势。如果不满足平行趋势假设，估计的政策效应将会存在偏差，因为处理组与对照组之间的差异可能不完全是由政策引起的。在过往的文献中，学者们使用画图法或"事件研究法"检验平行趋势假设。画图法通过比较处理组和对照组的被解释变量在政策前后的变化趋势进行检验，"事件研究法"通过回归方式进行检验。本章采用这两种方法分别进行检验。

在画图法中，图7-6显示了处理组和对照组的被解释变量的时间趋势。在政策实施之前，处理组和对照组表现出相似的增长趋势。而在政策实施之后，处理组的增长率大于对照组，两者之间的差距显著减小。

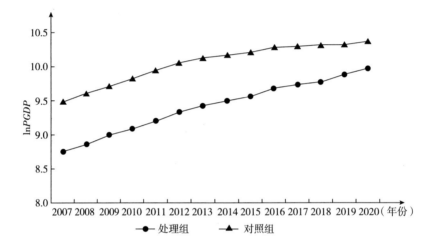

图7-6　2007~2020年基于画图法的平行趋势检验

根据Gao等（2020）和Zhang等（2022）的研究，"事件研究法"在DID模型中逐年构建时间虚拟变量，检验处理组和对照组在2007~2020年是否存在显著差异，采用的公式如下所示：

$$Y_{it} = \alpha_0 + \sum_{k=-5}^{8} \alpha_k TREAT_i \times TIME_t^k + \sum \alpha_j X_{it} + \eta_i + \varrho_t + \varepsilon_{it} \qquad (7-2)$$

其中，$TIME_t^k$ 是时间虚拟变量。如果 $t-2012=k$，$TIME_t^k=1$，否则 $TIME_t^k=0$。k 小于0表示政策实施之前的 k 年，k 大于0表示政策实施之后的 k 年。其他变量含义与式（7-1）中的变量含义相同。如果满足平行趋势假设，政策实施之前的系数 α_k 应当不显著。根据Peng等（2021）和Hong等（2022）的研究，我们将政策前一年的2011年设定为基准年份。然而，由于多重共线性原因，2011年的时间虚拟变量被移除。式（7-2）的估计结果如图7-7所示，在95%置信区间条件下，政策实施之前的系数 α_k 均不显著区别于 0，表明处理组与对照组之间不存在显著差异。在政策实施之后，处理组与对照组之间的差异开始变得显著。

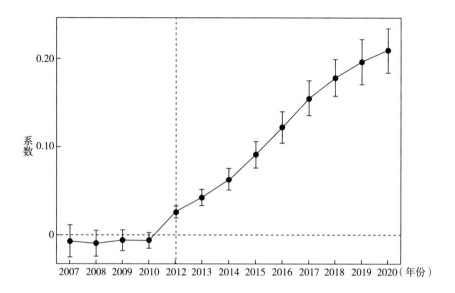

图 7-7　2007～2020 年基于"事件研究法"的平行趋势检验

基于上述分析，画图法和"事件研究法"均证实了处理组和对照组在政策实施之前具有相似的时间趋势，模型满足平行趋势假设。与此同时，相较于对照组，处理组的被解释变量在 2012 年后可能受到了政策的显著影响。

（四）基准回归结果及分析

式（7-1）的估计结果如表 7-2 所示，它们均控制了时间固定效应和区域固定效应。在逐步增加控制变量的过程中，核心解释变量 *TREAT×TIME* 的系数符号和显著性未发生改变，仅是系数大小稍有波动，这说明基准回归结果具有稳健性。在表 7-2 的列（4）中，*TREAT×TIME* 的系数显著为正，表明精准帮扶有效刺激了帮扶县的经济增长。因此 H12 得到证实。

表 7-2　精准帮扶政策对经济增长的影响

变量	（1）	（2）	（3）	（4）
TREAT×TIME	0.146***	0.138***	0.133***	0.124***
	（0.013）	（0.010）	（0.008）	（0.008）

变量	（1）	（2）	（3）	（4）
ln*POPD*		−0.721 ***	−0.694 ***	−0.594 ***
		（0.077）	（0.077）	（0.073）
INDUS		2.369 ***	1.737 ***	1.665 ***
		（0.087）	（0.081）	（0.081）
GOVE		−0.362 ***	−0.209 ***	−0.194 ***
		（0.029）	（0.025）	（0.024）
FINC			0.007	0.009
			（0.012）	（0.012）
FINS			−0.460 ***	−0.447 ***
			（0.037）	（0.037）
HOUC			−0.475 ***	−0.488 ***
			（0.055）	（0.055）
ln*HUMC*				0.052 ***
				（0.010）
ln*PUBI*				0.102 ***
				（0.012）
FIXA				−0.022 ***
				（0.006）
常数项	9.110 ***	10.888 ***	11.580 ***	10.532 ***
	（0.006）	（0.372）	（0.373）	（0.391）
时间固定效应	YES	YES	YES	YES
地区固定效应	YES	YES	YES	YES
样本数	22036	22036	22036	22036
R^2	0.725	0.840	0.893	0.898

注：*** 、** 和 * 分别表示在 1% 、5% 和 10% 水平上显著，括号内为标准误。

表 7-2 显示了精准帮扶对经济增长的平均效应，但我们还无法确定该效应是否存在时间动态性。因此，基于"事件研究法"的原理，我们采用式（7-2）检验精准帮扶政策对经济增长的动态效应。结果如表 7-3 所示，$TREAT \times TIME^0$ 至 $TREAT \times TIME^8$ 依次表示政策实施之后 2012~2020 年的核心解释变量。它们的回归系数均显著为正，并且随着时间推进呈现递增趋势。显然，精准帮扶对经济增长的影响随着时间推进逐渐增强，这也证实了精准帮扶政策的持续完善具有成

效。因此，H13 得到验证。

表 7-3　精准帮扶政策对经济增长的动态效应

变量	系数	变量	系数
$TREAT \times TIME^0$	0.032*** (0.006)	$TREAT \times TIME^7$	0.202*** (0.012)
$TREAT \times TIME^1$	0.048*** (0.007)	$TREAT \times TIME^8$	0.215*** (0.012)
$TREAT \times TIME^2$	0.069*** (0.008)	常数项	10.500*** (0.385)
$TREAT \times TIME^3$	0.097*** (0.009)	控制变量	YES
		时间固定效应	YES
$TREAT \times TIME^4$	0.128*** (0.009)	地区固定效应	YES
$TREAT \times TIME^5$	0.161*** (0.010)	样本数	22036
		R^2	0.903
$TREAT \times TIME^6$	0.184*** (0.011)		

注：***、**和*分别表示在1%、5%和10%水平上显著，括号内为标准误。

（五）稳健性检验

为了进一步检验上述结果的可靠性，本章将进行一系列稳健性检验，包括反事实检验、安慰剂检验、PSM-DID 和剔除部分样本。

1. 反事实检验

精准帮扶政策中的帮扶县制度确立于 2012 年，但是 2012 年以前的其他帮扶政策可能会对经济增长产生影响，导致精准帮扶的政策效应有偏差（Gao et al.，2020）。为此，本章进行了反事实检验，检验上述偏差是否存在。在反事实检验中，我们设置假设的政策实施时间，观察对应的解释变量系数是否显著。如果不显著，证明经济增长没有受到其他政策的影响，精准帮扶的政策效应不存在偏差，反之则存在偏差（Zhang et al.，2021）。假设的政策实施时间分别为 2009 年、2010 年和 2011 年，它们所形成交互项分别为 $TREAT \times TIME_{2009}$、$TREAT \times TIME_{2010}$ 和 $TREAT \times TIME_{2011}$。把上述交互项分别加入式（7-1），估计结果如

表7-4所示。$TREAT \times TIME_{2009}$、$TREAT \times TIME_{2010}$ 和 $TREAT \times TIME_{2011}$ 的系数均不显著，表明经济增长没有受到其他政策的影响，模型估计结果的稳健性得到验证。

表7-4 反事实检验结果

变量	（1）	（2）	（3）
$TREAT \times TIME$	0.118***	0.121***	0.122***
	（0.007）	（0.007）	（0.007）
$TREAT \times TIME_{2011}$	0.007		
	（0.006）		
$TREAT \times TIME_{2010}$		0.004	
		（0.006）	
$TREAT \times TIME_{2009}$			0.003
			（0.006）
常数项	10.534***	10.534***	10.534***
	（0.392）	（0.392）	（0.392）
控制变量	YES	YES	YES
时间固定效应	YES	YES	YES
地区固定效应	YES	YES	YES
样本数	22036	22036	22036
R^2	0.898	0.898	0.898

注：***、**和*分别表示在1%、5%和10%水平上显著，括号内为标准误。

2. 安慰剂检验

为了检验DID模型是否受到随机因素的干扰，本章通过随机选取处理组的方式进行安慰剂检验（Pan and Chen，2021；Yang et al.，2021）。我们从1574个县域中随机选取817个县域作为虚拟处理组，假设这817个县域实施了帮扶县政策，而其余县域没有实施政策。虚拟处理组实际上并没有实施政策，所以它的估计结果应该不显著。如果显著，则说明DID模型受到了随机因素的干扰。为了保证随机抽样的可靠性，我们进行了500次随机抽样。图7-8展示了500次随机抽样后估计系数及其p值的分布情况。估计系数集中于0值，绝大部分估计系数的p值大于0.1，而真实估计系数（0.124）是异常值。由此可见，安慰剂效应不存在，DID模型的估计结果不存在严重偏差。

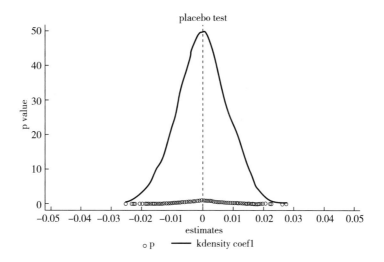

图 7-8　安慰剂检验

3. PSM—DID

当使用传统 DID 模型时，可能存在处理组和对照组不是随机选取的问题（Sun et al.，2020）。PSM—DID 模型是解决上述问题的常用方法之一。我们通过 PSM 方法为处理组匹配特征相近的对照组，消除它们之间的系统性差异，然后用 DID 方法进行估计（Fang et al.，2021）。PSM 方法的核心内容是匹配变量和匹配方法。由于我国政府主要根据经济发展水平和农村居民收入评选帮扶县，本章采用人均财政收入和农村居民人均可支配收入作为匹配变量。人均财政收入能反映县域经济发展水平，农村居民人均可支配收入能代表农村居民收入。此外，我们采用最近邻匹配法作为匹配方法。基于通过匹配变量计算的倾向得分，PSM—DID 模型将处理组匹配倾向得分最相近的县域作为对照组（Yang et al.，2021）。表 7-5 的列（1）和列（2）表明 PSM—DID 模型的估计结果与表 7-2 的基准回归结果一致。因此，DID 模型的估计结果是稳健的，不存在样本选择偏差。

表 7-5　关于 PSM—DID 和剔除部分样本的稳健性检验

变量	PSM-DID		剔除部分样本	
	（1）	（2）	（3）	（4）
TREAT×TIME	0.098***	0.078***	0.142***	0.120***
	（0.017）	（0.011）	（0.015）	（0.008）

续表

变量	PSM-DID		剔除部分样本	
	（1）	（2）	（3）	（4）
常数项	9.112***	10.254***	9.012***	10.559***
	(0.010)	(0.487)	(0.007)	(0.469)
控制变量	No	YES	No	YES
时间固定效应	YES	YES	YES	YES
地区固定效应	YES	YES	YES	YES
样本数	9028	9028	17724	17724
R^2	0.700	0.882	0.735	0.905

注：***、**和*分别表示在1%、5%和10%水平上显著，括号内为标准误。

4. 剔除部分样本

在县级行政区中，县、自治县、旗和自治旗是帮扶县的主要组成部分。市辖区、县级市、特区和林区通常具有更好的发展条件，经济增长率更高，这可能导致估计结果出现一定偏差。因此，我们移除样本中的市辖区、县级市、特区和林区。表7-5的列（3）和列（4）表明剔除样本后的结果与基准回归结果一致，基准回归结果不存在偏差。

（六）影响机制分析

上述分析已经证明精准帮扶政策可以促进经济增长。此外，我们提出以下问题：精准帮扶政策通过什么途径影响经济增长？如同理论分析与研究假设部分的讨论，精准帮扶政策理论上可能通过产业结构升级、推动金融发展、刺激消费、积累人力资本、完善基础设施和提高财政支出促进经济增长。因此，我们利用以下模型检验精准帮扶政策对经济增长的影响机制：

$$Y_{it} = \alpha_0 + \alpha_1 DID_{it} + \alpha_2 DID_{it} \times M_{it} + \alpha_3 M_{it} + \sum \alpha_j X_{it} + \eta_i + \varrho_t + \varepsilon_{it} \tag{7-3}$$

其中，DID_{it} 表示 $TREAT_i \times TIME_t$，$TREAT_i \times TIME_t$ 的含义与式(7-1)中的变量含义相同；M_{it} 是机制变量，包括产业结构（$INDUS$）、金融贷款（$FINC$）、居民消费（$HOUC$）、人力资本（$\ln HUMC$）、公共基础设施（$\ln PUBI$）和财政支出（$GOVE$），用于检验产业结构升级、推动金融发展、刺激消费、积累人力资本、完善基础设施和提高财政支出的机制作用；$DID_{it} \times M_{it}$ 是变量 M_{it} 与核心解释变量 DID_{it} 的交互项，其他变量含义与式(7-1)中的变量含义相同；根据上述实证结果，DID_{it} 的系数 α_1 显著为正。如果交互项 $DID_{it} \times M_{it}$ 的系数 α_2 显著，变量 M_{it} 所检验的机制存在。

式（7-3）的估计结果如表7-6所示。其中，列（1）是产业结构升级的估计结果，但是 DID×INDUS 的系数不显著。INDUS 表示第二产业和第三产业增加值之和占 GDP 的比重，所以精准帮扶政策无法通过促进第二产业和第三产业的整体发展来刺激经济增长，同时也无法通过促进第一产业发展来刺激经济增长。于是，我们将 INDUS 分解为第二产业增加值占 GDP 的比重（INDUSS）和第三产业增加值占 GDP 的比重（INDUST），用来对比第二产业和第三产业在机制方面的差异。在列（2）和列（3）中，DID×INDUSS 的系数显著为负，而 DID×IN-DUST 的系数显著为正。这结果表明第二产业和第三产业的机制作用存在差异，精准帮扶通过抑制第二产业发展和推进第三产业发展的方式促进经济增长。促成上述结果的原因有以下三点：第一，我国近十年来致力于产业结构调整，逐步淘汰重污染、低效益的工业，大力培育可持续、高收益的服务业和科技行业。在此宏观背景下，第二产业的经济贡献率显然落后于第三产业，第三产业成为地方政府的重视对象。第二，精准帮扶的产业帮扶措施重点聚焦于第一产业和第三产业，对第二产业的投入相对较少。因为大多数帮扶县位于经济落后、偏远或生态环境脆弱地区，工业基础薄弱、生产成本过高和生态环保限制成为阻碍第二产业发展的因素。第三，产业帮扶措施对第一产业的大部分投入属于政策补贴，用于直接提高农户收入，这对经济发展的影响不明显。而对第三产业的投入更依赖于市场体系，能带动多个行业共同发展，这对经济发展的影响更突出。例如，日渐兴起的乡村旅游和电商，能带动旅游业、交通业、零售业、餐饮业、住宿业等多个行业共同发展。

表 7-6　精准帮扶政策对经济增长的影响机制

变量	（1）	（2）	（3）	（4）	（5）	（6）	（7）	（8）
DID	0.124***	0.097***	0.094***	0.107***	0.120***	0.129***	0.116***	0.110***
	(0.008)	(0.007)	(0.007)	(0.008)	(0.008)	(0.008)	(0.008)	(0.008)
DID×INDUS	−0.020							
	(0.052)							
DID×INDUSS		−0.323***						
		(0.036)						
DID×INDUST			0.480***					
			(0.043)					
DID×FINC				0.129***				
				(0.017)				

续表

变量	（1）	（2）	（3）	（4）	（5）	（6）	（7）	（8）
DID×HOUC					0.185***			
					(0.050)			
*DID×*ln*HUMC*						0.072***		
						(0.014)		
*DID×*ln*PUBI*							0.060***	
							(0.012)	
DID×GOVE								0.135***
								(0.022)
常数项	11.823***	10.866***	10.252***	10.496***	10.351***	10.884***	10.864***	10.513***
	(0.390)	(0.382)	(0.378)	(0.386)	(0.389)	(0.374)	(0.366)	(0.400)
控制变量	YES	YES	YES	YES	YES	YES	YES	YES
时间固定效应	YES	YES	YES	YES	YES	YES	YES	YES
地区固定效应	YES	YES	YES	YES	YES	YES	YES	YES
样本数	22036	22036	22036	22036	22036	22036	22036	22036
R^2	0.898	0.907	0.908	0.901	0.899	0.899	0.899	0.900

注：***、**和*分别表示在1%、5%和10%水平上显著，括号内为标准误。

在列（4）至列（8）中，交互项系数均显著为正，表明推动金融发展、刺激消费、积累人力资本、完善基础设施和提高财政支出也是精准帮扶政策促进经济增长的主要途径。但在表7-2的列（4）中，*FINC*、*HOUC*、*GOVE*的系数却不显著为正，意味着对于全部县域而言推动金融发展、刺激消费和提高财政支出不一定有助于经济增长。因此，相较于非帮扶县，帮扶县显然更受益于推动金融发展、刺激消费和提高财政支出。其中的原因有两个方面：一方面，在实施精准帮扶政策之前，帮扶县与非帮扶县之间的发展差距较大，金融发展落后、居民消费水平低、财政收入低等短板是限制帮扶县发展的重要因素。另一方面，在实施精准帮扶政策之后，金融帮扶、消费帮扶和财政帮扶为帮扶县带来了财政帮扶资金、政策性金融贷款和商品消费，有效激发了帮扶县的经济增长活力。

概而言之，精准帮扶可以通过产业结构升级、推动金融发展、刺激消费、积累人力资本、完善基础设施和提高财政支出促进帮扶县的经济增长，H14得到验证。

（七）异质性分析

1. 考核年份的异质性

帮扶县政策包含一项考核机制，即帮扶县必须在2020年前完全消除低收入人口。2016~2020 年，先后有 27 个、122 个、277 个、339 个和 52 个帮扶县通过了考核。通常，落后程度较深的帮扶县需要更多时间完成任务，从而选择较晚的年份进行考核。考核年份较晚的帮扶县能获得更多的扶持资源，从而使精准帮扶政策对经济增长的效应更显著。为了探究政策效应是否与考核年份相关，我们按照考核年份将帮扶县样本分为 5 个子样本，结果如表 7-7 所示。在列（1）至列（5）中，$TREAT \times TIME$ 的系数均显著为正，总体呈现上升趋势。但是列（2）的系数明显大于列（3）和列（4）的系数，这说明在 2017 年通过考核的帮扶县取得的政策效应更突出。可能的原因是这部分帮扶县具有较强的经济实力和较轻的落后程度，在政策扶持下可以利用更多资源发展经济。另外，列（5）的系数明显大于其他列的系数，表明在 2020 年通过考核的帮扶县取得的政策效应最强。上述结果的原因与在 2020 年通过考核的 52 个帮扶县有关，它们均来自中国发展最落后的地区。中国高度重视这些帮扶县，并且为它们投入了更多的扶持资源。基于上述分析，我们发现精准帮扶的政策效应的确与考核年份相关。在 2017 年和 2020 年通过考核的帮扶县具有发展优势，所取得的政策效应最显著。

表 7-7　关于考核年份的异质性分析

变量	2016 年	2017 年	2018 年	2019 年	2020 年
	(1)	(2)	(3)	(4)	(5)
$TREAT \times TIME$	0.099***	0.156***	0.118***	0.123***	0.198***
	(0.030)	(0.018)	(0.011)	(0.009)	(0.022)
常数项	10.863***	11.224***	10.808***	11.735***	11.687***
	(0.695)	(0.356)	(0.460)	(0.230)	(0.272)
控制变量	YES	YES	YES	YES	YES
时间固定效应	YES	YES	YES	YES	YES
地区固定效应	YES	YES	YES	YES	YES
样本数	10976	12306	14476	15344	11326
R^2	0.892	0.884	0.894	0.904	0.897

注：***、** 和 * 分别表示在 1%、5% 和 10% 水平上显著，括号内为标准误。

2. 经济水平的异质性

精准帮扶政策对经济增长的影响可能因经济水平不同而产生异质性。因此，本章将 2007~2020 年人均 GDP 的平均值作为指标，衡量县域的综合经济水平。同时，也以相同的方式利用农村人均可支配收入作为指标衡量县域的农村经济水平。根据上述指标的中位数，样本被分为两个子样本，回归结果如表 7-8 所示。我们发现无论是基于综合经济水平还是农村经济水平，经济水平较低帮扶县的政策效应都更显著。上述结果证实了经济落后的帮扶县，尤其是农村经济落后的帮扶县，是精准帮扶的重点对象，在经济增长层面获得的帮助更多从而受益程度更大。

表7-8　关于经济水平的异质性分析

变量	综合经济水平		农村经济水平	
	较高	较低	较高	较低
	（1）	（2）	（3）	（4）
TREAT×TIME	0.106***	0.108***	0.106***	0.129***
	（0.012）	（0.010）	（0.020）	（0.015）
常数项	10.174***	10.845***	10.200***	10.752***
	（0.538）	（0.519）	（0.576）	（0.499）
控制变量	YES	YES	YES	YES
时间固定效应	YES	YES	YES	YES
地区固定效应	YES	YES	YES	YES
样本数	11018	11018	11018	11018
R^2	0.887	0.930	0.875	0.928

注：***、**和*分别表示在1%、5%和10%水平上显著，括号内为标准误；此处的人均GDP和农村人均可支配收入均是以2007年为基准年的实际变量。

3. 地区异质性

由于中国领土辽阔以及地区之间发展不平衡，精准帮扶政策对经济增长的影响可能具有与地区相关的异质性。根据地理特征，本章将样本划分为中部地区和西部地区，按照秦岭—淮河线又将中部地区和西部地区划分为中北地区和中南地区和西北地区、西南地区。表7-9显示了上述子样本的回归结果。对比列（1）和列（2）时发现，西部地区的政策效应明显大于中部地区，该结果与地区发展不平衡有关。西部地区长期受制于经济落后与缺乏发展动力，如它的经济总量仅约占全国的1/5，但它拥有全国近2/3的帮扶县和全国超过一半的低收入人口。因此，我国实施了西部大开发战略和精准帮扶政策，致力于加快西部地区发展。列（3）和列（4）表明，西北地区和西南地区在政策效应上没有明显差异。在列（5）和列（6）中，中北地区的政策效应要显著大于中南地区。造成上述结果的原因在于南北地区的经济差距，北方地区的经济发展已然落后于南方地区。如今，北方地区在国际贸易、高端制造业、金融等先进行业中处于劣势地位，缺乏强劲的发展动力。在此背景下，北方地区的帮扶县普遍存在人口流失严重、经济基础差、缺乏支柱产业等困境。然而，对于它们而言，精准帮扶政策是一次难得的发展机遇，可以帮助它们缓解上述困境。南方地区的帮扶县显然拥有更多促进经济增长的途径，对精准帮扶的依赖程度更轻一些。

基于上述部分，精准帮扶政策对经济增长的影响的确存在与帮扶县特征相关的异质性，H15 得以验证。

表 7-9　关于地区的异质性分析

变量	西部地区	中部地区	西部地区		中部地区	
			西北地区	西南地区	中北地区	中南地区
	（1）	（2）	（3）	（4）	（5）	（6）
TREAT×TIME	0.118***	0.098***	0.112***	0.112***	0.137***	0.052***
	（0.012）	（0.010）	（0.019）	（0.013）	（0.013）	（0.014）
常数项	9.401***	12.885***	9.473***	9.727***	12.913***	12.733***
	（0.398）	（0.321）	（0.597）	（0.478）	（0.452）	（0.462）
控制变量	YES	YES	YES	YES	YES	YES
时间固定效应	YES	YES	YES	YES	YES	YES
地区固定效应	YES	YES	YES	YES	YES	YES
样本数	10108	11928	5180	6748	5880	4228
R^2	0.909	0.898	0.865	0.938	0.860	0.962

注：***、**和*分别表示在1%、5%和10%水平上显著，括号内为标准误。

五、结论与政策启示

本章基于 2007～2020 年我国县域面板数据，利用 DID 模型探究精准帮扶政策能否促进落后地区经济增长。通过"事件研究法"分析精准帮扶政策在 2012～2020 年对经济增长影响的动态特征，进一步通过交互项检验产业结构升级、推动金融发展、刺激消费、积累人力资本、完善基础设施和提高财政支出是否为精准帮扶政策影响经济增长的主要途径，最后对帮扶县属性差异进行了异质性分析。本章发现：①精准帮扶政策能显著促进经济增长，表明帮扶措施的确有助于帮扶县的经济发展，从而缩小与非帮扶县之间的经济差距。该结论经过一系列稳健性检验后仍然是可靠的。②动态效应分析揭示了精准帮扶对经济增长的影响随着时间推进逐步增强，这源自于不断完善的政策体系。③机制分析进一步证实了精准帮扶政策通过产业结构升级、推动金融发展、刺激消费、积累人力资本、完善基础设施和提高财政支出影响经济增长，尤其是产业结构升级意为抑制第二产业和促进第三产业。④异质性分析涉及考核年份、经济水平和地区，得出以下结论：一是在2017年和2020年通过考核的帮扶县具有发展优势，获得的政策效应最显著；二是经济落后的帮扶县，尤其是农村经济落后的帮扶县，更易于在精准帮扶政策的影响下实现经济增长；三是精准帮扶政策对重点帮扶县的经济增长的积极影响更大；四是西部地区的政策效应显著大于中部地区，而在中部地区中，中北地区的政策效应要显著大于中南地区。

基于上述结论，本章提出以下政策建议：第一，我国已经进入乡村振兴的新阶段，有必要高度重视帮扶政策在经济发展方面的积极作用。与过往聚焦于帮扶人口不同，帮扶政策如今需要聚焦于增强落后地区的经济发展能力。因此，帮扶政策的顶层设计和具体实施应当做出调整，充分发挥自身在经济建设方面的优势，从而继续增强落后地区发展，加快缩小地区之间的经济差距，推动实现地区之间共同富裕。第二，保证帮扶政策的持续性和稳定性。中国的帮扶成果高度依赖于完善的政策体系。一旦脱离了政策的有力支撑，帮扶成果恐怕难以为继。基于长远考虑，中国政府有必要巩固帮扶政策，继续向落后地区提供大力援助，维持落后地区向好发展的趋势。第三，进一步提高产业帮扶的实际效率。就帮扶措施的经济贡献而言，产业帮扶在第一产业上的效率显然不如在第三产业上。我国应该提高在第一产业上的资金使用效率，着重培育高收益、可持续的农业产业体系。同时，我国还需加大对第三产业的投入，进一步强化乡村旅游、休闲农业、电商等新兴产业。对第三产业的加大投入能最有效地促进落后地区经济增长，继而帮助落后地区实现经济追赶。第四，灵活调整帮扶政策，做到因地制宜。由于帮扶政策成效与地区特征密切相关，我国需要对不同特征的帮扶地区实施对应政策，满足不同发展需求。这样既能减少不必要的资源浪费，又能有效缩小地区之间的差距，真正促进区域之间共同富裕。

参考文献

［1］郭晗，任保平．中国式现代化进程中的共同富裕：实践历程与路径选择［J］．改革，2022（7）：16-25．

［2］韩保江，李志斌．中国式现代化：特征、挑战与路径［J］．管理世界，2022，38（11）：29-43．

［3］韩文龙．在中国式现代化新道路中实现共同富裕［J］．思想理论教育导

刊，2021（11）：19-24.

[4] 李莹洁. 中国式现代化共同富裕的理论内涵、目标要求和实现路径[J]. 学术探索，2022（9）：33-39.

[5] 王郅强，王凡凡. 对口帮扶的经济增长效应及政策有效性评估[J]. 华南农业大学学报（社会科学版），2020，19（6）：70-83.

[6] 周文，肖玉飞. 共同富裕：基于中国式现代化道路与基本经济制度视角[J]. 兰州大学学报（社会科学版），2021，49（6）：10-20.

[7] 左停，金菁. "弱有所扶"的国际经验比较及其对我国社会帮扶政策的启示[J]. 山东社会科学，2018（8）：59-65.

[8] Abiad A, Furceri D, Topalova P. The Macroeconomic Effects of Public Investment: Evidence from Advanced Economies [J]. Journal of Macroeconomics, 2016, 50: 224-240.

[9] ADB A A, Furceri D, IMF P T. The Macroeconomic Effects of Public Investment: Evidence from Advanced Economies [J]. Journal of Macroeconomics, 2016, 50: 224-240.

[10] Abu-Bader S, Abu-Qarn A S. Government Expenditures, Military Spending and Economic Growth: Causality Evidence from Egypt, Israel, and Syria [J]. Journal of Policy Modeling, 2003, 25 (6-7): 567-583.

[11] Acs Z J, Estrin S, Mickiewicz T, et al. Entrepreneurship, Institutional Economics, and Economic Growth: An Ecosystem Perspective [J]. Small Business Economics, 2018, 51: 501-514.

[12] Afonso A, Furceri D. Government Size, Composition, Volatility and Economic Growth [J]. European Journal of Political Economy, 2010, 26 (4): 517-532.

[13] Alsamara M. Do Labor Remittance Outflows Retard Economic Growth in Qatar? Evidence from Nonlinear Cointegration [J]. The Quarterly Review of Economics and Finance, 2022, 83: 1-9.

[14] Ang J B. What Are the Mechanisms Linking Financial Development and Economic Growth in Malaysia? [J]. Economic Modelling, 2008, 25 (1): 38-53.

[15] Calderón C, Liu L. The Direction of Causality between Financial Development and Economic Growth [J]. Journal of Development Economics, 2003, 72 (1): 321-334.

[16] Çebi C, Özdemir K A. Cyclical Variation of the Fiscal Multiplier in Turkey [J]. Emerging Markets Finance and Trade, 2021, 57 (2): 495-509.

［17］Chen C, Yao S, Hu P, et al. Optimal Government Investment and Public Debt in an Economic Growth Model ［J］. China Economic Review, 2017, 45: 257-278.

［18］de Mendonça H F, Baca A C. Fiscal Opacity and Reduction of Income Inequality through Taxation: Effects on Economic Growth ［J］. The Quarterly Review of Economics and Finance, 2022, 83: 69-82.

［19］Démurger S. Infrastructure Development and Economic Growth: An Explanation for Regional Disparities in China? ［J］. Journal of Comparative Economics, 2001, 29 (1): 95-117.

［20］Dong Z, Xia C, Fang K, et al. Effect of the Carbon Emissions Trading Policy on the Co-benefits of Carbon Emissions Reduction and Air Pollution Control ［J］. Energy Policy, 2022, 165: 112998.

［21］Fang Z, Kong X, Sensoy A, et al. Government's Awareness of Environmental Protection and Corporate Green Innovation: A Natural Experiment from the New Environmental Protection Law in China ［J］. Economic Analysis and Policy, 2021, 70: 294-312.

［22］Feng C, Wang M, Liu G C, et al. Sources of Economic Growth in China from 2000-2013 and Its Further Sustainable Growth Path: A Three-hierarchy Meta-frontier Data Envelopment Analysis ［J］. Economic Modelling, 2017, 64: 334-348.

［23］Gao Y, Li M, Xue J, et al. Evaluation of Effectiveness of China's Carbon Emissions Trading Scheme in Carbon Mitigation ［J］. Energy Economics, 2020, 90: 104872.

［24］Becker G S, Murphy K M, Tamura R. Human Capital, Fertility, and Economic Growth ［J］. Journal of Political Economy, 1990, 98 (5, Part 2): S12-S37.

［25］Gómez-Puig M, Sosvilla-Rivero S, Martinez-Zarzoso I. On the Heterogeneous Link between Public Debt and Economic Growth ［J］. Journal of International Financial Markets, Institutions and Money, 2022, 77: 101528.

［26］Hong Q, Cui L, Hong P. The Impact of Carbon Emissions Trading on Energy Efficiency: Evidence from Quasi-experiment in China's Carbon Emissions Trading Pilot ［J］. Energy Economics, 2022, 110: 106025.

［27］Inglesi-Lotz R. The Impact of Renewable Energy Consumption to Economic Growth: A Panel Data Application ［J］. Energy Economics, 2016, 53: 58-63.

［28］Irshad R, Ghafoor N. Infrastructure and Economic Growth: Evidence from Lower Middle - income Countries ［J］. Journal of the Knowledge Economy, 2023,

14 (1): 161-179.

[29] Ivanic M, Martin W. Sectoral Productivity Growth and Poverty Reduction: National and Global Impacts [J]. World Development, 2018, 109: 429-439.

[30] Jian J, Fan X, Zhao S, et al. Business Creation, Innovation, and Economic Growth: Evidence from China's Economic Transition, 1978-2017 [J]. Economic Modelling, 2021, 96: 371-378.

[31] Kaytaz M, Gul M C. Consumer Response to Economic Crisis and Lessons for Marketers: The Turkish Experience [J]. Journal of Business Research, 2014, 67 (1): 2701-2706.

[32] Kong Q, Chen A, Shen C, et al. Has the Belt and Road Initiative Improved the Quality of Economic Growth in China's Cities? [J]. International Review of Economics & Finance, 2021, 76: 870-883.

[33] Kouadio H K, Gakpa L L. Do Economic Growth and Institutional Quality Reduce Poverty and Inequality in West Africa? [J]. Journal of Policy Modeling, 2022, 44 (1): 41-63.

[34] Le T H, Nguyen C P. Is Energy Security a Driver for Economic Growth? Evidence from A Global Sample [J]. Energy Policy, 2019, 129: 436-451.

[35] Li Z G, Cheng H, Gu T Y. Research on Dynamic Relationship between Natural Gas Consumption and Economic Growth in China [J]. Structural Change and Economic Dynamics, 2019, 49: 334-339.

[36] Lin J Y. New Structural Economics: A Framework for Rethinking Development [J]. The World Bank Research Observer, 2011, 26 (2): 193-221.

[37] Liu L, Wang Q, Zhang A. The Impact of Housing Price on Non-housing Consumption of the Chinese Households: A General Equilibrium Analysis [J]. The North American Journal of Economics and Finance, 2019, 49: 152-164.

[38] Liu W, Li J, Zhao R. The Effects of Rural Education on Poverty in China: A Spatial Econometric Perspective [J]. Journal of the Asia Pacific Economy, 2021, 28: 176-198.

[39] Moore J D, Donaldson J A. Human-scale Economics: Economic Growth and Poverty Reduction in Northeastern Thailand [J]. World Development, 2016, 85: 1-15.

[40] Olczyk M, Kuc-Czarnecka M. Digital Transformation and Economic Growth-DESI Improvement and Implementation [J]. Technological and Economic Development of

Economy, 2022, 28: 775-803.

［41］ Pan D, Chen H. Border Pollution Reduction in China: The Role of Livestock Environmental Regulations ［J］. China Economic Review, 2021, 69: 101681.

［42］ Park A, Wang S, Wu G. Regional Poverty Targeting in China ［J］. Journal of Public Economics, 2002, 86 (1): 123-153.

［43］ Peng J, Xie R, Ma C, et al. Market-based Environmental Regulation and Total Factor Productivity: Evidence from Chinese Enterprises ［J］. Economic Modelling, 2021, 95: 394-407.

［44］ Ridderstaat J, Fu X, Lin B. A Framework for Understanding the Nexus between Tourism Development and Poverty: Application to Honduras ［J］. Tourism Management, 2022, 93: 104620.

［45］ Ruiz J L. Financial Development, Institutional Investors, and Economic Growth ［J］. International Review of Economics & Finance, 2018, 54: 218-224.

［46］ Samargandi N, Fidrmuc J, Ghosh S. Is the Relationship between Financial Development and Economic Growth Monotonic? Evidence from A Sample of Middle-income Countries ［J］. World Development, 2015, 68: 66-81.

［47］ Santos M E, Dabus C, Delbianco F. Growth and Poverty Revisited from A Multidimensional Perspective ［J］. The Journal of Development Studies, 2019, 55 (2): 260-277.

［48］ Sehrawat M, Giri A K. The Impact of Financial Development, Economic Growth, Income Inequality on Poverty: Evidence from India ［J］. Empirical Economics, 2018, 55 (4): 1585-1602.

［49］ Shahbaz M, Sarwar S, Chen W, et al. Dynamics of Electricity Consumption, Oil Price and Economic Growth: Global Perspective ［J］. Energy Policy, 2017, 108: 256-270.

［50］ Shao S, Tian Z, Yang L. High Speed Rail and Urban Service Industry Agglomeration: Evidence from China's Yangtze River Delta Region ［J］. Journal of Transport Geography, 2017, 64: 174-183.

［51］ Sun C, Yang Y, Zhao L. Economic Spillover Effects in the Bohai Rim Region of China: Is the Economic Growth of Coastal Counties Beneficial for the Whole Area? ［J］. China Economic Review, 2015, 33: 123-136.

［52］ Sun C, Zhan Y, Du G. Can Value-added Tax Incentives of New Energy Industry Increase Firm's Profitability? Evidence from Financial Data of China's Listed

Companies [J]. Energy Economics, 2020, 86: 104654.

[53] Wang B, Tian J, Yang P, et al. Multi-scale Features of Regional Poverty and the Impact of Geographic Capital: A Case Study of Yanbian Korean Autonomous Prefecture in Jilin Province, China [J]. Land, 2021, 10 (12): 1406.

[54] Wang C, Lim M K, Zhang X, et al. Railway and Road Infrastructure in the Belt and Road Initiative Countries: Estimating the Impact of Transport Infrastructure on Economic Growth [J]. Transportation Research Part A: Policy and Practice, 2020, 134: 288-307.

[55] Wu J, Yang H, Ahmed T. An Assessment of the Policy of Poverty Alleviation in Continuous Poverty-stricken Areas: Evidence from Yunnan Province, China [J]. Environment, Development and Sustainability, 2023, 25 (9): 9757-9777.

[56] Wu S Y, Tang J H, Lin E S. The Impact of Government Expenditure on Economic Growth: How Sensitive to the Level of Development? [J]. Journal of Policy Modeling, 2010, 32 (6): 804-817.

[57] Wang Y, Yao Y. Sources of China's Economic Growth 1952-1999: Incorporating Human Capital Accumulation [J]. China Economic Review, 2003, 14 (1): 32-52.

[58] Yan W, Yudong Y. Sources of China's Economic Growth 1952-1999: Incorporating Human Capital Accumulation [J]. China Economic Review, 2003, 14 (1): 32-52.

[59] Yang F. The Impact of Financial Development on Economic Growth in Middle-income Countries [J]. Journal of International Financial Markets, Institutions and Money, 2019, 59: 74-89.

[60] Yang Q, Gao D, Song D, et al. Environmental Regulation, Pollution Reduction and Green Innovation: The Case of the Chinese Water Ecological Civilization City Pilot Policy [J]. Economic Systems, 2021, 45 (4): 100911.

[61] Yang Z, Li C, Jiao J, et al. On the Joint Impact of High-speed Rail and Megalopolis Policy on Regional Economic Growth in China [J]. Transport Policy, 2020, 99: 20-30.

[62] Yin X, Meng Z, Yi X, et al. Are "Internet+" Tactics the Key to Poverty Alleviation in China's Rural Ethnic Minority Areas? Empirical Evidence from Sichuan Province [J]. Financial Innovation, 2021, 7 (1): 30.

[63] Zhang S, Wang Y, Hao Y, et al. Shooting Two Hawks with One Arrow:

Could China's Emission Trading Scheme Promote Green Development Efficiency and Regional Carbon Equality? [J]. Energy Economics, 2021, 101: 105412.

[64] Zhang W, Luo Q, Liu S. Is Government Regulation A Push for Corporate Environmental Performance? Evidence from China [J]. Economic Analysis and Policy, 2022, 74: 105-121.

[65] Zhao J, Tang J. Industrial Structure Change and Economic Growth: A China-Russia Comparison [J]. China Economic Review, 2018, 47: 219-233.

[66] Zheng W, Walsh P P. Economic Growth, Urbanization and Energy Consumption—A Provincial Level Analysis of China [J]. Energy Economics, 2019, 80: 153-162.

[67] Zhou Q, Li T, Gong L. The Effect of Tax Incentives on Energy Intensity: Evidence from China's VAT Reform [J]. Energy Economics, 2022, 108: 105887.

[68] Zhou Y, Huang H. Geo-environmental and Socioeconomic Determinants of Poverty in China: An Empirical Analysis Based on Stratified Poverty Theory [J]. Environmental Science and Pollution Research, 2023, 30 (9): 23836-23850.

[69] Zhou Y, Liu Y. The Geography of Poverty: Review and Research Prospects [J]. Journal of Rural Studies, 2022, 93: 408-416.

[70] Zhou Y, Tong C, Wang Y. Road Construction, Economic Growth, and Poverty Alleviation in China [J]. Growth and Change, 2022, 53 (3): 1306-1332.

后 记

随着本书付梓出版，回顾这一探索之旅，其中充满了无限的魅力和无尽的可能。本书每一章内容的呈现不仅反映了新时代年轻学者的专业知识储备，也体现了他们对中国特色社会主义现代化道路的深刻理解和独到见解，从数字化转型、创新发展、绿色发展，扩展到现代能源体系构建、新能源产业网络，再到推动共同富裕的政策效应，涵盖了中国现代化进程中的关键方面。

在主持本项研究的过程中，我经常将团队成员召集到一起讨论。大家本着对中国式现代化这一宏大主题的理解从不同角度切入，结合各自的研究兴趣，聚焦于经济发展、技术进步、政策演变、社会整体福祉和长远目标等，充分考虑区域发展的不平衡性和政策效应的差异性，做了从理论分析到实证检验的探索性研究，希望通过这些学术努力，为中国式现代化进程提供有益的参考和启示。

众所周知，现代化的道路是曲折的，充满挑战的。全面建成社会主义现代化强国是党和人民孜孜以求的奋斗目标。在撰写本书的过程中，我们深感责任重大，每个数据的分析、每个模型的构建、每个结论的提出都是有益的尝试，是与知识的对话。我们坚信，理论的光芒和实践的力量能够指引理论工作者不断探索可持续的现代化发展路径。

感谢所有参与本书写作的年轻博士，历经了在学校的学术探索和磨炼，他们逐步成长，为从事教学科研工作打下了良好的基础。他们有的已经进入高校开启了青年科研教学工作者的人生历程，有的进入机构成为高级研究者，本书的写作是他们学术生涯的一次历练，他们的辛勤付出和热心参与，使这本书顺利完成。愿我们不分年龄，不论师生，继续在学术的道路上，以无畏的探索精神追求知识的深度和广度，为中国式现代化进程贡献智慧和力量。最后，感谢经济管理出版社优秀编辑团队的高效工作，保证了本书的如期出版。

张生玲

2024 年 10 月